공정이 먼저다

초판인쇄일 | 2019년 11월 26일
초판발행일 | 2019년 12월 05일

지 은 이 | 박경귀
펴 낸 이 | 배수현
디 자 인 | 박수정
제   작 | 송재호
홍   보 | 배보배

펴 낸 곳 | 가나북스 www.gnbooks.co.kr
출 판 등 록 | 제393-2009-000012호
전   화 | 031) 408-8811(代)
팩   스 | 031) 501-8811

ISBN 979-11-6446-013-7(03300)

박 경 귀

공정이 먼저다

대한민국이 흔들리고 있다. 우리 사회가 공유했던 가치가 전도되고 문재인 정부가 표방하던 '기회의 평등, 과정의 공정, 결과의 정의'는 여지없이 무너졌다. 조국 전 법무부장관이 우리 사회에 던진 공분과 박탈감은 아직도 현재진행형이다. '정의의 사도'인 듯 행세하던 그가 온갖 특권과 반칙, 편법을 자행한 가족들의 중심에 있었던 놀라운 사실들이 끝없이 쏟아지고 있다.

386 진보좌파의 '민주화 훈장'이 실은 자유민주주의자인 동시에 사회주의자라는 모순과 허구의 민낯을 가리는 방패였음을 알게 되었다. 자유시장경제로부터 최대의 수혜를 입은 그들이 자신끼리의 공고한 아성을 쌓아 특권의 대물림에 혈안이 되어 있었음이 드러났다. 우리가 그들에게 기댄 신뢰와 위안은 결국 현란한 거짓 선전과 위선의 공정 앞에 둘러친 허상이었음을 통탄하게 되었다.

도덕과 정의를 자신만이 독점한 듯, 자신들을 맹신하고 추종하지 않는 이들은 모두 악과 적폐로 매도하는 지독한 확증 편향의 오류들. 국정의 최고책임자부터 386 진보좌파 참모들과 맹신적 추종자들이 조장해 낸 끝없는 분열과 갈등. 이제 여기서 마무리되어야 한다. 수치심이 없는 그들, 최소한의 양심조차 내팽개친 그들에게 우리는 더 이상 대한민국의 현재와 미래를 맡길 수 없다.

진보좌파의 지독한 위선과 기만에 시달려 울화병을 앓고 있는 대한민국 국민들. 우리는 이 분노와 좌절을 딛고 다시 희망의 사다리를 놓아야 한다. 그래 공정이 먼저다. 특권의 장벽을 허물고, 보통 사람들의 상식이 통하는 법과

제도의 운용으로 바로 세워야 한다. 사회 곳곳에 독버섯처럼 자라고 있는 기득권의 카르텔을 무너뜨려야 한다. 그 영역에서 보수우파와 진보좌파 누구도 자유롭지 않다.

기득권을 타파하겠다고 모든 것을 평등하게 만들려는 접근은 가능하지 않고 바람직하지도 않다. 인간은 나면서부터 불평등한 환경에 놓이고 그 속에서 살아가는 게 인류의 반복된 역사였다.

그래서 평등보다 공정이 먼저다. 그렇다고 다른 것을 똑같게 하는 게 공정이 아니다. 같은 것을 다르게 만드는 것은 더더욱 공정이 아니다. '다른 것은 다르게, 같은 것은 같게' 하는 게 진정한 공평(公平)이고 공정(公正)이다. 사회구성원이 이런 가치 관념을 공유하고 수용하여 내면화 했을 때 제대로 된 공정사회로 나아갈 수 있다.

이런 가치 정립의 바탕 위에 공정한 나라를 세워야 한다. 법을 잘 아는 이들이 외려 법을 악용하고 농락하는 것을 허용하지 않는 사회 규범도 정립되어야 한다. 정부가 법과 정책을 통해 불공정을 최소화하는 역할을 제대로 해 주어야 한다.

그동안 좌파정부가 밀어붙이는 기계적 평등주의 정책들은 공평과 공정을 벗어나기 일쑤였다. 다른 것을 같게 하려는 강박은 개인과 사회의 자유와 창의, 효율성을 질식시키기 때문이다. 그 결과 민생경제를 파탄 냈고, 교육평준화 정책으로 국제 경쟁력을 갖춘 수월성 교육마저 고사시키고 있다.

국정과 지방정부, 공공기관의 정책과 운용에서 자유로운 경쟁과 창의적 노력을 존중하면 불평등을 완전히 해소할 수는 없어도 공평과 공정에 근접해 갈 수 있다. 나는 언제나 자유가 정의가 넘치는 나라를 꿈꾼다. 개개인의 자유가 신장되고 존중될 때, 개인과 국가의 갈등을 최소화하면서 공정사회로 나아갈 수 있다.

분열과 갈등을 겪고 있는 우리 사회에 공정이 뿌리를 내리면, 갈등을 치유하고 화합과 상생의 사회문화가 형성된다. 이런 토대가 쌓여야 사회통합, 국민통합에 다가갈 수 있다. 사회통합 수준이 높은 사회가 행복한 사회다.

하지만 공정사회가 되어도 개개인의 행복을 완전하게 담보할 수는 없다. 행복은 물리적, 환경적 요인뿐만 아니라, 행복감을 느끼는 인식과 심리적 요인에서 나오기 때문이다. 궁극적으로 국가도 사회도 개인의 행복은 온전하게 만족시켜주기 어렵다. 나의 행복을 국가에 의지하는 것보다 범사에 감사하는 자족(自足)의 가치관이 절실한 이유다.

결국 공정사회를 만들기 위해서는 국가와 사회, 개인의 노력이 총체적으로 조화를 이루어야 한다. 나는 오랫동안 이런 여러 영역에서 나름의 실천적 노력을 해왔다. 자유주의 철학을 바탕으로 중앙정부, 지자체, 공공기관의 정책 개발과 평가, 정책의 집행을 담당했다. 특히 우리 사회의 갈등을 치유하고 국민통합을 이루기 위한 정책 입안과 집행의 책임을 맡아 일하기도 했다. 또 인문학 운동을 통해 인류 보편의 지혜를 사회에 전파하는 한편, 사회를 진보시키는 개개인의 긍정적 가치관의 형성과 시민 덕성의 함양에도 도움을 주었다.

공정이 먼저다

　이 작은 책은 최근 몇 년간 내가 다양한 소임을 수행하면서 느낀 단상과 칼럼, 기고문, 인터뷰 등을 엮었다. 여기에는 정부와 공공부문에서 접한 불공정, 특권, 부조리에 대한 실망과 분노가 표출되었다. 물론 이에 조응하는 합리적 정부혁신, 자치분권, 냉철한 정책 대안들이 제시되어 있다. 또 자유민주주의와 시장경제에 대한 나의 확고한 철학으로 바라본 세상의 모습과 미래 비전도 배어 있다. 각각 영역과 표현 대상은 다르지만 모두 정부혁신, 공정사회와 국민통합에 대한 우리 국민들의 갈구와 맞닿아 있다.

　위기에 빠진 대한민국을 다시 반듯하게 세워야 한다. 이는 우리 세대만을 위한 일이 아니라 자녀 세대들을 위한 마지막 헌신적 소명이다. 이제 언제 나락으로 떨어질지 모르는 대한민국을 위기에서 구해내는 일은 국민의 몫이다. 공정한 나라를 만드는 이 일을 국민들에게 환기시키고 혁신의 길에 동행하길 바라는 뜻에서 나의 소신과 경륜, 정책 비전을 담은 이 책을 펴낸다.

　어려운 출판 사정에도 이 책의 발간을 흔쾌히 수락하고 정성을 다해 좋은 책을 만들어 주신 가나북스 출판사 배수현 대표님께 깊은 감사의 마음을 전한다.

아산참여자치연구원 연구실에서

박 경 귀

차 례

머리말 ·· 04

제1부 　무너진 공정, 정치부터 바꿔라 ······················· 11

　■ 특권 없는 국회가 되라 ································· … 12
　■ 국회, 공정의 파수꾼이 되라 ······················ … 18
　■ 이런 사람이 혁신 리더다 ···························· … 23
　■ 이미지 정치를 타파하라 ····························· … 26
　■ 내 주권 뺏어가는 연동형 비례대표제 ·········· … 29

인터뷰　박경귀 "文정부, 과감한 정책전환 필요" ········· … 40

제2부 　정부 혁신은 끝이 없다 ································· 43

　■ 보이지 않는 복지를 보라 ···························· … 44
　■ 상식에 어긋난 판사는 퇴출되어야 한다 ········ … 47
　■ 실현가능한 공약이 좋은 공약이다 ··············· … 51
　■ NLL 흔들리지 말라 ··································· … 56
　■ 학계는 국방안보에 관심 가져라 ·················· … 59
　■ 중국은 법치국가가 아니다 ·························· … 64
　■ '미-중 줄타기 외교'를 경계하라 ················· … 67
　■ 90% 노동자 외면하는 10% 귀족 노조 ··········· … 70
　■ 정부 구조조정, 생산성을 높여라 ················· … 73
　■ 행정서비스 약속, 제대로 지켜라 ················· … 78
　■ 영·호남 행정구역을 개편하자 ···················· … 81
　■ 주민자치가 풀뿌리 민주주의다 ··················· … 85
　■ 지역축제, 이렇게 하면 성공한다 ················· … 88

인터뷰　박경귀 한국정책평가연구원장 ······················ … 92
　　　 "민주 넘치고 공화 실종 허울뿐인 민주공화국"

제3부　　**정부혁신의 동력, 성과관리** ⋯⋯⋯⋯⋯ **101**

■ 평가하지 않고 관리할 수 없다　　　　　⋯ 102
■ 성과달성의 측정 척도가 중요하다　　　⋯ 109
■ 성과평가, 어떻게 활용할 것인가　　　　⋯ 112
■ 성과관리 장애요인 이렇게 극복하라　　⋯ 117
■ 국방기관도 성과평가 예외 없다　　　　⋯ 123

제4부　　**공공기관 혁신, 공정이 먼저다** ⋯⋯⋯⋯ **129**

■ 공정한 인사운영, 조직의 생명이다　　　⋯ 130
■ 비리 예방, 내부에 엄정하라　　　　　　⋯ 137
■ 고객서비스 접점을 관리하라　　　　　　⋯ 143
■ 공공기관장의 자질과 역량　　　　　　　⋯ 146
■ 목표달성 90%가 100%보다 못한 것일까?　⋯ 151
■ 공기업 위기관리 '백신'을 갖춰라　　　　⋯ 153
■ 새로운 변화와 도전, 언제나 어렵다　　　⋯ 155
■ 공기업 혁신, 시대적 소명이다　　　　　⋯ 159

제5부　　**다시 세우는 자유와 정의** ⋯⋯⋯⋯⋯⋯ **173**

■ 자유의 충돌　　　　　　　　　　　　　⋯ 174
■ 자유 없는 민주주의는 홀로 설 수 없다　⋯ 179
■ 위대한 탄생, 자유를 진작하라!　　　　　⋯ 186
■ 자유주의 위협하는 국가주의　　　　　　⋯ 195

인터뷰　　트윗119 운영 집단계정 폭파 막는 박경귀 참개인가치연대 대표　⋯ 199
"공지영 허위 트윗 총선서 안 먹힌 진짜 이유는"

차 례

제6부   **공정이 국민통합이다** ⸻ **203**

- ■ 다문화 가정과 함께, 국민통합의 시작   … 204
- ■ 국민통합, 대한민국 긍정의 가치관에서 출발해야   … 207
- ■ 대한민국 국민통합의 가치를 논하다   … 215
- ■ 양성평등이 공정이다   … 224
- ■ 한국사회의 갈등 요인과 합리적 해법   … 230
- ■ 다양성 시대의 사회문제 해결과 사회통합   … 246
- ■ 국민 행복을 위한 사회통합의 과제   … 259

`인터뷰`   박경귀 국민대통합위원회 기획단장   … 271
"국민 갈등해결의 답은 고전에서 찾아야"

`인터뷰`   ⑪ 박경귀 국민대통합위 기획단장   … 276
"갈등 해소 국민통합이 이 시대 애국… 상생 가치 실천해야"

`인터뷰`   박경귀 기획단장에게 듣는   … 282
'그리스 문명에서 배우는 국민통합의 길'

`인터뷰`   박경귀 국민통합기획단장   … 287
"상대 배려·다양성 존중이 국민대통합의 기본"

`인터뷰`   박경귀   … 291
"금수저 흙수저론, 패배주의 부채질하는 측면 있어"

무너진 공정,
정치부터
바꿔라

특권 없는 국회가 되라

　대한민국 국회의 무능과 부패에 대한 비판은 어제 오늘의 이야기가 아니다. 무능과 부패보다 더 위험한 악덕은 헌법기관으로서의 자기 정체성을 상실하고 자유민주주의와 기본 질서를 제대로 수호하지 못하고 있다는 점이다. 또 국회 선진화라는 명분 아래 대의기구인 국회가 대의민주주의의 기본 철칙인 다수결의 원리를 앞장서 훼손하고 있는 것도 심각한 문제다.

　나아가 특권과 오만에 사로잡힌 일부 국회의원들이 사회의 지탄을 받는 행태도 빈발하고 있다. 한편 정치인의 지대추구(rent seeking) 현상이 심화되어 자유 시장경제의 활력을 고사시키고 있다. 나아가 국민의사를 합리적으로 대변해야 할 정당과 대의민주주의는 제 기능을 발휘하지 못하고 있다.

　한마디로 총체적인 정치실패(political failure) 현상이다. 이러한 정치실패가 초래한 국정의 난맥과 대의민주주의의 위기를 극복할 대안을 모색해야 할 때이다. 여기서는 뷰케넌(James Buchanan)이 공공선택론(public choice)에서 언급한 정치실패의 개념보다 더 넓은 의미에서 접근하고자 한다.

▌ 헌법가치를 허무는 헌법기관, 국회다운 국회가 되라.

　대한민국 헌법의 최고 가치는 자유민주적 기본질서의 유지이다. 이는 그 어떤 것으로도 훼손되어서는 안 될 엄중한 가치이다. 헌법의 가치를 현실에서 구현하고 수호해야 할 소임은 1차적으로 국회와 정당, 정부에 있다. 따라서 헌법 가치의 수호의 책임을 헌법재판소에만 전가하는 것은 무책임하고 부끄러운 행위이다.

2014년 12월 헌법재판소가 내린 통합진보당 해산 결정은 그동안 정치의 핵심행위자인 국회와 국회의원, 정당이 헌법의 가치를 수호하는 활동에 소홀했음을 반증해주는 사건이다. 이석기 내란 선동 사건, 종북 콘서트 관련 익산 사건 역시 그 원인의 뿌리는 국회와 정치권의 책임 방기에 닿아있다고 할 수 있다. 자유민주주의를 파괴할 자유는 없다. 더구나 국회와 정치권은 자유민주주의를 수호할 책임에서 자유로울 수 없다.

▌ 특권과 오만으로 국민 위에 군림하려는 국회의원은 성찰하라.

대한민국 국회의원은 엄청난 보수와 갖가지 혜택을 누리는 특권집단이다. "선진국 국회의원의 세비는 1인당 GDP의 약 2~3배 수준인데 반해 우리나라 국회의원의 세비는 5배가 넘는다"는 권혁철 소장의 분석은 많은 시사점을 준다. 더구나 무노동 무임금의 원칙도 적용받지 않는다. 국민들이 더욱 분노하는 것은 과도한 특권과 특혜를 받고 있는 국회의원들이 제 역할을 하지 못한다는 데 있다. 무능과 분열의 정치, 국회의 공전과 파행은 이제 일상화되었다.

김현 의원의 대리기사 폭행 및 막말 사건은 특권과 반칙에 길들여진 국회의원들의 심성이 권위의식과 오만에 젖어 국민 정서와 얼마나 동떨어져 있는지 확인해 주었다. 이를 한 개인의 저열한 인격의 문제로 치부하기는 어려울 것 같다. 이 사건이 특권의식에 젖은 국회의원들의 현주소를 어느 정도 대변하는 것은 아닌지 국민들이 의구심을 갖는 것도 무리가 아니다. 국회의원의 품격을 유지하기 위한 성찰이 필요한 때이다. 또 국회 윤리특별위원회를 통해 부적정한 국회의원을 모니터링하고 걸러내는 제도의 강화도 필요하다. 아울러 국회의원의 특권 내려놓기도 구체적으로 보여줘야 한다.

▌ 자유 시장경제의 활력을 가로막는 정치인의 지대추구를 차단하라.

국회의원들은 입법기능을 담보로 국가의 여러 영역에서 전제적 권력을 과도하게 행사하고 있다. 이른바 과잉통제(over-government)가 발생하는 것이다. 이런 통제과정에서 발생하는 특수한 거래 비용이 바로 부패다. 국회의원들은 입법권을 무기로 자신의 사사로운 이익을 추구하는 지대추구(rent seeking)의 유혹에 노출되어 있다. 1차적으로 이익집단에 우호적인 입법을 안겨줌으로써 이에 상응하는 경제적 반대급부를 추구한다. 전형적인 입법 부패이다. 하지만 지대를 단순히 경제적 이익만을 의미하는 것으로 한정하면 안 된다.

한국의 정치 현실에선 경제적 의미의 지대 추구보다 입법을 통해 이념적 가치(ideological value)를 구현하려는 경향이 장기적으로 더 큰 경제적, 사회적 해악을 만들어 낸다. 자유 시장경제를 규제하려는 각종 입법이 이념적 가치 구현의 도구로 활용되기 때문이다. 대형마트의 의무휴업 입법, 사내 유보금 과세는 자유시장경제의 활력을 위축시키는 작은 예일 뿐이다.

'보이지 않는 손'(invisible hand)에 대한 근본적 불신, 부의 축적에 대한 시기심, 국가 개입의 성공에 대한 근거 없는 믿음이 국회의원들의 이념적 지대추구 현상을 심화시키고 있다. 여기에 대중영합주의가 가세하고 있

제1부 무너진 공정, 정치부터 바꿔라

다는 점이 문제를 더욱 심각하게 만들고 있다. 19대 국회의 평균 시장친화지수가 31.1에 불과하다는 자유경제원 자유기업센터의 분석은 국회의원들의 이념적 지대추구가 얼마나 심각할 지 짐작하게 해준다. 국회의 모든 입법에 대해 국민의 공정한 모니터링이 필요한 이유다.

자정(自淨)기능을 상실한 국회, 윤리특별위원회를 전원 민간위원으로 선임하라.

대한민국 헌법 가치인 자유민주주의와 시장경제 질서를 창달하고 수호하기 위해 국회는 국회의원들의 모든 입법 및 정치활동이 이에 부응하고 있는지 모니터링하고, 헌정 질서에서 일탈하는 정치행위와 사회의 보편적 규범을 벗어난 행태를 제어할 수 있어야 한다. 하지만 국회의 윤리특별위원회는 이 기능을 제대로 하지 못하고 있다. 이는 내란선동 혐의로 구속 수감된 통합진보당 이석기 의원의 징계동의안 조차 처리하지 못하다가 헌법재판소의 판결로 의원직이 상실되는 데 이른 것만 보아도 잘 알 수 있다.

국회의원은 주인(principal)이 아니다. 국민의 대리인(agent)에 불과하다. 국회의원의 징계를 동료 국회의원 16명에게 맡긴 것부터 잘못이다. 근본적 정치혁신이 필요하다. 예전에 자격심사소위원회에 '가카 빅엿'의 주인공 서기호 의원이 당당히 포함되어 있었다는 사실은 웃지 못할 희극이다. 윤리특별위원회가 여야의 야합의 장이 되고 있다는 증거다. 따라서 윤리특별위원회의 자정기능을 기대하는 건 연목구어(緣木求魚)이다.

이를 혁파하기 위해서는 윤리특별위원회 구성과 운영 방식을 전면 개편해야 한다. 위원 전원을 여야에서 추천된 민간위원으로 위촉하고 3년 정도의 임기를 보장하여 주권자인 국민의 입장에서 헌법 가치를 파괴하는 국회의원들의 행태를 심사하고 이를 제어할 수 있도록 해야 한다. 윤리특별위원회가 국회의원을 제어하는 최고의 권능을 가진 기구로 거듭나야 한다.

▍자유민주주의 질서를 허무는 사악한 정당을 봉쇄하라.

북한식 사회주의를 추구하던 통합진보당은 해산되었다. 그렇다면 자유민주주의 질서를 허무는 사악한 정당이 버젓이 활동할 수 있도록 환경을 조성하고, 구체적인 지원과 연대를 통해 이들을 육성한 주체들에 대한 징벌이 반드시 수반되어야 한다. 통합진보당의 숙주 역할을 한 정당과 책임자에 대한 사회적, 정치적 징벌이 마땅하다. 이와 관련하여 2012년 4월 총선에서 북한 지령에 의해 통합진보당의 합당과 민주당과의 야권연대가 이루어졌다는 하태경 의원의 폭로는 충격적이다. 결국 야권 연대가 종북 세력의 활동 기반을 조성해 준 결과를 초래했다는 것이기 때문이다.

종북 세력과의 연대의 해악은 특정 지역에서의 공천 거래를 통해 특정 정당의 입후보자를 국회의원으로 대거 당선시켰다는 점이다. 이는 유권자를 현혹하여 사악한 목적을 달성한 부당한 투표 거래 행위(vote trading)이다. 이는 유권자의 선택권을 왜곡하는 사악한 로그롤링(logrolling)인 것이다. 선거 담합에 다름 아니다. 시장에 공정한 거래가 필요하듯 투표 시장에도 불공정한 거래가 용인되어서는 안 된다.

자유민주주의를 파괴하는 정당과 연대하여 투표 거래 행위를 하였다면 그에 상응한 정치적 책임을 져야 한다. 자유를 파괴하는 일에 자유를 내줄 수는 없기 때문이다. 사악한 로그롤링을 방지하기 위해 공직선거법에 전국적 차원의 정당 연대를 언론에 발표하여 유권자에게 인식시키거나, 선거홍보물에 명시적, 은유적으로 이를 표기하거나, 정당 간 공천 담합을 공표하는 행위를 금지시키고 이를 어길 시 당선을 무효화하거나 징벌하는 조항을 신설할 필요가 있다.

또한 자유민주주의를 파괴할 목적으로 활동한 정당에 자유민주주의를 지켜 나가는 데 써야 할 국민의 세금이 지원되었다는 점은 국민 모두를 자괴감에 빠지게 한다. 현행 제도가 그대로 유지된다면 정당의 목적을 교묘하게 위장하여 제3의 정당을 창당하고 국고보조금을 받아 지속하다 해산되면 또다시 재창당하는 일이 반복될 여지가 있다. 따라서 정당이 해산될 경우 당해 정당에 지원되었던 국고보조금을 정당의 국회의원 및 당직자에게 끝까지 구상(求償)할 수 있도록 정치자금법을 개정할 필요가 있다. 이는 헌정 가치를 위배하는 정당 활동을 원천적으로 봉쇄하는 또 하나의 방안이다.

국회, 공정의 파수꾼이 되라

　우리의 국회는 입법기능을 담보로 국가의 여러 영역에서 전제적 권력을 과도하게 행사하고 있다. 이른바 과잉통제(over-government)의 문제가 개선되지 않고 있다. 대한민국의 입법기능은 어떤 방향으로 개선되어야 할까? 국가 운용의 근간이 되는 법률에 대해 숙고했던 플라톤의 역작 《법률》에 나타난 법철학을 고찰함으로써 현인들의 해법을 오늘날 되살릴 수 있는 시사점을 찾아보고자 한다.

　플라톤의 전체 대화편 43편 중 최고봉은 역시 《국가(Politeia)》와 《법률(Nomoi)》이다. 이 두 권의 분량이 전체 대화편의 약 30%를 넘을 만큼 그 양이 방대하고 철학의 깊이와 비중이 남다르기 때문이다. 《국가》가 50대 플라톤의 열정을 담고 있다면, 《법률》은 그의 최후의 역작답게 70대를 넘어서 집필을 시작, 팔순에 생을 마칠 때까지 필을 놓지 않은 원숙한 철학자의 경지가 투영된 대작이다. "플라톤 철학의 전체적 진면목을 달관의 경지에서 보여주는 거작"이라고 해도 과언이 아니다.

▌공정한 법치로 달성하는 차선의 국가

　플라톤이 추구했던 이데아(idea)의 세상은 공동선과 전문성, 덕을 갖춘 완벽한 지도자에 의해 통치되는 공정한 '이상국가'다. 그는 아테네가 전

제1부 무너진 공정, 정치부터 바꿔라

성기를 지나 펠로폰네소스전쟁에서 스파르타에게 패배하고 몰락해 가는 시점에서 전통적 가치관의 혼돈과 변화의 격류를 보면서 새로운 가치관을 정립하고자 절치부심하며 《국가》를 썼다. 하지만 그리스를 이상국가로 만들어내고자 했던 그의 철학적 신념과 희구는 스승인 소크라테스를 사형에 처할 만큼 타락한 현실에 부딪혀 좌초되고 만다.

아테네에 환멸을 느낀 플라톤이 약 12년 가까이 메가라, 시칠리아, 북아프리카 등지로 외유를 떠났던 것도 그의 이상과 현실 사이의 철학적 고뇌를 풀어낼 방도를 찾기 위함이 아니었을까. 그 오랜 기간의 숙고의 산물이 《법률》이다. 플라톤은 《국가》에서 아테네의 직접 민주정을 군사독재나 금권정치보다 더 나쁜 정체(政體)라고 비판했지만, 말년의 저술인 《법률》에서 완벽한 이상국가 다음의 국가 형태로 법을 우선시하는 민주정체를 설계하게 된다. 결국 합리적 법치로 방종한 직접 민주정의 폐단을 제어할 수 있기를 희구한 셈이다.

플라톤은 법치의 모델을 멀리서 찾지 않았다. 고대 아테네 조상들의 습속과 관행에서 자유와 우애의 균형을 이루던 때를 복원하고자 했다. 자연법에 보다 가까웠던 합리적 불문법에 기초하여 새로운 성문법을 설계하고자 했던 것이다. 불문율로 굳어진 '조상 전래의 율법'(partrioi nomoi)이 사회에 구속력을 갖고 있었지만, 국가 체제와 상황의 변화에 따라 인위적 법률의 제정이 필요하게 되었다.

아테네인들은 제우스나 아폴론의 재가를 받는 형식적 절차를 통해 법률을 제정함으로써 법률에 대한 정당성과 권위를 부여하는 관습이 있었다. 《법률》은 변화된 시대적 상황에 맞는 새로운 성문법에 대한 제안을 담고 있으며 담론에서 주도적인 역할을 한 플라톤의 법치의 철학이 짙게 배어있다.

법은 지성의 배분이다.

입법의 목적을 구현하기 위해서는 그럴만한 지혜를 갖춘 '진리를 고수하는 입법자'가 필요하다. 플라톤은 지성(nous)을 갖춘 입법자가 만든 '최선의 법률'(aristoi nomoi)에 통치자를 포함한 모든 사람들이 복종할 때 이상적 법치가 구현될 수 있다고 보았다. 그가 법률은 '지성의 배분'이 되어야 한다고 강조하는 이유가 여기에 있다. 우리 국회의원은 어느 정도의 지성을 갖추고 있을까?

'법의 지배'(rule of law)와 '법에 의한 지배'(rule by law)

플라톤은 통치자들을 '법률에 대한 봉사자'(hyperetes)로 규정했다. 법이 통치자와 권력자에게 휘둘리고 권위를 잃을 경우 나라의 파멸을 가져올 수 있다고 생각했다. "법이 통치자의 주인이고, 통치자들은 법의 종들인 곳에서는 구원이 그리고 신들이 나라들에 내주었던 온갖 좋은 것들"이 생긴다고 믿었다. 플라톤의 이런 법치의 철학은 바로 근대적 '법의 지배'(rule of law)의 정신의 발현에 다름 아니다.

'법의 지배'는 법 자체에 의해 지배되는 것을 의미한다. 법이 궁극적 목적이 되고 통치자와 모든 사람은 그 법 아래에 놓인다. 따라서 통치자가 법을 자의적 전제권력의 수단으로 활용하여 지배하는 '법에 의한 지배'(rule by law)와 근본적으로 다르다. '법에 의한 지배'(rule by law)는 전제정치, 전체주의와 친화적이고, '법의 지배'(rule of law)는 민주정치와 사법부의 독립 등 삼권 분립의 철학과 보다 잘 어울린다.

이런 점에서 '법치'란 동일한 이름과 외양에도 불구하고 동서양이 추구해 온 개념은 극명하게 다르다. 한비자 등 중국의 법가사상은 '법에 의한 지배'로써 황제의 전제권력을 공고히 할 것을 주문했다. 하지만 이들보다 100여 년 전에 활동했던 플라톤은 법 위에 군림하는 초월적 군주의 위치를 인정하지 않았다. 군주 일인에 의한 자의적 인치(人治)가 아닌 '지성의 배분'으로 확립된 '최선의 법률'에 의한 통치를 희구했던 것이다. 이 점이 바로 근대 주권재민과 삼권 분립의 정치철학의 근간에 맥이 닿는 부분이다.

민주적 법질서와 공동체의 윤리

플라톤은 '훌륭한 법질서'(eunomia)를 위해 시민들 간에 자유(eleutheria)와 우애(philia) 그리고 지성(nous)의 공유(koinonia)가 중요하다고 역설한다. 이러한 덕(arete)을 쌓기 위해 지혜와 절제가 요구되었고, 자연히 이를 함양시키기 위한 시민교육의 중요성이 강조되었다. 플라톤의 입법안은 공동체가 추구해야 할 이념과 가치 그리고 유지해야 할 질서의 틀을 만드는 데 초점이 맞춰 있다.

플라톤의 《법률》은 실현 불가능한 '이상국가'가 아닌 '훌륭한 법질서'(eunomia)를 통한 차선의 '아름다운 나라'(kallipolis)를 구현하려 했다는 점에서 근대적 법치(rule of law)의 초석을 다졌다고 평가할 수 있다. 우리의 법률은 '지성의 배분'의 의해 만들어진 '훌륭한 법질서'일까? 통치자들은 '법률에 대한 봉사자'란 인식을 제대로 하고 있을까? 국가는 공동체가 추구해야할 가치와 질서를 존중하기 위한 민주시민교육을 방기하고 있는 건 아닐까.

아리스토텔레스가 민주정체를 위협하는 치명적인 요인으로 민중선동가(demagogos)들의 무절제(aselgeia)를 꼽은 것도 유의할 대목이다. 이들은 자주 "민중의 환심을 사기 위해 민중이 심지어 법 위에 군림하게끔 사태를 몰아간다"는 것이다. 대중의 불법을 방조하거나 표퓰리즘(populism)에 몰두하는 요즘 정치인들에 대한 경고로도 들린다.

　민주정체가 올바르게 기능하기 위해서는 '법의 지배'(rule of law)가 전제되어야 한다. 현대 민주주의 국가에서 법의 지배의 원리는 헌법 가치의 준수로부터 연원되어야 한다. 자유민주주의와 시장경제 창달의 헌법 가치를 구현하려는 입법들이 선동적 입법자들에 의해 제지되거나, 그릇된 입법에 의해 흔들리고 있는 현실이 민주주의의 진정한 위기이다. 국회, 기득권과 특권을 지키려는 불의의 선동가들에게 흔들리지 말라. 국회가 진정한 공정의 보루가 되라.*

....

* 박경귀, "고전에서 배우는 입법의 지혜: 플라톤의 《법률》을 중심으로", 〈올바른 입법과 시행이 선진국의 토대〉, 행복세상 2016 제1회 국가발전 정책토론회 자료집(2016), pp.115~118 일부 수정 재인용

제1부 무너진 공정, 정치부터 바꿔라

이런 사람이 혁신 리더다

바람직한 인간형

요즘처럼 변화와 혁신이 강조되는 시절도 드문 듯하다. 그만큼 공사조직을 막론하고 날로 심화되는 글로벌 경쟁체제 속에서 저마다의 조직목표 달성과 생존이 더욱 힘들어지고 있기 때문일 것이다. 변화와 혁신은 그 자체에 목적이 있다기보다 궁극적으로 조직의 성과향상에 있다고 볼 때 조직 구성원의 역할과 성취를 바람직한 방향으로 극대화하는 것이 중요하다.

결국 변화와 혁신의 중심에는 '사람'이 자리하고 있는 것이다. 무라야마 노부루는 조직 내의 인간형을 4가지로 제시한 바 있는데 이를 쉽게 풀어 살펴보자. 첫 번째로 '삶은 개구리형'이다. 이는 차가운 냄비 물속에 들어가 있는 개구리가 냄비에 서서히 가해지는 열로 물이 조금씩 뜨거워지는 것을 체감하지 못하고 결국 삶아져 죽고 마는 것처럼 조직 내외의 환경변화에 둔감하여 조직에서 도태되어 가는 사람을 일컫는다. 두 번째는 '민들레형'이다. 한 직장에 적응하여 뿌리내리지 못하고 이곳저곳을 떠도는 인간형이다. 정년이 보장된 공공조직에서는 재직은 하되 직무에 속마음을 붙이지 못하고 늘 다른 것에 관심이 더 많은 유형도 여기에 해당된다. 세 번째는 '다나카형'이다. 이는 학벌도 없는 평범한 회사원 출신으로 2002년 노벨화학상을 수상한 다나카 고이치처럼 자신의 직무에 대한 몰입과 열정, 끊임없는 노력으로 어느 한 분야의 장인이나 전문가로 성장해 나가는 유형이다. 네 번째는 '피카소형'이다. 자신의 그림 스타일을 여러 차례 바꾸어 나간 끝에 자신만의 독특한 미술세계를 만들어 낸 변화를 스스로 주도해 나가는 인간형이다.

우리가 지향해야 할 바람직한 인간형은 어떤 것일까.

▍변화와 혁신을 주도할 리더의 조건

국정 운영은 물론 현대의 모든 경영조직에서는 다양한 현장 전문지식을 필요로 한다. 따라서 학벌이 중요한 것이 아니라 열정을 갖고 자기의 직무를 수행하는 가운데 축적되는 살아있는 지식을 갖춘 전문가가 더 소중하다. 그리고 변화를 감지하고 변화되는 환경이 요구하는 역량과 행태를 스스로 쌓고 변화시켜 나가는 주도적인 인재가 필요한 것이다.

글로벌 기업인 GE의 전 회장이었던 잭 웰치가 후임 회장을 선임할 때의 이야기는 진정 필요한 인재와 리더의 덕목이 무엇인지를 시사해 준다. 잭 웰치 회장이 후임 회장을 누구로 낙점하는 가는 당시 세계 유수의 기업과 경제, 금융계의 초미의 관심사였다. 그는 평소 예상되는 후계자 군으로 거의 주목받지 못했던 제프리 이멜트를 후계자로 선임해서 많은 사람들을 놀라게 했다.

거의 무명에 가까운 그를 지명한 이유를 묻자, 잭 웰치는 첫째는 제프리 이멜트가 변화를 추구하는 마인드를 가졌다는 것이고, 두 번째는 그가 호기심이 많다는 것이었다. 세계 최고의 다국적 기업의 총수를 선임한 기준치고는 너무 싱겁지 않은가.

호기심은 관심과 열정이다. 호기심이 없으면 시장과 고객의 변화에 둔 감할 수밖에 없을 것이고 이는 시장에서 자사 상품의 판매기회의 상실로 이어질 것이다. 그러니 기업의 생존에 심각한 위협을 받을 것은 자명하다 는 의미다. 지속가능한 기업 성장과 생존을 담보할 수 있는 호기심과 변 화와 혁신의 마인드를 갖춘 그에게 대권을 넘겨준 것은 정말 혜안이 아니 었나 싶다.

아는 만큼 보이고 볼 수 있는 만큼 사랑하게 된다. 자신의 직무에 대해 호기심과 열정을 가질 때 더 높은 역량을 축적하고 애정과 자부도 커지 게 된다. 그 때 나는 어느 덧 우리 조직에 꼭 필요한 사람이 되어 있지 않 을까.

정치의 영역에서 변혁의 리더를 발굴하고 키우는 일은 기업의 경우보 다 훨씬 어렵다. 국가의 백년대계를 생각해 리더를 발굴하기보다 계파와 인맥이 우선하는 경향이 아직도 지배적이다. 선거 때가 되면 정당마다 대대적으로 인재발굴을 한다고 요란을 떨지만, 국가 혁신을 이끌 통찰과 역량을 가진 인재를 제대로 발굴하지 못하고 용두사미로 끝나는 경우가 많다. 국정 혁신에 대한 경륜과 열정, 통찰과 리더십을 갖춘 인재들을 국 민들이 제대로 선택해야 한다.

이미지 정치를 타파하라

아우구스투스의 초상이나 조각상들은 로마인들이 한창 나이로 인정한 장년기인 40대와 50대의 모습의 것은 하나도 남아 있지 않고 모두 30대 그의 모습을 본뜬 것들만 발견되었다. 아우구스투스가 자신의 청년기 조각상을 만든 의도는 무엇이었을까.

"상상하건대 아우구스투스는 일부러 자신의 공적인 이미지를 로마인들이 청년기로 여기는 30대로 한정한 것 같다. 그의 책무는 카이사르가 남긴 청사진을 실천에 옮기는 것이었다. 카이사르는 공적 생활을 늦게 시작한 탓도 있어서, 50대 시절의 조각상밖에 남기지 않았다. 그런 카이사르에 대해 존재의 차별성을 주장하려면 젊음을 활용하는 것이 가장 효과적이 아닐까. 그리고 그가 확립하려 한 신생 로마의 이미지로서 30대가 어울린다. 30대는 조용하면서도 밝기 때문에 공격적인 느낌을 주지 않으며, 젊음에서 오는 활기도 충분하다. 안토니우스를 무찌르고 로마 세계의 최고 권력자가 된 아우구스투스가 그 권력을 이용하여 확립하려 한 새로운 질서의 성격은 얼핏 무관하게 여겨지는 조각상이나 화폐에도 나타나 있는 것 같다."

시오노 나나미의 추측이다. 필자도 공감한다.

정치인에게 이미지 관리는 매우 중요하다. 어떤 이미지로 대중에게 어필하느냐에 따라 정치적 성공에 큰 영향을 미치게 되는 게 현실이다. 케

26

네디나 레이건과 같은 'TV형 정치가'의 탄생은 바로 이런 시각적 이미지의 영향력을 여실히 보여주었다. 케네디는 TV에서 건강하고 생명력 넘치는 모습을 국민들에게 보여줌으로써 닉슨을 패배시키는 일대 전환의 계기를 만들어 대통령직을 거머쥐게 되었던 것이다.

요즘 정치개혁의 일환으로 각 정당이 끊임없이 '젊은 피'를 수혈하는 것도 기실 30대의 젊고 신선한 이미지를 차용하려는 것에 다름 아니다. 하지만 이미지의 표피적인 효과에만 매달리는 사례도 우리는 너무나 많이 보아왔다. 예를 들어 대통령선거 포스터에 등장한 '어린 소녀를 안고 귓속말을 듣고 있는 ○○○후보', 그런다고 12·12 군사반란의 부정적 이미지가 근본적으로 얼마나 탈피되었을까.

겉모습도 중요하기는 하다. 하지만 그러한 겉모습이 그 사람의 진면목을 제대로 나타내지는 못한다. 변함없는 진실한 품성은 언젠가는 제 얼굴을 하고 나타나는 법이다. 40대면 40대에 어울리는 모습으로 50대면 50대의 자신의 얼굴에 책임질 수 있는 모습으로 다가가는 것도 이미지 메이킹의 평범하면서도 긴요한 비법은 아닐까.

어쨌든 아우구스투스는 일찍이 자신을 차별화하고 자신의 강점을 부각시킬 줄 아는 이미지 관리의 중요성에 대해 눈뜬 것 같다. 어떤 분야에서든 이미지를 만들어 가려는 사람이 이미지 메이킹의 5단계 중 반드시 명심해야 할 두 가지가 있다. 첫 단계 '자신을 알라'(Know yourself)와, 마지막 단계 '자신에게 진실하라'(Be yourself)이다.

요즘 정치인들은 방송과 각종 언론 매체를 활용해서 이미지 관리에 주력하는 경우가 많다. 하지만 실력과 경륜을 갖추지 못한 이들이 방송을 통해 수려한 외모와 달변으로 자신을 좋은 모습으로 치장하더라도 시간이 지나면 실제의 부족한 실력이 드러나는 경우가 적지 않다. '보여주기

쇼'와 이미지 관리에 치중하는 저급한 정치를 타파해야 정치발전을 이룰 수 있다.

이미지 관리에 지나치게 신경 쓰지 말라. 자신 내면의 품격을 스스로 높여 나가면 그 향기는 저절로 배어 나온다. 유권자 역시 이미지 정치에 능수능란한 정치꾼의 말과 이미지에 현혹되지 말아야 한다. 그 사람의 전문역량과 식견, 내면의 품격을 가늠하는데 더 마음을 쓸 일이다.

제1부 무너진 공정, 정치부터 바꿔라

내 주권 뺏어가는 연동형 비례대표제

데일리안 2019-03-24

글 **박 경 귀** 자유한국당 아산시(을) 당협위원장·행정학 박사

위헌적 선거제 개편, 슬로우 트랙으로 검증해야 …

'잘 맞지 않는 옷' 연동형 비례대표제

대통령제 아래 단원제 국회의 연동형 비례대표제는 전무 …

자격 미달 정치꾼 양산 연동형 비례대표제

▍'잘 맞지 않는 옷' 연동형 비례대표제

제1야당인 자유한국당을 제껴놓고 더불어민주당이 야3당과 합의한 국회의원 선거 '연동형 비례대표제'를 두고 온 나라가 시끄럽다. 대통령제를 채택한 나라 가운데 연동형 비례대표제를 채택한 나라는 전 세계에서 남미의 좌파 국가 '볼리비아' 한 곳밖에 없다.

왜 더불어민주당은 정치 불안에 시달리는 후진국 볼리비아 제도를 따라가려고 안달하는 걸까? 대통령제와 연동형 비례대표제는 서로 '잘 맞지 않는 옷'인데 이 생소한 조합을 졸속으로 밀어붙이는 속내는 무엇일까?

대통령제를 채택하는 이유는 정치적 안정이다. 대통령제 국가들은 대개 주도적인 양당 구조를 형성하여 국정이 비교적 안정적이다. 사표(死票)를 방지하고, 인종, 계층, 이익단체를 대표하거나 전문성을 보완하는 비례대표 선출 방식의 필요성은 인정된다. 여러 나라가 비례대표를 부분적

국회 본회의장 모습, 사진=데일리안 DB

으로 도입하는 이유다.

대통령제를 채택하면서 국회의원 선거 비례대표제를 채택하는 나라들은 브라질, 칠레, 우루과이, 파나마, 남아프리카공화국, 키프로스 등 몇 나라가 있다. 우리나라는 다수대표제를 적용하여 지역구 대표(253명)를 선출하고, 보충적으로 비례대표(47명)를 뽑는 혼합형 제도를 채택하고 있다. 대만과 멕시코가 우리와 같다.

그런데 대통령제 아래서 국회의원 선거 비례대표제를 채택한 나라들의 경우 많은 문제점이 지적된다. 대표적인 곳이 브라질이다. 브라질은 비례대표제를 채택하여 극심한 매표(賣票) 행위와 정당 난립을 불러와 만성적인 정치 혼란이 야기되고 있다. 표의 비례성을 강화하려다 소수정당의 난립을 초래해서 빚어지는 현상이다.

이런 부작용을 차단하고자 비례대표를 전혀 인정하지 않는 선진국도 있다. 미국, 영국, 프랑스, 캐나다, 호주는 다수 득표자를 선출하는 다수대표제를 고수한다. 2등, 3등 후보의 득표 가치를 살리려는 것보다 1등 득표자에게 승자독식의 힘을 확실하게 실어주는 식이다.

이들 나라들은 국회를 국민들이 직접 뽑는 국회의원들로 구성하는 것이 직접 민주주의의 가치를 보다 잘 구현하는 것으로 본다. 단순히 정당 지지율을 바탕으로 실질적으로 검증되지 않은 비례대표 후보를 정당이 국회의원으로 지명하는 형태의 비례대표제를 도입하지 않는 이유다.

다수대표제만 고수하는 이런 나라들의 경우 통치 구조와 관계없이 지배적 양당 구조가 형성되어 정국이 안정된다. 대통령제를 채택한 미국을 빼고는 모두 의원내각제를 채택하고 있다. 자유한국당도 이런 선진국의

제1부 무너진 공정, 정치부터 바꿔라

모델을 따라 비례대표제를 폐지하고 국회의원 정수를 10% 감축한 270명으로 할 것을 제안했다.

물론 비례대표제는 투표의 비례성 강화를 통해 다당제를 유도하도록 기능한다. 현실 정치에서 다당제는 다양한 목소리를 반영하는 장점과 동시에 정치 혼란의 토양이 되는 단점을 지닌다는 점을 확인할 수 있다.

대통령제 아래 단원제 국회의 연동형 비례대표제는 전무

연동형 비례대표제를 도입한 나라들은 어떤가. 대표적인 나라가 독일과 뉴질랜드이다. 이들 나라는 모두 의원내각제와 양원제를 채택하고 있다. 의원내각제와 연동형 비례대표제는 어느 정도 어울리는 제도다. 그러나 세계에서 유일하게 대통령제 아래서 연동형 비례대표제를 채택한 나라는 남미의 볼리비아 밖에 없다.

연동형 비례대표제를 도입한 나라들의 외형만 보면 안 된다. 역사적으로 특별한 사정들이 있었다. 독일의 경우 히틀러 독재 정치의 체험에서 과도하게 우월한 정당의 출현을 막고자 다당제를 선호하게 되었다.

볼리비아의 경우 완전 비례대표제로 국회의원을 뽑다가 브라질처럼 비례대표제의 병폐가 드러나자 이를 개선하고자 1994년에 다수대표제를 가미해서 연동형 비례대표제 형태를 갖게 되었다.

이는 정당 난립을 지양하고 정치적 불안을 최소화하기 위해 지배적 정당 위주의 양당 구조 형성에 대한 희구가 담겨 있다. 볼리비아 국회는 상원, 하원의 양원제로 운영되며, 정당 비례대표 50%가 포함된 하원을 전부 지역구에서 뽑힌 상원이 견제하고 있다.

반면에 우리나라는 볼리비아의 도입 배경이나 과정과 상이한 상황에서 연동형 비례대표제를 검토하고 있다. 우리는 이미 다수대표제를 근간으로 삼고 비례대표제를 보충적으로 활용하면서 지배적 양당 구조가 유지되어 왔다. 이런 상황에서 연동형 비례대표제로 나아가려는 것은 정치 불안을 야기할 다당제로 한발 다가서려는 것에 다름 아니다.

더구나 단원제인 우리 국회에 과다한 비례대표의 유입은 자질 저하와 정치 혼란의 씨앗이 될 수 있다. 연동형 비례대표제를 채택한 독일, 뉴질랜드, 볼리비아 모두 양원제 국회를 통해 총리, 또는 대통령과 국회의 충돌이 완화되고 정치 갈등을 최소화하고 있다.

세계에서 검증된 좋은 제도를 우리가 선도적으로 도입하는 것이라면 권장할 만하다. 하지만 아직 대통령제 아래서 연동형 비례대표제를 성공적으로 운용해 본 나라의 경험적 교훈은 없다. 더구나 우리처럼 대통령제 아래 단원제 국회에서 연동형 비례대표제를 운용하는 나라는 전 세계에 한 곳도 없다. 우리는 충분한 검증되지 않은 제도를 실험을 해 볼만큼 여유롭지 않다.

남북 분단의 특수한 상황 속에서 대통령제를 택한 우리나라에서 정당 난립과 정치적 불안은 국가의 명운에 치명적 위협이 된다. 국가가 안정된 시기에는 다양한 목소리가 사회를 활기차게 하지만 위난의 시기에는 국론의 분열로 이어질 수 있기 때문이다.

물론 우리가 의원내각제를 오랫동안 운용해 온 나라라면 사정은 다를 수 있다. 다당제가 형성된 상황에서 여소야대가 될 때 여당이 몇몇 야당과 연정하여 성공적으로 국정을 이끈 경험이 많아지면 정치 혼란을 최소화 할 수 있다.

하지만 우리나라는 국가 위기 대처 시 강력한 리더십이 필요한 특수한 상황에 따라 국민들의 대통령제 선호가 압도적으로 높다. 역사적으로

제1부 무너진 공정, 정치부터 바꿔라

4.19 혁명이후 한 번의 의원내각제 경험은 성공적이지 못했다. 김대중과 김종필이 의원내각제 도입을 약속한 DJP연합으로 김대중 정부를 탄생시켰지만 흐지부지되었다. 연정의 협치가 오래 유지되기 힘들었고, 국민 대다수가 대통령제 고수를 원했기 때문이다.

대통령제와 국회의원 다수대표제는 어느 정도 조합을 맞추어 갈 수 있다. 하지만 대통령제를 유지하면서 다당제와 의원내각제에 더 잘 어울리는 연동비례대표제를 도입한다면 정치 안정을 심각하게 저해할 수 있다. 그렇다면 여당이 이런 부조화된 제도를 강력하게 추진하는 데에는 어떤 정략이 숨어 있지 않나 합리적 의문이 든다.

자격 미달의 정치꾼 양산할 연동형 비례대표제

연동형 비례대표제는 대통령제와 조화를 이루기 어렵다. 하나뿐인 사례인 볼리비아의 경험은 더 지켜봐야 한다. 만약 연동형 비례대표제로 여당의 의석이 40% 이상이 되고, 한 두 정당과 연정이 잘 될 경우 어느 정도 정국 안정을 이룰 수도 있다.

물론 제1야당을 제키고 다른 야당을 모두 모은 편향적 연정을 통해 억압적 안정을 꾀할 가능성도 높다. 더구나 여당 의석이 아주 적어 여러 야당의 협치가 절실할 때, 연정 과정은 '장관 자리 나누어 먹기'라는 야합과 거래로 점철될 소지가 많다.

연동형 비례대표제는 국민이 직접 뽑지 않고 정당 지지율에 맞춰 배정된 인원을 당에서 정한 순번에 따라 후보를 당선시키는 제도이다. 물론 비례대표 공천 기준과 절차를 당헌당규에 명시하고 당원이나 대의원 또는 선거인단의 투표를 통해 비례대표를 결정하도록 개선할 수 있다. 하지만 그렇게 형식적 절차를 개선해도 실질적으로는 당이 결정한 후보자를 추인하는 거수기 역할에 그칠 가능성이 높다.

지역구 후보자는 지역을 대표하여 국민 주권을 어느 정도 실현해 준다. 또 당선된 이후에도 지역민의 감독과 견제가 가능하다. 하지만 비례대표 국회의원의 결정권은 국민이 아닌 정당의 지도부 소수가 쥐고 있다.

문제는 우리나라의 정당정치가 제대로 자리 잡지 못했다는 점이다. 그동안 우리 정당들은 국민의사를 올바로 대변하는 국민정당으로 신뢰 받기보다, 정파의 이익을 대변하는 '패거리 집단', '이익 집단'으로 비판 받기 일쑤였다.

이런 상황에서 비례대표 국회의원을 대폭 증원(47명→75명)하고 그 R선정 권을 정당의 지도부에게 쥐어 준다면 국민 주권이 크게 훼손될 여지가 많다. 물론 득표의 비례성을 높인다는 취지 자체는 나쁘지 않다. 하지만 비례성을 높이는 것은 소선거구제와 중대선거구제의 조합으로도 충분히 보완할 수 있다. 중대선거구제는 고질적인 영호남 갈등과 지역 편향성을 완화하는 데에도 도움이 된다. 왜 중대선거구제를 논의하지 않는가?

정당에 맡기는 비례대표제의 문제점은 그동안 드러난 것만 보아도 심각하다. 그동안 누가 비례대표로 낙점 되었는가. 전문성과 식견을 갖춘 훌륭한 비례대표 의원도 적지 않았다. 하지만 국민 대다수의 여망에 부응하는 덕망과 역량을 갖춘 사람보다 정당에 충성심이 강하고, 정당의 이념에 충실한 전사형 인사들이 더 많은 비중을 차지하는 것으로 보인다. 심지어 정권 창출에 기여한 이를 챙겨주는 보은(報恩) 성격의 인사도 많다. 이처럼 비례대표 낙점 과정이 투명하지 못하고 돈 거래 의혹도 끊이지 않아 '공천(公薦)이 아니라 사천(私薦)'이라고 비판 받아온 게 사실이 아닌가.

더구나 비례대표 의원은 한번 선출되면 직접 대면할 기회가 거의 없는 국민들이 견제하기 어렵다. 물론 비례대표 의원들은 지역구에 연연하지 않고 국가적 사안에 관심을 둘 수 있는 장점도 있다. 하지만 그 장점이 반대로 정파를 대변하여 정쟁에 몰두할 경우 치명적 단점이 될 수 있다. 현실의 모습은 후자에 가깝다. 대한민국의 정체성에 부합되지 않는다고 비판 받아온 임수경, 이석기 같은 사람이 국회의원이 될 수 있었던 것도 비례대표제가 갖는 맹점을 여실히 증명해 준다.

비례대표를 통해 국회에 입성한 자격 미달의 국회의원들이 국민을 분열시키고 국회를 정쟁으로 이끈 수많은 사례를 잊지 말아야 한다. 이번에 비례대표 국회의원을 과도하게 늘리려고 제시된 연동형 비례대표제는 '국민에 줄 서지 않고 당에 줄 서는' 정치꾼들을 양산하게 될 가능성이 높다. 따라서 국민 주권의 헌법 가치를 제대로 실현하기 위해서는 외려 국민이 직접 뽑는 지역구 의석수를 늘리고 비례대표 의석 수는 줄이는 것이 바람직하다.

▌국민 주권 훼손하는 연동형 비례대표제 위헌적이다

무엇보다도 현재 제시된 연동형 비례대표제의 결정적 하자는 위헌적이라는 점이다. 2001년도에 헌법 재판소는 지역구 투표의 득표비율을 근거로 비례대표를 뽑는 것은 위헌이라고 결정했다. 이 때 위헌의 핵심 요소는 1인 1표제 하에서 투표의 목적과 가치가 다르게 적용되어서는 안된다는 취지였다.

그렇다면 지역구 투표와 정당지지 투표를 별개로 한 후에 정당지지 득표 비율을 근거로 비례대표 후보를 선정하면 위헌 요소가 완전히 치유되는 것인가? 그렇지도 않다. 이때에도 지역구 투표의 가치와 정당지지 투표의 가치가 서로 다르기 때문에 등가성의 원칙에서 벗어나 위헌 소지는 여전하다.

국회의원 선거구 단위로 정당지지 투표한 비율의 결과를 전국 단위, 권역 단위로 적용하여 비례대표 국회의원 수를 배정하는 것도 위헌적이다. 지역구 투표에서 아쉽게 탈락한 후보자를 비례대표 의원으로 구제하는 석패율 제도 역시 위헌 소지가 있는 건 마찬가지다. 당초 투표한 목표와 가치가 불형평적으로 변동되기 때문이다.

이렇게 되면 국민 주권은 사라진다. 지역주의 완화라는 명분을 위해서라도 국민의 신성한 투표권이 훼손되어서는 안 된다. 연동형 비례대표제는 결국 여러 위헌적 상황에도 불구하고 소수정당에게 의석을 보장해 줌으로써 다당제를 고착시키는 결과를 낳는다.

지금 대통령제 아래서 다당제가 초당적으로 추구해야 될 목표인가? 대통령제 아래에 정당이 난립하면 정치적 불안이 만성화되고, 여당이 군소 야당과 야합하여 정권 연장을 고착시킬 소지가 많다. 결국 자유 민주주의가 위기에 봉착한다.

위헌적 요소가 많고 다양한 역기능을 낳는 연동형 비례대표제는 우리 정당 정치의 합리적 발전을 저해하는 잘못된 제도다. 이런 엄청난 부정적 정치 변동의 단초가 될 연동형 비례대표제에 대해 우리 국민들은 합의한 적이 없다. 국민들은 이 사안을 정당 간의 야합과 거래로 결정하도록 위임한 적이 없다.

▌헌법 가치 훼손하는 선거제 개편, 슬로우 트랙으로 검증해야

이렇게 여러 측면에서 볼 때, 입법부를 구성할 게임의 룰인 국회의원

선거제도는 국민 주권의 헌법 가치를 수호하는 중차대한 제도이다. 더구나 현행 국회의원 선거제도는 대통령제 통치 구조와 밀접한 관계가 있다.

따라서 연동형 비례대표제를 추진하려면 통치구조와 어떻게 조화를 이루도록 할 것인지, 선거제도를 왜 바꾸려 하는지, 어떻게 바뀌는지, 그 결과가 어떻게 될 것인지 국민에게 충분한 시간을 두고 소상히 설명하는 게 먼저다.

연동형 비례대표제는 민생 문제도 아니고 긴급 사안은 더더욱 아니다. 국민적 공감대를 폭넓게 형성한 후에 정상적인 입법 과정을 통해 추진되어야 한다. 사안의 막중함에 비추어 여당이 제1야당을 제외한 채 일부 야당과 야합하여 패스트 트랙(Fast track)으로 몰아가는 것은 의회 민주주의를 파괴하는 일이다.

연동형 비례대표제보다 더 효과적이고 더 급한 것은 제왕적 대통령제의 권력구조 개편이다. 입법부의 기능은 행정부 수반인 대통령의 권능과 상관관계가 깊다. 입법부가 국민의 다양한 목소리를 제대로 대변하기 위해서는 대통령과 국회 사이에 견제와 균형의 원리가 정상적으로 작동될 수 있는 제도를 갖추는 게 우선이다.

이런 상황에서 여당이 패스트 트랙으로 함께 처리하려는 고위공직자 비리수사처 신설과 검경 수사권 조정 등은 현재의 제왕적 대통령 권력을 분권하기는커녕 오히려 무소불위(無所不爲)의 '더 크고 예리한 칼'을 더 쥐어 주는 것과 같다. 이게 국민의 권익을 위협하는 더 시급하고 심각한 문제가 아닌가.

선거연령을 18세로 낮추려는 것 또한 적절하지 않다. 이는 아직 학업에 더 열중해야 할 고교생들을 정치화시키는 악영향이 우려된다. 특히 아직 사회생활 경험이 없는 미성숙한 학생들이 정쟁의 도구가 될 소지가

있다. 국민 주권 행사에 참여하기 이전에 먼저 국가관과 건강한 민주시민 의식의 기초를 다질 시간이 필요하다.

가뜩이나 우리 교육이 전교조 교사의 편향 교육에 멍들어 있는데, 선거연령을 낮추게 되면 교육 현장은 더욱 황폐화될 가능성이 높다. 선거연령을 18세로 낮추는 것은 아직 국민 공감대가 형성되지 않았다. 시기상조다. 여당이 이런 중요한 사안을 끼어넣기 식으로 패스트트랙에 올린 것은 속이 다 보이는 정략이다.

더불어민주당은 왜 국민들이 이해하기 어려운 연동형 비례대표제라는 생소한 제도를 갑자기 밀어 붙이려고 할까? 정의당 심상정 의원은 '연동형 비례대표제를 국민들은 소상히 알 필요도 없다'는 취지로 말하기도 했다. 이는 국민들이 알아서는 안 될 두 정당만의 셈법이 따로 있다는 말처럼 들린다.

연동형 비례대표제를 최근의 정당 지지율과 현 국회의원 의석수에 적용해 보면, 정의당의 비례대표 의석이 대폭 늘어날 것이라는 분석이 많다. 그렇다면 연동형 비례대표제가 더불어민주당의 2중대 역할을 하고 있다고 의심을 사는 정의당의 의석수를 늘려 교섭단체로 만들어 주려는 꼼수는 아닌지 비판 받을 소지가 다분하다.

이는 인위적으로 특정 정당의 의석을 배가시키는 행위로써 게임기의 승률을 조작하여 배당을 늘리려는 불법과 비슷하여 정의롭지 못하다. 게임의 룰을 변경하여 제1야당인 자유한국당을 제외한 야3당을 국회의석 비례대표 의석으로 현혹하고 거래하려는 야합이라는 비판을 면키 어렵다.

길게 보라. 현재 정당의 지지율은 의미가 없다. 대다수 선진국처럼 건강한 여야 양당 구조를 튼실하게 발전시켜야 한다. 헌정의 100년 대계를 구상하지 않고 100년 집권의 야심으로 국회의원 의석수나 헤아리는 치졸한 셈법은 당장 내려놓아야 한다.

연동형 비례대표제를 도입하기 전에 먼저 국민들에게 물어야 할 질문이 있다. 대통령제냐 의원내각제냐 어느 제도를 선택할 것인가? 의원내각제를 채택하겠다면 연동형 비례대표제를 추진하고, 대통령제를 고수하겠다면 당장 포기하라. 대통령제 또는 의원내각제의 선택 여부는 국민투표에 붙여 결정하는 것이 타당하다.

다수당의 횡포를 막고 소수의 목소리를 보호하기 위해 이제 우리도 상원, 하원의 양원제를 도입하는 것을 검토할 때다. 농촌인구의 급격한 감소로 인구비례에 의한 단원제 국회의원 선출은 지방에 점점 더 불리해진다. 지역을 대변할 상원과 국가적 의제에 전념할 하원을 구성하는 것이 바람직하다. 양원제를 도입하려면 먼저 현행 국회의원 의석 수를 과감하게 줄여야 한다.

이제 대통령제를 유지하면서 연동형 비례대표제를 도입할 때 초래되는 문제들을 다각적으로 심도 있게 논의해야 한다. 헌정 구조의 엄청난 변화를 초래할 제도를 제1야당을 빼고 나머지 정당 간의 밀실 야합만으로 졸속 추진해서는 안 된다. 여야가 합의할 때까지 끝까지 협상해야 한다. 그 과정과 내용을 국민들에게 투명하게 소상히 알려야 함은 물론이다.

또 이 헌정의 백년대계에 대해 다수 국민들이 참여하는 토론회, 공청회를 몇 년을 두고라도 천천히, 여러 번 개최하자. 국민적 공감대가 먼저다. 이 사안이야 말로 '슬로우 트랙'(Slow track)으로 가야 한다. 정략을 버려야 정의가 바로 선다.

박경귀
"文정부, 과감한 정책전환 필요"

4대강 보, 탈 원전, 소득주도성장 정책 '비판' … "국민통합 노력 부족" 일침

"노무현 전 대통령은 고집스러웠지만, 다양한 사람 이야기를 경청해 잘못된 정책을 수정했습니다. 반면 문재인 대통령은 경청은 하지만 그다음은 마이웨이(My way)입니다."

박경귀(58) 자유한국당 아산을 당협위원장이 3년차에 접어든 문재인 정부정책을 평가한 대목이다. 노무현 정부를 표방·계승하는 문재인 정부를 향한조언이자 비판이다.

박 위원장은 2002년부터 2015년까지 한국정책평가연구원장을 지낸 정책전문가로 알려져 있다. 정부 각 부처 정책을 평가하고, 중장기 발전계획을 수립한 경험을 갖고 있다. 중앙부처 국민통합 정책을 개발·평가하는 대통령 소속 국민대통합위원회 기획단장(1급)도 지냈다.

그는 지난 20일 충남 아산시 사무실에서 본보와 가진 인터뷰에서 문재인정부 정책을 가감 없이 평가했다. 소득주도성장과 탈 원전 정책, 4대강 보 해체 결정이 주요 평가대상이었다.

"4대강 보 해체보다 지류사업 추진해야" 정책변화 촉구

박 위원장은 현 정부의 4대강 보 철거 결정과 탈 원정 정책에 따른 도미노

제1부 무너진 공정, 정치부터 바꿔라

박경귀 자유한국당 아산을 당협위원장

박경귀 자유한국당 아산을 당협위원장이 20일 〈디트뉴스〉와 인터뷰를 하고 있다.

충남 아산시 음봉면 출생인 박 위원장은 음봉초(43회), 음봉중(2회), 온양고(27회)를 졸업한 뒤 인하대에서 행정학 박사학위를 취득했다. 이후 한국정책평가연구원 원장, 국무총리실 정부업무평가 전문위원, 행자부 지방공기업혁신단장, 대통령 소속 국민대통합위원회 기획단장(1급)을 역임했다.

현상을 경계했다. 우선 4대강 보 철거 결정은 정파적 이념에 따른 정책으로 규정했다. 지난 정부 정책을 연속선상으로 보지 않고, 이념에 따라 정책을 재단했다는 주장이다.

그는 또 보 철거를 결정한 4대강 보 철거위원회 문제점도 지적했다. 위원회에 민간 학자가 포함됐지만 보 해체 찬성론자로 일관했고, 이들이 정부 코드에 맞추다 보니 학자적 소신을 밝히기 어렵다고 설명했다. 때문에 찬·반 입장을 가진 인사를 고르게 구성해 보 해체 문제를 재평가해야 한다고 강조했다.

여기에 보 해체가 이루어질 경우 지하수 고갈에 따른 관정예산을 투입하는 등 불필요한 부가적 예산을 투입해야 하는 문제점과 동시에 물 관리 시스템의 적정성을 거론했다.

"세느강, 템즈강, 라인강도 수십 개 보가 있습니다. 본천(本川)을 자연화 하기는 어렵지만, 지류를 자연형 하천으로 관리할 순 있죠. 정부는 보 해체를 할 것이 아니라 4대강 지류사업을 해야 할 때입니다. 과감히 정책을 바꿔야 합니다."

"탈 원전 정책, 에너지 고립국가 우려"

박 위원장은 정부 탈 원전 정책에 깊은 우려를 표했다. 저비용고효율인 원전을 포기하고, 태양광 등 신재생에너지 정책을 추구하면서 겪을 문제점을 열거했다.

그는 우선 흑자를 내던 한국전력이 올 들어 적자로 전환됐다고 설명했다. 원전 대비 발전단가가 5배 높은 태양광사업에 투입한 보조금이 원인이다. 아울러 태양광사업은 가동률이 20%에 불과해 고비용저효율 에너지 자원이라는 주장이다. 한전의 적자는 전기요금 인상으로 이어진다는 논리도 폈다.

"고비용저효율 에너지는 주류에너지가 될 수 없습니다. 원전을 주류 에너지로 사용하면서 신재생에너지를 확대해 나가야 합니다. 그렇지 않다면 대한민국은 에너지 고립국가로 전락할 수밖에 없습니다."

"소득주도 성장정책은 경제실패 초래"

그는 마지막으로 현 정부 소득주도성장 정책기조를 정면 비판했다. 박 위원장은 "소득주도성장을 표방하더라도 경제가 성장하면서 노동자 임금을 올리는 노력이 있다면 문제는 없을 것"이라고 했다. 그러면서 "다만, 현 정부는 최저임금 인상이 곧 경제성장을 이끌 수 있다고 보기 때문에 문제가 있다"고 지적했다.

박 위원장은 "정책은 어느 정부에서도 실패를 경험하게 된다. 실패했을 때 어떻게 대응하느냐에 따라 그 정부의 평가가 달라질 것"이라며 "현 정부는 실패한 정책을 추진하기보다 실패를 인정하고 과감한 정책수정이 필요하다"고 역설했다.

아울러 "적폐청산은 제도와 정책을 우선 혁신해야 한다. 사람중심 적폐청산은 정치보복이라는 불필요한 논쟁을 불러일으키게 된다"며 "촛불을 든 국민들도 원하지 않는다. 이제는 국민통합정책을 펼쳐야 한다"고 강조했다.

제1부 무너진 공정, 정치부터 바꿔라

정부 혁신은
끝이 없다

보이지 않는 복지를 보라

로마의 정치가 키케로는 '국민의 복지가 최고의 법이다'라고 말했다. 현대 자유민주주의 국가에서는 더 말할 나위 없이 중요하다. 문제는 복지의 대한 명확한 철학의 정립이다. 무엇을(What), 어떻게(How), 누구에게(Who), 왜 제공해야(Why) 하는가에 대한 시민적 공감대가 필요한 것이다.

당장 한 사람 한 사람에게 쥐어주는 복지는 금방 수혜감을 느낄 수 있는 '보이는 복지'(visible welfare)라고 말하고 싶다. 이런 복지는 곧바로 환영을 받을 수 있다. 하지만 불특정 다수에게 제공되는 공동의 인프라에 제공되는 복지는 '보이지 않는 복지'(invisible welfare)로써 사람들이 고마움을 느끼기에 오랜 시간이 걸릴 수 있고, 생색도 나지 않는다. 아예 모르고 지낼 수도 있다.

장기적이고 근본적인 국민의 복지를 생각하는 위정자는 '보이지 않는 복지'를 볼 수 있는 혜안이 있어야 한다. 시민생활에 안전과 편익을 주는 도시 인프라의 확충과 선진화, 문화 시설과 운영이 모두 '보이지 않는 더 큰 복지'의 영역이다.

매년 전면 무상급식 예산은 늘어나지만 학교지원 및 우수인재양성을 위한 예산은 감소한다면, 우리 미래세대의 교육 수준과 역량은 어찌될 것인가. 이로써 우리가 얻는 것은 무엇이고 잃는 것은 무엇일까. 우리 시민의 복지수준은 향상되는 것일까.

반드시 기억해야 할 것이 있다. 위정자의 정책선택은 바로 시민의 근시안적 욕구에 잘 부응하는 경향이 있다는 점이다. 복지정책에 있어 무엇을(What), 어떻게(How), 누구에게(Who), 왜 제공해야(Why) 하는가에 대한 시민적 고민이 필요한 때이다.

성장과 복지, 두 마리 토끼를 다 잡으려면 쓸 만큼 벌어야 한다. 스웨덴도 70~80년대 퍼주기 전략으로 국민들의 환심을 사서 복지의 천국이란 환상을 갖게 했었다. 그러자 근로의욕은 감퇴하고, 기업은 성장 동기를 잃어갔다. 이런 좌파 정권의 실패를 거쳐, 90년대 이후 중도정권이 들어서면서부터 자본주의와 사회주의의 중도노선(Middle way)으로 경제성장을 바탕으로 복지정책을 성공적으로 추진하고 있다.

1인당 GNP가 6만 달러인 스웨덴의 국부(國富)가 이를 가능케 한다. 특히 어려운 유럽경제상황에서도 실업 수당 등 복지혜택은 줄이고, 법인세는 낮추어 개인의 근로의욕은 고취하고, 기업의 세 부담은 덜어주어 일자리를 만들고 일하는 복지를 만들어 나가고 있다.

스웨덴이 개인에게 근로의 사회적 책무를 일깨워주어 무임승차 복지를 줄이되, 복지의 가용 총량을 늘리기 위해 기업이 경제성장을 견인하도록 인센티브를 주고 있는 점은 사뭇 교훈적이다. 복지는 퍼주기 식으로 늘리고, 법인세 인상과 부유세 신설로 기업을 쥐어짜는 우리나라의 안이한 접근방식과는 정반대이다. 이제 1인당 GNP가 3만 달러를 넘나드는 우리나라가 스웨덴 복지모델을 그대로 따라갈 수는 없는 일이다.

표퓰리즘의 폐해를 극복해 본 스웨덴의 건강하고 균형 잡힌 복지전략을 본받아야 할 때이다. 특히 60여년에 걸쳐 이룩한 스웨덴의 복지수준 그 자체만 보지 말고 그런 복지 수준을 가능케 하는 경제여건, 개인과 기업 모두에게 권리와 책무를 수용하고 분담하게 하는 조화로운 정책수단들을 주목해 볼 필요가 있다.

복지사업은 지방정부도 40~50% 분담하는 방식으로 시행되기 때문에 복지사업 하나하나가 생겨날 때마다 지자체의 부담은 추가된다. 더 큰 문제는 정치권이 무상보육 및 무상복지 사업들을 신설하면서, 정작 공동부담할 지자체와는 일체의 협의 없이 일방적으로 결정한다는 데 있다. 지자체의 재정상황을 파악하지도 않고 무상보육비의 절반의 부담을 떠넘긴 셈이다.

결국은 재원 부족의 문제다. 국가 예산으로 편성하자니 예산이 부족하니 지방으로 떠넘겼지만, 수많은 지역 개발과 복지사업을 병행해야 하는 지자체로서는 강제적으로 늘어나는 새로운 복지 아이템의 재정압박에 신음할 수밖에 없다.

복지의 확대는 필요하다. 하지만 재정 확보에 따른 단계적 도입과 복지사업 주체간의 긴밀한 협의를 통해 복지사업의 유형과 수준을 정하는 민주적 정책결정 절차의 확보도 중요하다. 총선과 대선을 앞두고 무조건 국민 환심을 사기 위해 복지사업을 쏟아놓을 경우 국가 재정과 국민경제는 파탄으로 이어진다.

상식에 어긋난 판사는 퇴출되어야 한다

몇 년 전 '가카 빅엿' 발언으로 물의를 빚었던 서 모 판사가 '나 꼴찌다. 하지만 불량하지 않다'며 법관 재임용 심사에 반기를 들었다. 맞다. 누가 누구를 평가할 것인가. 신이 아닌 인간이 인간을 평가한다는 것 자체가 한계를 갖는다. 하지만 평가의 내재적 결함이 평가의 정당성과 합리성을 막연하게 부정하는 근거가 될 수는 없다. 더구나 현대사회에서 생활하는 모든 인간은 어떤 방식으로든 평가(evaluation)로부터 자유로울 수 없다.

평가는 그 자체가 상대성을 갖는다. 비교를 통한 가치의 확인과정이기 때문이다. 다만 비교기준이 공식적 평가목적과 평가자의 가치관에 따라 다양할 뿐이다. 일상 사교에서는 인품, 지력, 재력이 평가기준이 될 수 있겠지만, 기업에서는 실적과 생산성이, 공공조직에서는 조직목적에 부합되는 직무수행 능력과 실적이 중시된다.

어느 평가든 평가자가 평가에 임하는 순간 주어지는 공적 평가기준이외에 자신의 인식, 지식, 경험에서 나오는 판단기준에 영향을 받지 않을 수 없다. 완전한 절대평가는 존재할 수 없는 것이다. 결국 불가피한 상대평가의 산물인 꼴찌에 대해 너그러운 시선을 갖기도 어려운 게 냉혹한 현실이다.

특히 일정규모의 기업과 공공조직은 방대한 인력의 효율적 관리를 위해 인사평정, 근무성적평가 등의 이름으로 정교한 상대평가 절차를 운용

한다. 하지만 평가의 기능이 어떻게 작동하느냐에 따라 조직 구성원이 평가에 임하는 자세, 근무 태도, 조직의 성과에 미치는 영향이 달리 나타난다. 특히 평가결과의 활용을 어떤 방식으로, 어떤 수준으로 하느냐가 구성원의 근무행태에 절대적인 영향을 미친다.

철저한 성과주의자로 유명했던 GE의 전 회장 잭 웰치는 사원평가에 2대 8의 파레토 법칙(Pareto rule)을 적용했다. 그는 구성원을 20:70:10의 비율로 고중저(高中低) 성과자로 구분한 후, 상위 20%에 과감한 성과보상을 주고, 하위 10%는 강력한 경고를 주거나 퇴출을 시켰다.

이를 통해 대다수 중간등급 70%의 인력에게 재직의 안정성을 주면서도 고성과자에게 보상 동기를 부여하고, 저성과자를 퇴출될 수도 있다는 긴장감을 높여 조직의 성과를 극대화할 수 있었다. 기본적으로 민간기업의 인사고과와 성과평가제도의 체계는 이와 유사하다.

정부조직은 어떤가. 일반직 공무원의 경우 하위 저성과자에 대해 직위해제 후 퇴출할 수 있는 법적 근거는 있지만 근무성적평정이 실질적인 퇴출의 기준으로까지 활용되고 있지는 않다. 단순히 매년 적은 금액의 성과보상금 지급과 연봉인상의 기준으로만 부분적으로 환류 되고 있다.

그러다 보니 고성과자와 저성과자 모두에게 큰 자극이 되지 못하고, 평생직업의 안정성을 누리게 된다. 한번 공직에 입문하면 통상적으로 60세 정년까지 근무한다. '철밥통' 이라는 질시와 비아냥을 듣는 이유이다.

다행이 법관은 법률로 임기를 10년으로 제한하고, 재임용 적격심사를 받아 임기를 연장할 수 있도록 되어 있다. 법관 재임용 적격 심사제도를 운영하는 것은 법관의 자질과 판결의 질을 지속적으로 유지하기 위한 합리적인 장치이다.

하지만 그동안 법정에서 막말이나 부적절한 재판 운영, 국민의 법인식이나 사회적 통념과 괴리된 판결 등으로 사법 신뢰를 실추시키고, 국민의 지탄을 받은 일부 법관에 대해서조차 엄격한 평가와 퇴출이 이루어지지 않았다. 재임용 심사 탈락자가 거의 전무한 유명무실한 제도로 전락된 지 오래이다. 주기적인 법관 인력의 물갈이를 통한 판관(判官)의 질 관리가 전혀 이루어지지 않은 셈이다.

과거 서 판사는 자신의 근무성적 평정결과를 스스로 공개했다. 10년 동안 하(下)등급을 5번 받았다. 스스로 하위 2%라고 고백했듯이 늘 꼴찌 수준에서 벗어나지 못했다. 이런 수준의 인력은 민간기업의 예를 보면, 아무리 너그러운 기업이라도 3진 아웃제 등으로 벌써 퇴출되었을 것이다.

서울시, 울산시 등 여러 지자체에서 시행한 3% 퇴출제도에 비추어 보아도, 그는 막말 파동과는 전혀 무관하게 10년 동안 여러 번 퇴출 기회를 넘긴 셈이다. 이런 기준으로 보면 서 판사가 평가와 퇴출로부터 자유로웠던 것 자체가 기이하다.

이제 서 판사의 커밍아웃으로 그동안 베일에 가려 있던 법관 근무성적 평정제도 운영의 맹점이 고스란히 공개되었다. 물론 실질적 퇴출이 능사는 아니다. 하지만 적어도 퇴출은커녕 최하위자에게 긴장감을 주거나 격려 고무하는 기능으로도 작동되지 않았다는 데에 문제의 심각성이 있다. 대법원의 법관인사관리시스템의 허점을 그대로 보여준다.

아무튼 서 판사는 재임용 탈락 위기에서 재임용 심사에 반기를 들었지만, 결국 재임용 심사에서 탈락했다. 이에 재임용 탈락 불복 소송까지 냈지만 2015년 8월 서 판사의 패소로 종결되었다.

그는 문재인 정부 들어서 자신의 문제를 사법행정권 남용과 연계시켜 재심을 요구하고 있는 것으로 알려졌다. 하지만 법조계에서는 그의 일방적 주장에 회의적이다.

사실 상식적으로 법관 근무성적평정제도가 서 판사에게만 편파적으로 운영되어 왔다고 보기 어렵다. 법관 재임용 심사는 객관적인 실적자료와 근무성적평가에 근거해서 엄격하게 이루어져야 한다. 근무실적이 불량하다면 그에 근거하여 재임용에서 탈락시켜야 한다. 물론 막말로 사회적 물의를 빚은 사안은 법관의 품격과 명예를 실추시켜 징계의 대상은 되겠지만 신분유지의 가부를 결정하는 재임용 심사에 직접적으로 연계시켜서는 안 된다. 하지만 만약 공직배제에 상당하는 명확한 실적 불량을 확인하고서도 시중의 보복성 오해를 두려워하여 재임용한다면 이 또한 옳은 일은 아닐 것이다.

　중요한 것은 서 판사 사건을 계기로 법관 재임용 심사제도가 실질적으로 법관의 인적 쇄신과 역량 제고의 기제로 활용되도록 혁신하는 일이다. 한번 어린 나이에 판사로 입직하면 원하는 한 계속 근무하는 경직된 제도를, 경륜과 식견을 갖춘 변호사가 판사로 지속적으로 충원되는 유연한 시스템으로 개선할 필요가 있다. 물론 법관 재임용 심사가 판사의 재판에 위축을 주거나 편향적으로 활용되어서는 결코 안 된다. 판사는 법과 양심에 따라 독립적으로 판결할 권리와 의무가 있다.

　그럼에도 불구하고 국민의 법 상식에 어긋난 자의적 판결이 잦은 판사는 사법부에 대한 국민의 신뢰를 실추시킨다는 점에서 편향되고 함량미달인 법관을 도려내는 엄중한 자정 노력이 필요하다.

실현가능한 공약이 좋은 공약이다

　매번 새 정부가 출범할 때가 되면 대통령직 인수위원회와 정부 부처 간에 줄다리기가 벌어진다. 인수위는 대통령 당선자의 대선 공약을 정책화하기 위한 주문을 내고 이에 대응하는 정부 부처는 공약의 문제점을 지적하는 과정에서 견해 차이로 갈등을 빚기도 한다.

　당선자나 인수위 측에서 주요 대선 공약에 대한 행정부의 '찬성한다, 반대한다'식의 태도를 질책하고 관료들의 발상의 전환을 촉구하기도 한다. 때로는 정권 획득의 승리감에 취한 인수위가 넘치는 의욕을 과시하다 관료들의 반발과 국민의 우려를 사기도 한다.

　문재인 정부는 출범 당시 인수위를 꾸릴 시간적 여유가 없어서 인수위와 정부 조직 간의 갈등은 직접적으로 표출되지 않았다. 하지만 각 부처별로 아름다운 이름으로 치장한 '적폐청산위원회'가 막강한 완장 권력을 행사하여 대통령 공약사항들을 추진하면서 거꾸로 진보 진영에게 새로운 불공정과 특권을 안겨주는 엄청난 부작용을 낳기도 했다.

　이런 상황에서는 자칫하면 합리적인 정책 결정보다는 몰아붙이기식의 공약실현이나 눈치보기식의 공약수용이 빚어질 우려가 있고, 결국 졸속 채택의 폐해는 고스란히 국민에게 돌아간다.

　이런 일은 대통령직의 인수를 둘러싸고 빚어지는 일만도 아니다. 지방자치단체에서도 크든 작든 단체장직 인수위와 집행부 사이에 공약의 정책조율 과정에서 불협화음을 내는 건 다반사이기 때문에 더욱 관심을 갖게 된다. 지난 2018년 6.13 지방선거에서 대거 당선된 민주당 자치단체장들의 업무 인수과정에서도 적지 않은 갈등이 있었을 것으로 보인다.

▌정책은 소망스럽고 실현가능해야

인수위와 정책 부서의 갈등은 크게 보면 정책전문가와 실무전문가 사이에 정책을 바라보는 인식의 차이, 즉 이상적 가치와 현실적 제약 사이의 충돌에서 비롯된다고 생각한다. 한쪽이 이념과 가치 구현에 치중한다면 다른 쪽은 현실 지향적이기 때문이다.

이런 점은 양쪽 구성원의 특성과 공약 작성 및 검증과정을 살펴보면 쉽게 간파된다. 인수위엔 진보적인 측근 소장파 대학 교수들과 시민단체 활동가들이 중심이 되어 공약 작성에 직·간접적으로 간여하는 것으로 보인다.

당연히 경륜이 부족하다보니 '틀은 바꾸면 된다'는 식의 발상을 전제로 하고 우선 가치 중심의 규범적 접근에 힘을 쏟게 된다. 반면에 관료들은 먼저 집행가능성에 무게를 두고 현실의 제도와 예산의 잣대로 공약을 실무적으로 검증하게 된다. 게다가 정책이론의 지식이 부족한 터에 관료사회의 속성상 사회변화에 둔감하다보니 새로운 가치 지향의 정책의제에 대한 이해가 낮고 거부감부터 표출하기 쉽다.

여기에다가 여야의 당리당략에 의한 입김이라도 가세하면 공약은 처음 의도와는 사뭇 다른 유형으로 변질될 소지마저 배제하기 어렵다.

공약은 국민과의 약속이므로 반드시 지켜져야 한다. 물론 공약이 합리적인 정책 분석과 평가에 의해 도출된 것임을 전제로 할 때이다. 특히 사회적 주장이나 공약이 정부정책으로 채택되기 위해서는 정책의제가 소망성과 실현가능성을 모두 충족해야만 한다.

정책의 내용이 효율적이고 공평하여 바람직해야 하는 필요조건뿐만 아니라, 현실의 법·제도·인력·재정·기술상의 제약, 사회적 공감대 형성 등 실현 가능한 충분조건을 채워야 하는 것이다.

그러나 기본적인 속성상 인수위가 소망성에 무게를 두어 공약을 입안하고 관료들이 실현가능성에 치중하는 검증을 하다 보니 정책 채택의 필요충분조건을 갖춘 공약이 줄어들게 되어 필연적으로 갈등을 빚게 된다. 게다가 정작 정책의 수혜자인 국민은 공약의 정책화 과정에서 소외되고 있다.

▌인수위 운영방식 개선해야

이러한 연례적인 현상을 극복하고 대선 공약 또는 자치단체장의 공약을 정부 또는 지방자치단체의 정책으로 채택되게 하기 위한 인수위 활동의 대안적 해법을 제시하고자 한다.

첫째, 이론과 실무를 겸비한 정책전문가를 적극 양성해야 한다. 이론가와 실무진의 피할 수 없는 관점의 간극을 좁히고 국가경쟁력을 강화하기 위해서는 인재의 폭넓은 상호교류 시스템을 통해 지식과 경륜의 축적이 가능하도록 해야 한다.

사회 각 분야 사이의 폐쇄적인 울타리를 과감히 걷어내고 산·학·연·관 간에 개방적이고 탄력적으로 인력이동과 충원이 이루어져야 한다. 이런 토대 속에서 안목과 경륜을 갖춘 통합형 정책전문가를 양성하고 이들을 중용하는 풍토가 형성되어야 한다. 그래야만 이상과 현실을 조화시킨 유연하고 처방성이 높은 정책의 형성과 집행이 가능해지고 정책실패를 최소화할 수 있기 때문이다.

둘째, 국정기조 또는 지방정부 중요정책은 객관적인 상시 정책평가 시스템을 통한 검증이 필요하다. 두 달이 채 안 되는 짧은 기간의 인수위의 활동을 통해 국정주요과제나 지방정부 정책의 방향을 설정하다보면 인기영합의 숙성이 덜된 정책을 양산할 우려가 있다.

따라서 인수위는 말 그대로 이전의 정책상황과 문제점을 파악·인수하는데 초점을 맞추고 새로운 정책지표와 방향만 설정한 후, 주요 정책과제는 취임 후 3개월 이내에 보다 다양한 계층의 참여와 공론화를 통해 확정해도 늦지 않다고 생각한다. 실제 많은 당선자들이 '들어와 보니 많이 다르더라'는 고백을 한다는 점도 되새겨 볼 만하다.

셋째, 인수위의 정통성을 확립하기 위해 운영방식을 개선해야 한다. 인수위와 전임 관료들이 확정한 과제를 후임 진용이 수용해야하는 방식 아래서는, 신임 정책책임자(장관, 시장·군수 등)의 전문성과 철학을 살린 책임행정의 입지는 줄어들 수밖에 없다.

후보자가 자문그룹을 비선이 아니라 예비내각 성격으로 공개적으로 운영한다면 당선 이전부터 정책과제에 대한 사전 검증과 국민의 선택이 보다 용이하지만 현실은 그렇지 못하다.

더구나 공약이 선거승리를 위한 전략으로 급조된 경우가 많은 터에 비선으로 활동하던 일부 인사들이 일시적으로 국가(지방) 주요정책의 결정에 참여하고 이후 정책집행에는 책임을 지지 않는 현재의 방식이 과연 정통성과 타당성을 갖는지 숙고해 볼 필요가 있다.

또한 인수위에 집중된 정책결정 권력은 정책 과열을 초래하여 자칫 국민은 소외되고 이해집단간의 정치적 흥정으로 정책오류를 낳을 수도 있다.

이제 국가(지방) 주요정책을 결정할 때만이라도 한국인의 조급성을 탈피해야 한다. 특히 공약의 정책화 과정에서 가장 중요한 것은 다양한 국민의 참여 하에 투명하게, 그리고 지식과 경험을 갖춘 퓨전 정책전문가에 의해 치밀하게 정책분석과 정책영향평가가 선행되어야 한다는 점이다.

넷째, 인수위는 지나치게 정부 세부 기능의 조정에 몰입하지 말아야 한다. 장기적인 미래와 시대적 상황에 대해 거시적 인식을 바탕으로 정부 비전과 정책 방향의 설정에 집중해야 한다.

인수위는 국가 비전과 정부 설계의 소임을 충실히 수행하고 제자리로 돌아갈 수 있는 무욕의 자세를 가진 사람으로 구성되어야 한다. 꿈을 잘 그려내는 사람과 집행하는 사람이 반드시 동일한 역량을 가진 건 아니다.

다섯째, 인수위 인력 규모는 최소화하는 게 좋다. 인수위 인력이 많다는 것은 그 정부가 챙겨줘야 할 인력이 더 많다는 것을 의미하기도 한다. 실제로 인수위 멤버 중 어떤 자리이든, 어떤 방식으로든 정권의 수혜를 받지 않은 사람이 드물다는 현실이 이를 입증한다.

인수위 멤버가 곧 정부의 그림자 내각 또는 공기업 임직원 예약쯤으로 여기는 그간의 풍토와 전례가 인수위 입성을 위한 정치권, 학계, 관계의 지나친 물밑경쟁을 만들어 정권 내내 부작용을 만들어 내는 불씨가 된다. 염불보다 잿밥에 관심을 쏟는 사람들이 사고치는 일이 많아진다는 의미다.

중요한 것은 인력의 규모 문제가 아니다. 인수위 규모가 작을수록 좋은 것도 아니다. 어떤 사람들로 구성되느냐가 더 중요한 것이다. 각 분야에 각각 본연의 직업과 전문성, 경륜과 식견을 갖춘 사람으로 구성된다면 100명이든 그 이상이든 무엇이 문제인가. 자리와 권력에 연연하지 않는 사람으로 구성하는 게 중요하다.

NLL 흔들리지 말라

NLL은 우리 국민의 생명선이자, 자유수호선이다. 북한 주장의 해상경계선을 보시라. 황당하고 괴상망측한 경계선이다. NLL(Northern Limit Line, 북방한계선)을 고수해야 하는 이유는 우리 국민의 생존권이 달려있기 때문이다. 북한이 주장하는 해상경계선을 기준으로 하면, 백령도, 대청도, 소청도, 연평도 주민은 앉아서 죽으라는 얘기다.

북한 주장대로 경계선이 설정되면 줄도 없는 바다에서 좁게 한정된 우리 영해를 벗어나면 북한 영해 침범으로 순식간에 나포된다. 길게 뺀 목을 북한이 틀어쥐고 있는 형국이 된다. 서해 도서를 다 내놓으라는 얘기나 마찬가지다. 저런 경계선 상태에서 우리 해군과 해경은 국민의 생명과 안전을 수호하기 어렵다.

북한이 자주 침범하니 NLL과 북한 주장 해상경계선 사이 공간을 평화수역이나 공동어로구역으로 설정하자는 주장은 더 위험하다. 이런 주장 자체가 북한이 주장하는 해상경계선을 인정하는 것이기 때문이다. 종북 세력들이 평화수역 설정 운운하는 것은 NLL 영토주권을 포기하고 북한에게 바다를 내주자는 얘기에 다름 아니다. 이는 북한의 선동전략을 충실하게 따르는 것이다.

더구나 북한 주장 해상경계선을 기준으로 북한의 군사작전이 전개되면 서해바다의 작전 근거지를 모두 잃어버려 우리 해군은 무장해제 되는

것과 마찬가지다. 인천 앞바다
가 위협 받으면 서울과 수도권
은 혼란에 빠진다. 그동안 우리
정부가 한 치도 물러설 수 없는
영토선이라고 얘기해 온 이유
이다.

한국의 NLL (북방한계선)과 북한 주장 해상경계선
– 출처: 조갑제닷컴

서해의 백령도가 얼마나 긴
요한 전략적 요충지인지 다시
확인할 수 있다. 백령도는 북한
의 목에 비수를 들이대고 있는 형국이다. 북한이 잦은 침범으로 NLL을
무력화시키려는 이유는 백령도와 대청도, 소청도, 연평도를 고립시키고
장악하려는 숨은 의도가 있음을 알아야 한다. 그곳은 우리 국민의 소중
한 삶의 터전이다.

국가의 첫 번째 존재이유는 영토와 국민을 수호하는 것이다. 이를 소
홀히 하는 사람은 국가의 지도자가 될 수 없다.

최근 NLL 문제 관련하여 새로운 이슈가 발생했다. 인터넷 포털의 지도
상으로 NLL 이남에 있는 것으로 확인되는 함박도가 사실상 북한이 점
유하고 있고 군사시설을 설치한 것으로 드러나 논란이 되고 있다.

정부는 함박도를 1978년에 강화군의 주소지로 등록 관리해 왔다. 해
양수산부·산림청 등 정부 부처는 이명박 정부 때까지도 함박도에 대한
실태 조사를 실시했던 사실이 드러났다. 그러나 국방부는 1953년 7월
정전협정 이후부터 실질적으로 북한 관할이라고 주장하고 있어 그동안
정부부처의 관리와 주장이 모순된다. 함박도가 정말 북한 영토인지 아닌
지 국민들은 혼란스럽다. 소유권 여부를 차지하고 무인도를 무장화한 것

함박도의 위치, A 표시된 곳이 함박도이다. 왼편에 연평도, 오른편에 강화도 도서가 위치한다. 이 섬들 위쪽 해상에 대한민국이 인정하는 NLL선이 표시되어 있다.   – 출처: 네이버지도 검색

이 9.19남북군사합의 위반은 아닌지도 논란거리다.

국민 우려를 조속히 해소시켜야 한다. 다행히 2019년 10월 31일 여야는 함박도 미스터리를 풀기 위해 정식으로 감사원에 감사요구하기로 했다. '함박도 군사보호구역 지정 등 함박도 관리 실태에 대한 감사' 요구에 의거 감사원은 철저히 진상을 조사하여 함박도가 언제부터 북한 관할이었는지, 우리 정부의 관리와 대응은 적절했는지 명확히 밝혀서 국민적 의혹을 완전히 해소해 주길 기대한다.

학계는 국방안보에 관심 가져라

▌국방안보정책 연구는 잃어버린 영역(Missing Part)인가?

2010년 천안함 폭침 및 연평도 포격 도발 등 국가안보에 심각한 위협을 주는 일련의 사태를 계기로 한반도 주변국간의 군사적 긴장이 고조되는 등 동북아 안보정세가 급변하고 있어, 북한의 위협에 효과적으로 대처하고 한반도 평화의 정착을 위한 정책적 대응이 요구되는 있는 시점이다. 이에 따라 다양한 각도에서의 국방안보정책의 재조명과 새로운 방향의 정립을 위한 학제적 연구가 절실하다. 그럼에도 그동안 행정학계의 국방안보정책에 대한 관심은 매우 미약하여 마치 '잃어버린 영역(Missing Part)'이 된 듯하다.

이에 국방안보정책 분야에 대한 학계의 연구동향을 파악하기 위해 관련논문의 발표현황을 살펴보았다. 국회도서관 학술논문 검색시스템을 활용하여 한국연구재단(구 한국학술진흥재단)의 등재지 및 등재후보지에 수록된 논문에 한정하고, 2000년부터 2010년까지 '국방, 안보, 대북, 군사'의 네 개의 키워드로 검색해 본 결과 11년간 총 1,010편의 관련 논문이 발표되었으며, 노무현 정부시기인 2003년부터 2007년 사이에 578편(57%)으로 압도적으로 많았다가 큰 폭으로 감소했다.

관련논문을 주로 산출해낸 학회의 분포를 보면, 사회과학관련 학회가

134개(64%)로 가장 많았고, 인문학(21%), 공학(9%), 자연과학(4%), 예체능
(2%) 순으로 나타나 국방안보부문이 다학문적 접근이 가능한 영역임이
확인된다. 이 가운데 사회과학 관련학회에서 발표된 국방안보관련 논문
은 총 845편이며, 외교 및 국제관계, 정치관련 학회가 414편으로 절반 가
까이 차지하고, 통일, 안보, 국방, 군사 관련 학회가 282편(33%)인데 반해,
행정관련 학회는 모두 9개 학회의 17편(2%)에 불과하다.

  그 내역을 보면, 한국행정학회(4편), 한국정책학회(2편), 한국정책분석평
가학회(4편), 한국정부학회(2편), 한국지방자치학회, 서울행정학회, 한국지
방정부학회, 한국국정관리학회, 한국도시행정학회가 각각 1편씩이다.

  발표 논문의 연구주제를 보면, 국방예산과 복지예산의 상관관계, 국방
예산 개혁 및 구조, 국방비와 경제성장 인과관계, 영향요인(박광국 외, 2000;
하연섭, 2001; 이은국, 2002;함성득·윤기중, 2002), 대북정책 요인분석 및 군사정책결
정 모형 연구(이학수, 2001; 허출, 2004), 정보화사업, 연구개발사업, 재정성과
관리 연구(이재영, 2004; 강성진, 2005; 이덕로, 2008), 국방시설 갈등조정, 군사통합
방안 및 군사력 평가(김천영, 2002; 김기수, 2001; 김대기·문영세, 2006) 대북송금 개선
및 대북 포용정책, 정부업무평가 등 연구(박흥식, 2006; 정석환·홍영교, 2007; 문영세,
2005), 평화 거버넌스 및 국가안보재 가치분석(김진호·고경민, 2005; 김상봉, 2008)
등이다.

  분석결과는 그동안 국방안보분야에 대한 학술연구가 정치, 외교, 통
일, 군사 관련학회 및 국책연구기관 중심으로 이루어져왔고, 행정학 및
정책학자들의 연구 활동은 상당히 미약했음을 보여준다.

  미국의 사례를 살펴보면, 미국행정학회지인 'Public Administra-tion
Review'에서 'defense'를 키워드로 검색한 결과, 2000년부터 2011년 4
월까지 총 311건의 논문(Booknotes 포함)이 검색되었다. 물론 국방정책 및 안

보분야와 어느 정도 밀접한 관련이 있는지는 차치하더라도 연구경향을 살펴보는 데에는 참고할만하다. 미국행정학계에 서는 2001년 9.11이후 (Post-September 11Era) 국가 안보(Homeland Security) 및 국방에 대한 정부의 관심이 높아지면서 관련분야 연구도 증가하고 있으며, 주요 연구주제는 국방 및 안보분야의 전략기획, 관리 개혁, 성과예산, 인사 및 관료조직, 성과관리 및 성과평가, 대테러 및 위기·재난관리, 공기업 민간화와 민관협력, 직장 복지, 성 형평성 및 행정윤리, 공공서비스 혁신 및 시장화(marketization), 리더십 등으로 광범위하다.

▌국방안보정책분야의 이슈와 새로운 연구영역의 모색

국방안보관련 분야가 다학문적 영역을 포괄하고 있는 것은 분명하나, 일반행정과 정책학 차원에서 접근할 여지가 상당히 많고, 국방부와 군, 국방안보관련 기관들도 정책공감대 형성 및 국민과의 소통을 위해 많은 정책과 정보를 공개하고 있어 어느 때보다도 연구여건이 확대되고 있다.

이에 국방안보정책 분야의 정책 환경의 변화 추세를 살펴보고 국방안보정책분야의 이슈와 새롭게 대두되고 있는 연구영역을 제시하고자 한다. 현재 우리 군은 2015년 전시작전권전환에 대비하고, 천안함·연평도 사건 대응과정에서 드러난 취약점을 보완하고 합동작전 중심의 전투형 군대로 육성하기 위한 국방개혁2020과 군 상부구조 개편을 포함한 국방개혁 지침인 307계획을 추진하고 있다.

또한 국방부도 정부업무기본법(2006.4.1시행)에 의거 3년 주기 성과관리전략계획 및 연도별 성과관리시행계획을 수립하여 부처 전업무에 대한 성과관리를 실행하고 매년 민간전문가들로 구성된 자체평가위원회로부터 자체평가를 받고 있다. 또한 2008년부터 정부정책기조에 맞춰 민간경영 기법을 접목하여 경영효율화를 추구하기 위해 수도병원, 각군 보급창, 인쇄창 등을 책임운영기관으로 지정하여 운영하고 있다. 또한 국방부 산하 군 기무·정보기관을 포함한 25개 직속 합동부대 및 기관에 대해서도 매년 '국방기관 업무평가'를 실시하는 등 효율적이고 성과중심적인 조직으로 거듭나기 위한 변화와 혁신이 진행되고 있다. 이런 상황에서 국방안보정책의 방향 정립과 실효적인 정책집행을 위한 정책연구자의 관심과 연구가 그 어느 때보다도 절실하다.

순수한 군사적 아젠다를 제외하고 새롭게 대두되는 연구영역을 들자면, 첫째, 대북정책 및 국방개혁 정책 등에 대한 영향요인이나, 역대 정부의 국방안보정책의 비교분석, 안보환경 변화에 따른 국방정책의 방향, 다자외교안보와 안보과제, 국방안보에 대한 국민인식도 변화 분석, 신세대의 안보관 변화와 병역제도 개선 등에 대한 포괄적 연구가 필요하다.

둘째, 국방인적자원의 전략적 관리가 강화됨에 따라 인사 조직의 효율화 방안, 확대되고 있는 민간전문계약직의 선발 및 운용, 퇴직예정군인의 전직교육, 국방부 고위직 문민화 및 고위공무원단 운영, 군내 여성인력 운영 및 성희롱(Sexsual Harassment), 양성평등 등도 주요 연구대상이 될 수 있다.

셋째, 성과중심적 기관 운영과 관련하여 범정부적으로 시행하고 있는 자체평가제도, 군 책임운영기관 제도, 국방기관 업무평가 등과 관련된 전략기획(Stratigic planning), 성과관리의 효과 및 성과평가모형 등의 연구가 좀 더 활성화 될 필요가 있다. 특히 국방개혁, 국방교류협력, 한·미 군사동맹, 국제평화유지 활동 등 주요정책의 정책형성(policy formula-tion), 정책집행(policy implementation), 정책평가(policy evaluation) 차원의 분석적 연구가 요구된다.

  넷째, 국방운영의 효율화를 위한 전통적 연구주제인 국방예산의 획득과정 및 운용의 제반 요소에 대한 연구, 예산의 효율성 및 효과성 분석, 재정사업 성과관리의 실태 분석, 국방기관의 경영화를 촉진시키고 있는 군 책임운영기관의 효율성 분석, 국방보급체계의 효율화, 국방정보화 및 R&D 투자, 민간 아웃소싱의 운용방향 등에 대한 연구도 필요하다.

  다섯째, 대국민 신뢰제고 및 민·군간 협력의 확대에 따른 다양한 연구주제도 떠오르고 있다. 예를 들어, 국방민원업무의 프로세스 혁신 및 민원만족도 제고, 군사보호구역제도 운용이나 군시설 이전과 관련된 민·군 갈등관리 및 국방 규제개혁 등이 있다.[*]

....

[*] 박경귀, "국방안보정책의 연구동향과 과제", 〈The KAPS〉 제25호(2011.6), pp.12-15 재인용.

중국은 법치국가가 아니다

　중국의 시각장애인 인권변호사 천광청(陳光誠·41)은 뉴욕타임스(NYT) 기고를 통해 중국을 무법(lawlessness·無法) 국가로 비판했다. 법은 있으나 법치가 없다는 주장이다. 명문화된 법과 실제 적용되는 법 사이의 괴리가 너무 크다는 것을 무법의 증거로 든다. 맞는 얘기다.

　사실 중국은 근대국가의 운영체계인 3권 분립을 형식적으로 운영하고 있다. 표면적으로는 행정부, 입법부, 사법부가 존재하지만 실질적으로 이들을 통제, 감시, 조정하는 모든 권력을 공산당이 쥐고 있기 때문이다.

　행정부는 각 부처의 부장들이 실무 행정을 집행하지만, 정치국 위원들이 다양한 정책의 방향을 설정하고 최종적인 책임을 진다. 당은 교묘하고 불투명한 인사체계를 통해 중앙 정부의 부장들을 임명하고, 막후 위원회를 통해 정책을 지시하고, 당의 선전부를 통해 정치적 입장과 공식발표를 지도한다.

　사법기관을 무력화하는 방식은 기소권을 당이 선점하고, 사법기관의 인사권과 재정권을 통해 통제를 가하는 것이다. 당은 중앙조직부가 사법기관의 인사권을 은밀하게 행사하고, 면허승인과 협회를 이용하여 직간접적으로 판사와 변호사를 관리하므로 형량을 마음대로 결정할 수 있게 된다.

　특히 공산당의 기구 중 중앙기율검사위원회는 사법부의 권한을 상당히 제약한다. 예를 들어 당원에 대한 고소, 고발이 있으면, 사법기관에 앞서 중앙기율검사위원회의 조사와 기소 결정이 난후에야 사법기관으로 이관된다. 공안(경찰)이나 검찰은 중앙기율검사위원회의 조사가 끝날 때까지 피의자를 구속할 수 없다.

또한 기율검사위원회가 피의자를 수사할 때 법적 근거도 필요 없다. 일명 '쌍규(雙規)'로 알려진 절차에 따라 당이 임의구금할 수 있고, 조사를 받는 관료는 가족에게 연락하거나 변호사를 선임할 권리가 없으며, 재판이 없어도 6개월까지 구금될 수 있다. 문제는 이런 막강한 권력의 행사가 당의 실력자들 간의 정치적 타협이나 일방적 결정에 따라 임의적으로 발휘된다는 점이다.

특히 중앙기율검사위원회가 특정인을 조사하고자 할 경우, 그보다 서열이 높은 당 인사나 기구로부터 승인을 받아야 한다. 당의 최고위 관료들을 보호하는 이런 구조가 당 간부들의 비리나 부패 척결을 어렵게 한다.

국가의 법령보다 공산당의 규칙이 우선하기 때문이다. 사법기관을 당에 예속시키는 이런 체계는 장기적으로 중국 공산당의 지속가능성을 취약하게 하는 아킬레스건임에 틀림없다.

국가의 법을 당의 규칙과 이해에 따라 형해화(形骸化)시키는 이런 시스템은 자유민주주의 국가에서는 상상조차 할 수 없다. 예를 들어 우리나라의 경우 집권당이 기소권한을 선점하고 있지도 않지만, 당 간부의 비리가 적발되었을 때 당 윤리위원회에서 조사하지 않고 묻어버리거나, 조사하더라도 간단한 내부징계로 끝낸다고 해서 검찰이 기소할 수 없다는 것을 상상할 수 있는가. 그런데 최근 문재인 정권이 고위공직자비리수사처 신설을 추진하고 있어 문제가 심각하다. 수사권과 기소권을 모두 가진 전대미문의 사법기구를 또 만들려 한다. 중국의 중앙기율검사위원회가 떠오른다. 끔찍한 일이다.

아무튼 중국이 G2국가로 세계의 지도적 국가로 자리매김하기 위해서 최우선적으로 필요한 것은 정치개혁과 사법개혁이다. 인류보편적인 인권과 자유, 평등의 가치를 구현하지 못하는 어떤 정치체계도 영속하기 힘들기 때문이다.

더구나 시장경제의 단맛에 익숙해질수록 인민들이 개인의 존엄한 가치와 자유의 소중함에 대한 각성이 높아지고, 이러한 새로운 인식이 사회적 동력으로 축적될수록 분출의 압력 또한 거세질 것이기 때문이다.

시장경제를 도입하여 번성하는 중국의 외형만을 주목하면 더 이상 공산주의 국가가 아닌 것처럼 보인다. 하지만 이면의 지배구조와 작동방식을 차분히 들여다보면 권력분립과 법치의 원리와는 거리가 멀다는 것을 알게 된다. 자본주의도 아니고, 공산주의도 아닌, 시장경제를 인정하면서 정치적 권력은 전제적(專制的)으로 행사하는 이런 기묘한 체제를 뭐라 규정해야 할지 '중국식 공산주의'를 새롭게 평가하는 심층적 연구가 필요하다.

'미-중 줄타기 외교'를 경계하라

요즘 한미동맹 패러다임에서 벗어나 '미-중 간 줄타기 외교'를 할 필요가 있다는 애매한 주문을 하는 사람들이 늘어가고 있다. 이런 전략이야말로 중국이 은연중 바라는 시각이다. 하지만 이런 방식의 줄타기는 한국이 중국과 미국에 대해 제 목소리를 낼 수 없게 할 뿐만 아니라 오히려 양쪽에서 모두 업신여김을 받게 되는 최악의 전략이 될 가능성이 높다.

특히 중국에 서서히 흡인되고 마는 단초가 될 가능성이 높다. 중국과 미국에 양다리를 걸치는 한국은 중국에게 가벼이 보이지만, 한미동맹이 든든하게 뒷받침된 상태의 한국은 중국을 껄끄럽게 할 수 있다. 중국과의 우호적 관계도 결국 한국의 힘이 뒷받침되어야 가능하다는 의미다. 그 힘의 보충은 미국과 일본의 우호적 지원에서 얻는 내는 것이 오늘날 보편적 국제외교 질서에서 더 유효하다.

'미-중 사이 줄타기'외교는 말은 그럴 듯하다. 하지만 그 상황은 무엇을 의미할까. 중국과 우리의 관계는 외교상 전략적 파트너십이지만 미국과 우리는 혈맹관계이다. 따라서 미-중 사이에서 한국이 줄타기 하는 상황이란 중국과의 관계가 더 좋아지든 그렇지 않든 한미동맹의 이완의 결과인 것만은 분명하다.

따라서 가장 큰 국익의 손실을 입을 가능성이 높은 당사자는 한국이 될 가능성이 높다. '미-중 사이 줄타기론'의 위험성이 바로 여기에 있다.

이러한 위험한 발상을 은근하고 교묘하게 전파하려는 사람들이 우리 사회에 늘고 있는 점은 우려할 만하다.

특히 중국과의 관계는 국제정치적, 군사전략적 차원에서 거시적으로 보아야 한다. 미·중 줄타기론의 대두는 미국과 중국, 두 강대국 사이에 낀 우리의 곤혹스런 처지를 대변하는 측면도 있지만 더 큰 위험성은 북한의 변수와 결부되어 있다.

북한의 급변사태에 중국이 개입하는 다양한 시나리오가 예상된다. 이에 대비할 수 있는 유일하고 효과적인 방도가 한미동맹이다. 미중 줄타기의 또 다른 위험성은 종국에는 한미동맹의 이완과 와해로 이어질 것이고, 이런 상태에선 중국의 북한 진주나 점령, 영향력 행사에 효과적으로 대처하기 어렵게 된다는 데 있다.

중국과 북한은 혈맹관계이다. 이 둘의 특수적 관계는 한미관계보다 훨씬 공고하다. 따라서 북한의 급변사태 시 중국과 북한의 이익을 최우선적으로 고려한 전략을 구사할 가능성이 높다. 그 상황에 한국에 대한 중국의 배려와 보상을 기대할 수 있을까? 결국 한반도의 자유민주주의적 통일은 중국에 의해 쉽게 저지당할 수 있다.

이런 차원을 거꾸로 생각해보면, 한국을 미국의 지원과 영향에서 떼어내는 일이 중국의 변함없는 전략이 될 수밖에 없다는 점을 쉽게 간파할 수 있다. 한미관계의 이완은 중국에게 한반도에서 취할 수 있는 더 많은 전략적 카드를 안겨주기 때문이다.

한국과 중국이 경제적으로 나날이 긴밀해지고, 미국과 중국이 협력체계로 나아가는 듯 보는 것은 중국의 숨은 전략을 파악하는 데 장애가 되는 안이한 시각이다. 현재 중국과 미국은 최근 동아시아에서 세력 팽창을 두고 가장 첨예하게 전략적 대립하고 있다. 앞으로 미국뿐 아니라, 일본,

대만, 필리핀, 베트남 등 중국과 제해권을 다투고 있는 여러 나라들의 이해까지 결부되어 그 경향은 더 강화될 것으로 보인다.

중국은 궁극적으로 세계의 보편적 질서가 아닌 '중국이 스스로 설정하는 지배체제'를 추구한다. 따라서 일당독재체제인 중국적 질서는 보편적 자유민주주의 진영을 대표하는 미국과 근본적으로 병립할 수 없다. 외교적 협력의 겉모습 뒤에서 자유주의 진영과 숙명적으로 치열하게 패권경쟁을 할 수밖에 없는 현실을 간과해선 안 된다.

표면상 경제적, 외교적 협력의 양태를 보이는 것은 단순한 외양일 뿐, 갈수록 미국과 중국의 국제 경제, 정치, 군사질서 주도를 둘러싼 경쟁과 대립은 치열해질 것이다. 중국이 상하이협력체, 동아시아협력체 구상 등을 강화하려는 것도 결국 아시아에서 친중국적 세력의 연합을 통해 미국의 동아시아 대한 영향력을 저지하는데 그 목적이 있음을 워싱턴이나 한국의 정치, 군사, 외교 전략가들은 이미 공공연한 비밀로 간파하고 있는 상황이다.

'화평굴기(和平崛起)'나 '조화사회(和諧社會)'의 슬로건으로 포장된 중국의 유화적 외교와 내정 속에 숨은 전략의 핵심은 '미국 봉쇄전략'임은 중국 지도부의 싱크탱크 역할을 하고 있는 중국내 신좌파나 신우파가 모두 인정하고 있는 것이기도 하다.

중국의 경제적 성취가 중국식 사회주의를 정당화할 수는 없다. 만일 우리가 세계사적 보편성을 갖지 못하는 중국질서에 편입되는 것은 역사의 후퇴를 가져올 것임에 틀림없다. 중국 고대 사상의 좋은 점은 우리가 끊임없이 배우고 취하며 경제적 협력은 유지하되, 현재의 중국공산당 통치 주체의 지배 가치에 흡인되는 일이나, 중국 중심의 동아시아 패권 전략에 말려드는 것은 경계해야 한다.

90% 노동자 외면하는 10% 귀족 노조

얼마 전, 민노총 산하 금속노조 시위대가 정리해고에 항의하면서 일부가 모 기업의 건물 유리벽에 인분을 칠하고 방뇨하는 등 엽기적인 행패를 부렸다. 상식을 벗어난 노동운동의 한 단면을 명확하게 보여준다.

이런 천박하고 몰상식한 행태는 스스로의 얼굴에 분칠하고 방뇨하는 것이나 다름없다. 상황이 어찌되었든 아무리 목적이 정당해도 막가파식으로 관철하려는 방식은 결코 용인되어서는 안 된다. 더군다나 정리해고와 직접 관계도 없는 회사에 가서 협박과 떼를 쓰는 것도 이해가 되지 않는다.

우리나라의 노동운동이 왜 이렇게 끝없이 추락한 것일까. 고용노동부의 발표에 따르면 2017년 기준 노동조합 가입률은 10.7%에 불과하다. 노조에 가입한 사람은 208만 8000명이다. 80년대 20%대의 노조조직률은 90년대 10%대로 주저앉은 후 매년 감소해왔기 때문이다.

우리가 스웨덴의 복지를 부러워하지만 겉모습만 보면 안 된다. 그들은 노조조직률이 80%를 넘는다. 사회적 합의와 국민적 성원이 뒷받침되었기에 가능한 일이다. 이쯤 되어야 노조의 이익과 활동이 국민의 이해와 복리에 부합된다. 이런 바탕에서 노동자에 친화적인 기업정책과 복지정책이 가능해진다.

우리의 현실을 보자. 왜 노동자의 권익을 증진하기 위한 노조활동의 수혜자가 될 수 있는 노동자 10명중 9명이 외면할까? 이 점에 대한 심각한 고민이 없다면 노조는 더욱 왜소해지고 종국에는 존재가치를 상실하게 될 것이다.

가장 직접적인 요인은 노동자가 바라는 것들을 제대로 대변해 내지 못하기 때문일 것이다. 날이 갈수록 전투적이고 정치화된 노조가 건강하고 합리적인 노동자의 권익대변단체의 기능을 상실했기 때문이 아닐까. 10분의 1이 전체의 이름을 빌어 강변하는 갖가지 과다대표의 폐해에 국민이 진력을 내기 때문은 아닐까.

노동자 사이에서도 대화와 타협을 외면하고 대결과 투쟁 일변도로 흐르면서 노조에 대한 불신도 그만큼 커졌고 탈노조 현상이 가속화되었다. 한마디로 자랑스러운 노조가 아니라 노조활동이 떳떳하지 못하고 창피한 일이라 여겨진 탓이다.

더구나 파업과 불법, 폭력을 일삼아 산업현장을 마비시키고 국민경제에 타격을 주는 일들이 반복되면서 국민들의 분노를 사고 질타를 받고 있는 것도 비우호적인 환경요인이다.

노동자의 권익을 보호한다고 하면서 정작 자신들의 정규직 자리를 빼앗길까 두려워 자기자리 지키기에 연연하는 기득권 노조, 자신들의 일자리를 대물림하기 위해 꼼수를 부리는 노조, 자신들이 비판하는 기업주 이상의 권세와 호사를 누리는 귀족노조, 조합원 집단의 힘을 과시하며 정치권과 거래하는 정치 노조, 집단의 폭력과 불법으로 밀어붙이는 떼쓰기 무법노조는 더 이상 노동자의 기대와 희망이 되지 못한다.

이제 90%의 노동자들은 노조를 외면하고 기업 내에서 다른 방식으로 그들의 욕구를 해소해 나가고 있다고 볼 수 있다. 이런 노조원의 심정적 동조에만 기댈 것이 아니라 직접적 참여를 끌어내기 위해서는 이들의 다양한 비노조 활동 속에서 노동운동의 대안적 모델을 찾는 노력이 필요하다.

　대화와 타협의 노사문화를 만들고 노조원들의 아픔과 소망을 제대로 읽어내고 대변하는 일, 건전한 상식과 합법적 활동으로 국민의 성원을 받아내는 일, 이런 것들이 노동조합의 당면과제가 아닐까.

정부 구조조정, 생산성을 높여라

기원전 29년 옥타비아누스(원수정 확립 후에 아우구스투스라는 존칭으로 불림)는 안토니우스와 이집트의 클레오파트라의 연합군을 무찌른 후 군사력의 대폭 삭감을 추진한다. 50만 대군을 최종적으로 28개 군단 16만 8천명으로까지 줄인 것이다.

오랜 내전으로 인해 병역에 시달린 로마시민들에게는 절대적으로 환영할만한 일이었다. 그러나 옥타비아누스가 생각한 것은 단지 시민의 인기에 영합하려는 목적만 있었던 것은 아니었다. 그보다는 먼저 현실적인 판단이 앞섰던 것으로 보인다.

우선 50만 대군이라는 군사력 규모는 기원전 28년의 이탈리아 본국에 거주하는 로마시민권자가 406만 3천명이었다는 당시의 국세조사의 통계를 보아도 전체 로마시민권자의 1/8이 넘는 엄청난 인원이었음을 알 수 있다. 따라서 이러한 군사력을 입히고, 먹이고, 재우는 데는 막대한 군비가 소요될 것임은 불문가지이다.

옥타비아누스는 당시의 대규모의 군사력은 내전에서 평화로 전환되는 시점에서는 국력의 지나친 출혈이라고 판단했을 것이다. 그러한 병력을 유지하는 것도 엄청난 부담이거니와 이들이 전역할 때 일종의 퇴직금(라틴어로는 '정직하게 직무를 마친 자에게 주는 하사금')으로 주는 정착 토지를 구입하는 데에도 국비를 사용하지 않을 수 없었기 때문이다(기원전 13년부터는 땅 대신 현금으로 지급된 것 같다).

병력을 대폭적으로 삭감하면서도 그는 단순히 잉여병력을 빈손으로 내쫓지는 않았다. 35만 명에 육박하는 군인이 하루아침에 군대에서 사회로 쏟아져 나올 경우 장기간 군복무로 인한 사회적응이 어려울 것이다. 또 대부분 실업자로 전락할 우려가 있고 그럴 경우 사회불안이 야기될 것임은 오늘날의 경우로 비추어 보아도 어렵지 않게 짐작할 수 있다.

따라서 옥타비아누스는 클레오파트라가 남긴 '프톨레마이오스 왕가의 보물'을 모두 팔아 퇴직장병을 위한 재원을 마련하고 그리고도 부족하자 결국 자신 개인의 재산을 내놓을 수밖에 없었다. 이러한 사실은 그 자신이 쓴 《업적록》에서도 엿볼 수 있다.

"기원전 30년과 기원전 14년에 제대한 병사들에게 줄 경작지 구입 비용을 그 토지 소유자인 각 지방자치단체에 지불했다. 이런 이탈리아의 경작지를 구입하기 위해 내가 지불한 돈의 총액은 약 6억 세스테르티우스에 이르렀다. 속주에 있는 경작지를 제대병들에게 주기 위해 내가 지불한 구입 자금은 약 2억 6천만 세스테르티우스였다."

이러한 군사력 삭감이라는 난제를 옥타비아누스는 수년간에 걸쳐 해결하였다. 이는 대규모 병력유지로 인한 고비용 저효율을 저비용 고효율로 전환시키는 일대 생산성 혁명이었다고 볼 수 있다.

사실 군대의 전력은 병사들의 숫자에 반드시 정비례하는 것은 아니다. 양도 중요하지만 질은 더 중요한 것이다. 소수의 정예병이 다수의 훈련이 덜된 군사보다 더 효율적일 수 있을 것이기 때문이다.

옥타비아누스가 이러한 쉽지 않은 난제를 풀어낼 수 있었던 것은 대규모 군사력을 갖게 되는 통치자가 흔히 빠지기 쉬운 팽창주의적 제국주의에 물들지 않았기 때문이라고 생각된다. 엄청난 군사력을 바탕으로 군국적 통치도 가능했을 것이고, 알렉산드로스 대왕처럼 동방원정의 유혹에 빠져들 수도 있었을 터이다. 그런데 그는 당시 로마인이 진정으로 원하는 것이 무엇인지를 잘 꿰뚫어 보고 있었던 것 같다. 그는 전쟁에 지친 시민들에게 평화의 의지를 군축을 통해 보여주고자 했는지 모른다.

이렇듯 시대적 필요와 전망을 읽어내고 정책화하는 것이 리더의 중요한 책무이다. 우리는 국민적 요구에 부응하지 못하거나 국민의 호응을 이끌어 낼 수 있는 미래의 비전을 제시하지 못하는 무능한 리더를 많이 보아왔다. 하지만 옥타비아누스는 이러한 책무를 현명하게 수행한 탁월한 리더였다.

창업이 어려운 만큼 수성도 험난한 일이다. 자신을 후계자로 지목해준 카이사르가 로마영토의 외연을 확장하고 확립해 놓았다면 옥타비아누스는 그러한 막대한 영토를 수호하고 관리하는 것이 자신의 우선적 책무라고 인식했다고 볼 수 있다. 물론 여기에는 더 이상 자신에게 반기를 들 만한 군사력이나 정적이 없어졌다는 정치적 안정이 뒷받침되었다고 할 수 있다. 어쨌든 이러한 군축과 함께 '팍스 로마나'(Pax Romana, 로마에 의한 평화)의 시대가 열리게 된 것이다.

옥타비아누스는 대규모 군축을 감행하면서 국가재정이 부족하자 자신의 사재를 털어서 일자리에서 밀려나는 전역병들의 퇴직재원을 충당했다. 옥타비아누스의 희생적 지도력이 다시금 새롭다.

예나 지금이나 군사력과 국가재정의 적정한 운영은 통치자에게는 매우 중요한 일이다. 분단으로 인한 과도한 군비를 감내해야 하는 우리에게는 이러한 문제가 더욱 중요한 생각거리이다. 불가피한 남북한의 대결적 군

비경쟁은 민족적 차원에서 볼 때는 안타깝기 그지없는 소모적 대치비용에 다름 아니다.

　일본은 영악하게 미국의 핵우산아래 이러한 소모비용을 최소화하면서 경제적 부흥을 일구고 있다. 게다가 요즘 북한의 미사일 발사에 대응한다는 구실로 핵무장을 주장하거나 군비확충의 구실로 삼아 군국주의의 망령을 되살리려는 움직임을 보면 착잡하기 그지없다.

　현대국가에서 국가재정의 중요한 수요처는 군대뿐만 아니라 공룡과도 같은 거대한 관료집단이다. 세계 각국이 이러한 정부조직의 감축에 경쟁적으로 나서고 있는 것도 다름 아닌 저비용 고효율을 지향하는 생산적인 관료체제를 통한 국가 재정의 효율적 운영을 도모하기 위해서일 것이다.

　문재인 정부 들어서 방만해진 정부조직과 공공기관의 군살을 빼야 하는 과제가 다음 정부가 해야 할 우선과제다. 하지만 정부구조조정은 일률적인 숫자 줄이기가 전부일 수는 없다. 인건비라도 줄여 정부지출을 감소시키겠다는 것은 '제 닭 잡아먹기'식의 손쉽고도 단순한 발상이다. 시급한 것은 그들에게 투입한 비용과 그들의 직무로부터의 산출의 비율, 즉 직무자체의 생산성을 끌어올리는 일이다.

　정부 감축을 통한 생산성 향상은 국민적 합의와 감축대상의 공감, 실질적 보상대책, 남는 사람들을 정예화 하는 다각적인 정책이 어우러져야 효과를 거둘 수 있다. 정부구조조정이 전시효과나 정치적 흥정의 대상이 되어서는 안 된다.

　얼마 전 문재인 정부는 2019년 말 현재 57만 9천명인 국군의 병력을 2020년까지 50만 명으로 감축하겠다고 발표했다. 병력 공백을 최소화하기 위해서는 무기의 과학화와 신무기 개발이 추진되어야 한다. 거기에는 엄청난 재정 투입이 필요하다. 이미 복지에 엄청난 재정을 쏟아 붇고 있는 상황에서 국방비 비중은 계속 축소되어 오지 않았는가. 결국 병력 감축이 국방력 약화로 이어지지 않을까 우려된다.

　더구나 북한은 헌법보다 상위에 있는 노동당 당규에 명시한 대남적화 전략을 폐기하지 않았다. 게다가 핵무기 개발에 이어 신형 장거리 미사일 개발 등 남한을 압도할 비대칭전력을 획기적으로 확충해 나가고 있다. 이에 대응해 우리 정부도 국방력을 강화하고 재정 효율성과 정부의 생산성을 높이는 대대적인 구조조정이 필요하다.

행정서비스 약속, 제대로 지켜라

 '90년대 초부터 영국과 미국 등에서 시작된 행정개혁의 바람이 세계적으로 확산되고 있다. 행정부문에 고객개념을 도입하고 행정조직의 효율적인 운영을 요구하는 있는 것이다. 종합적 품질관리제(TQM), 품질인증제(ISO9001), 행정서비스헌장제 등은 고객중심의 행정으로 거듭나기 위한 이런 노력의 일환이다.

 혹자는 시민을 왜 고객이라고 하느냐고 의문을 제기한다. 그러나 고객이란 용어를 단순하게 생각하면 지나쳐 버릴 수도 있지만 조금만 더 깊이 생각하면 의미하는 바가 매우 큰 획기적인 발상의 전환이 내포되어 있는 것이다.

 우리가 시장에서 자동차를 산다고 가정하자. 요모조모 품질을 꼼꼼히 따져 자유롭게 선택·구매하고, 하자가 생기면 당당하게 보상이나 애프터서비스를 요구할 것이다. 또 기업은 이런 까다로운 고객의 기호를 맞추기 위해 끊임없이 신기능과 신제품을 개발하게 된다. 고객은 왕이다. 여기서 강조되는 것은 당연히 고객의 권리와 제품의 품질이다.

 행정서비스헌장제는 공공부문에 이와 같은 시장원리를 도입하여 서비스를 받는 시민에게 고객으로서의 권리를 강화시켜 주고 공무원들이 보다 질 높은 행정서비스를 제공하도록 약속하고 실천해 나가고자 하는 제도인 것이다.

이제 시민을 의례적인 과정을 통해 단순한 행정서비스를 제공받는 수동적인 대상이 아니라, 필요한 서비스를 당당하게 요구할 수 있는 권리를 가진 능동적인 고객으로 모시고자 하는 것이다. 결국 다소 느슨했던 행정체제에 철저한 서비스 정신을 불어넣기 위한 행정개혁의 일환인 셈이다.

행정서비스헌장은 행정기관이 제공하는 서비스 가운데 시민생활과 밀접한 서비스를 선정하여 이에 대한 서비스 이행기준과 내용, 제공방법, 절차, 잘못된 상황에 대한 시정 및 보상조치 등을 미리 정해 공표하고 이의 실천을 고객들에게 문서로써 약속하는 제도이다.

행정서비스, 약속한 그대로 지켜라. 이를 통해 고객 지향적인 행정서비스 문화를 조성하고 행정서비스의 신뢰성과 투명성을 제고하여 깨끗하고 공정한 정부를 구현해야 한다.

모든 중앙부처와 지방자치단체는 민원 분야별로 행정서비스헌장제를 운영하고 있다. 헌장에는 각 업무별로 고객에게 제공할 최고수준의 서비스를 제시하고, 고객들이 알기 쉽게 구체적으로 작성되어 있다. 이렇게 목표로 제시된 서비스의 이행수준은 내부적으로는 성과관리를 위한 기준으로 활용된다. 시민들은 제시된 수준의 서비스를 받을 권리를 가지며, 잘못된 서비스에 대해서는 시정이나 보상조치까지 요구할 수 있게 된다.

또한 서비스와 관련된 정보와 자료를 신속하고 쉽게 얻을 수 있도록 상담하는 방법과 절차, 결과의 통지방법, 서비스 제공 기간도 명시하고 있다. 이러한 행정서비스헌장제가 명실상부한 성공을 거두기 위해서 다음과 같은 중요한 사항의 실천이 필요하다.

첫 번째로 중요한 것은, 공무원들이 고객우선의 마인드를 내면화하고 시민에게 약속한 서비스를 지속적으로 실천해 나가려는 인식의 개혁이다. 이를 위해서는 공무원의 자기 혁신을 유도하기 위해 서비스헌장제도 도입의 취지와 이행방법에 대해 정기교육, 강연, 토론회 등을 통해 주기적인 교육이 필요하다.

아울러 헌장을 잘 지키지 않아 시민으로부터 거듭 이의제기를 받는 공무원은 인사조치 등으로 제재하는 한편, 모범적으로 이행하는 부서나 개인에 대해서는 헌장마크 수여, 포상 등 인센티브를 부여하여 헌장제의 정착을 도모해 나가야 한다.

두 번째로 중요한 것은 실질적으로 고객만족을 증진시키는 것이다. 행정서비스헌장의 궁극적인 목적은 공공기관이 제공하는 서비스의 수준을 제고함으로써 고객들의 요구를 만족시키는 데 있다.

이를 위해 행정서비스에 대해 시민들이 어느 정도로 만족하는지 전문조사기관에 의뢰하여 주기적인 만족도 조사를 통해 문제점을 개선하는 등 환류체계를 확립해 나가야 한다.

세 번째로 시민의 적극적인 참여와 감시활동이 요구된다. 행정서비스헌장은 대 시민 약속이다. 서비스를 받는 것은 고객으로서의 시민의 당연한 권리인 것이다. 따라서 잘못된 서비스에 대해서는 시정조치나 보상을 요구하고 불합리한 행정제도는 개선방안을 제시하는 게 바람직하다. 이렇게 시민들의 관심과 참여가 있을 때 이에 부응하여 행정서비스의 질을 더욱 높여나갈 수 있을 것이기 때문이다.

영·호남 행정구역을 개편하자

로마의 프린켑스(제1일자)인 아우구스투스는 로마 제국의 본국인 이탈리아 반도를 11개의 '주'(洲)로 분할했다. 시오노 나나미는 이러한 '주'(라틴어로 레기오: Regio) 분할이 자를 대고 줄을 긋는 식의 분할이 아니라 부족의 전통 및 풍습의 차이도 배려하여 이루어진 자연스럽고 무리가 없는 분할로써 현대의 이탈리아의 '주'(이탈리어어로 레조네: Regione)와 비교하며 분할이 얼마나 합리적으로 이루어졌는지에 대해 감탄하고 있다.

현대 이탈리아의 '주'는 18개로 2천년동안 인구가 늘어났기 때문이다. 정말 고금의 지도를 통해 분할된 행정구역을 보면 로마시대의 '주'중 인구증가로 인해 1개 주가 2~3개 주로 나누어진 곳이 몇 군데 있을 뿐이고 그 경계도 대동소이하다는 것을 알 수 있다. 그 일부의 예를 들면 아래와 같다.

제1주; 라티움 캄파니아(수도 로마가 있던 주) - 오늘날의 라치오 주, 캄파냐 주, 제2주; 아풀리아 - 오늘날의 풀리아 주, 제7주; 에트루리아 -오늘날의 토스카나 주, 제9주, 리구리아 - 오늘날의 리구리아 주 등이다.

아우구스투스는 주제도를 확립하고 자치권을 부여함으로써 현대의 지방자치제도와 유사한 자치제도를 시현한 것이다. 이로써 주 내부의 정치를 당해 주에 사는 로마시민에게 맡김으로써 그들의 정치참여 욕구를 만족시킬 수 있게 되었다.

그 증거를 찾는 것은 어렵지 않다. 당시 수도 로마에서 국가 요직을 맡을 사람을 선출하는 민회에서도 각주별로 투표결과를 집계하도록 규정했다. 현대에 발굴된 지방의 중소도시였던 폼페이 유적의 벽면에는 당시의 '선거 포스터'가 수없이 남아 있었다는 것을 보아도 민의(民意)의 표출장치인 선거가 당시에도 매우 활발했었음을 반증한다.

그게 바로 기원전 10년의 일이었다. 당시의 행정체제가 11개 '주'로 분할되어 제각기 자치권을 가진 주의 연합체였다는 점에서 시오노 나나미가 로마 제국은 역사상 다른 어느 제국보다도 오늘날의 미국과 비슷하다고 한 대담한 비교는 결코 무리가 있다고 생각하지 않는다.

물론 이러한 로마제국의 '주'제도가 현대적 의미의 지방자치제도와 동일하다고는 할 수 없다. 시대적 환경과 요구가 다르므로 당연히 동일시할 수도 없다. 또한 당시에는 '주'의 장관을 로마의 중앙정부에서 임명하고 있었으므로 주민 직선에 의한 우리의 현대 지방자치제도와는 거리가 있겠으나, 그 지방 일을 그 지방 주민의 힘으로 처리하도록 맡기는 지방자치(local autonomy) 정신의 뿌리는 같았다고 할 수 있다.

이런 점에서 나는 아우구스투스의 '주' 분할제도는 자율성을 존중하려는 지방자치와 지방분권의 효시적 일로 평가하고 싶다. 아우구스투스는 이미 도시 국가 로마 시절부터 면면히 흘러내린 로마인의 '고유한 정신'이자 '철학'이라고 할 수 있는 '동화정책', 즉 다른 종족을 정복하여 굴복시켜도 그들을 노예로 삼지 않고 그들의 종교와 풍습을 존중하고 족장 등 지도층의 계속적인 자기 종족에 대한 지배권을 인정해 주던 로마인의 포용성을 제도로써 구현한 것이라고 볼 수 있는 것이다.

카이사르가 갈리아(지금의 프랑스 지역)를 정복한 후에도 그들의 자치를 인정해 줌으로써 그가 떠난 후에도 반란이 일어나지 않았던 사실 또한 철저한 정복과 통제보다 자율과 자치가 더 효과적일 수도 있었다는 점을 시사해 준다.

결국 이 당시의 '주'제도는 중앙집권적 요소와 지방분권적 요소를 적절히 조화시켜 국가 통치의 효율성을 높이려는 의도를 내포하고 있었다고 보아야 할 것이다.

우리의 지방자치는 언제 어떤 모습으로 등장했는가. 우리는 후발 국가로서 민주적 연습을 거치지 않고도, 또한 내발적인 국민의 요구에 의하지 아니하고도 광복 후 시급한 국가체제의 확립이라는 당면과제아래 구색 갖추기 식으로 민주적 제도를 곧바로 받아들일 수 있었다.

1948년 제정·공포된 우리나라 헌법에 지방자치에 관한 조항이 포함된 이래 1952년 초대 지방의회의원선거가 실시되었으나 1961년 군사 혁명의 폭거로 장기간 유보되었다. 1991년 4월에 시·군·구 의회가, 같은 해 7월에는 시·도의회가 각각 구성되어 의정활동을 개시함에 따라 불완전하나마 지방자치시대가 열리게 되었고, 1995년 6월 27일에서야 광역·기초단체장의 직선이 이루어졌다.

그러나 지방자치단체가 제도적 틀을 갖추었더라도 그 기능을 제대로 발휘하지 못하면 국가 통치의 효율성, 자율성을 도모할 수 없을 것이다. 지방자치와 지방분권이 성과를 거두기 위해서는 통치권자와 정치인, 관료, 국민들이 참정의 가치와 원칙에 대한 인식을 올바르게 하고 이를 지키려는 노력을 계속할 수 있어야 한다.

무엇보다도 중요한 것은 지방자치가 '지방자치단체' 수준에서 '지방정부'수준으로 향상되어야 한다는 점이다. 이는 실질적인 권한의 지방이양을 촉진하는 혁신적인 자치분권정책을 통해서만 가능하다.

특히 로마인들이 지녔던 '자치'와 '자율'과 같은 철학이 부재한 상태에서 지방은 오로지 중앙을 위해 존재하는 것과 같은 역사를 가졌던 우리로서는 자치의 관념의 내재화와 자치의 실전연습이 더 한층 필요하다고 생각된다.

행정구역 개편은 또 어떠한가. 뿌리 깊은 영·호남간의 지역감정을 치유하기 위한 방책으로 행정구역 개편을 고민할 때다. 광역시·도 구역의 폐지와 몇 개 시·군을 묶는 광역기초단체 설정, 또는 영·호남 경계지역의 행정구역의 혼합 설정 등을 학계에서 여러 번 제기한 적은 있다. 그러나 정치권에서 어느 것 하나 진지하게 검토되거나 공론화되지 못하고 용두사미 격으로 한동안 의견이 분분하다 정치적 이해득실을 계산해 보아 불리하면 언제 그랬느냐는 듯이 사그라뜨린다.

물론 행정구역 개편만으로 망국적인 지역감정이 해소되기는 어렵지만, 정보통신과 도로 교통의 발달과 광역행정의 진보로 초래한 행정권역과 생활권역의 변화는 인간의 사회생활과 심성에도 영향을 미칠 수 있다는 점에서 긍정적 변화의 단초가 될 수도 있을 것이다.

오로지 정권획득에 눈먼 정치지도자들에겐 선거철만 되면 그러한 지역감정의 골을 교묘하게 활용하기에 급급하니 행정구역 개편 따위가 눈앞에 들어올 리가 만무하다.

주민자치가 풀뿌리 민주주의다

　　1999년부터 단계적으로 읍·면·동사무소마다 주민자치위원회가 구성되고 주민자치센터가 개소되었다. 물론 이는 읍·면·동사무소의 지위와 행정기능과 고유사무를 자치센터로 이관하여 수행한다는 뜻은 아니다. 다만 광역적 행정의 필요에 따라 읍·면·동사무소의 사무와 인력의 일부를 시·군·구청으로 이관하고 여유 시설과 공간을 활용하여 주민자치활동을 위한 공동의 공간인 주민자치센터를 설치 운영하게 된 것이다. 주민자치의 새로운 바람을 일으킬 터전이 생긴 것이다.

　　지방자치가 '풀뿌리 민주주의'의 실습이라면 주민자치센터는 구체적인 주민생활편익을 위한 '풀뿌리 민주주의'의 시험장이라고 볼 수 있다. 이제 주민자치센터는 주민 참여를 통한 주민자치와 지역 공동체 형성의 구심체 역할을 강화하게 될 것이다. 지방의원들이 지방의회에서 지역 발전을 위해 시정의 종합적인 기획과 집행을 감시·감독하고 시정하는 역할을 한다면, 읍·면·동에 거주하는 주민의 대표인 주민자치위원들은 주민자치센터의 공간을 활용하여 다양한 문화·복지·교양 프로그램을 운영하거나, 지역 생활불편 사항의 해결, 계도 활동을 비롯한 공동체 의식의 함양 등 주민자치기능을 강화할 수 있는 프로그램을 적극 발굴·운영하게 된다. 주민의 생활편익을 증진하기 위한 방안을 주민 스스로 토의를 통해 도출해 내고 함께 실천해 나가는 가운데 '민주주의의 풀뿌리'가 튼튼해지도록 해보자는 것이 주민자치센터의 지향이라고 할 수 있다.

주민자치센터의 활성화 여부는 주민과 주민자치회(주민자치위원회), 시민단체, 행정기관이 각자에게 주어진 역할을 얼마나 제대로 수행하느냐에 달려있다고 하겠다. 이 중에서 가장 중요한 기능을 수행하는 주체인 주민자치위원의 바람직한 자세와 역할을 제시해 본다.

첫째 봉사자로서의 자세를 가져야 한다. 주민자치위원회는 자율적 봉사조직이므로 각 위원들은 감투에 연연한다든가, 보수 등 반대급부에 집착해서는 곤란하며 지역주민을 위한 자발적인 봉사정신에 입각하여 자치센터 운영에 참여해야 한다.

둘째, 적극적인 참여의식이 요구된다. 주민자치센터의 건전한 정착여부는 주민 각계각층으로부터 선발·위촉된 위원 개개인의 적극적인 참여와 활동여하에 달려있다. 따라서 위원으로서 위촉만 되었을 뿐 방관자적 자세를 보인다든가 직함을 갖는 것에 만족해서는 안 된다. 적극적으로 의견을 개진하고 토의하며, 주민의 의견을 반영하는 등 활발한 참여의식과 활동이 필요하다.

셋째, 지역 화합과 공동체 형성의 촉진자가 되어야 한다. 주민자치위원들은 주민 각계각층의 주민대표로서 상호신뢰와 협조의 바탕 위에 지역의 화합과 협동, 공동체 의식이 형성될 수 있도록 노력해야 한다.

넷째, 주민자치 활동의 선도자 역할을 하여야 한다. 주민자치센터의 궁극적인 목적은 주민자치활동과 지역 공동체 형성의 구심체 역할을 수행하는 것이다. 따라서 주민의 삶의 질 향상을 위한 각종 문화·복지 프로그램 운영 이외에 지역문제나 주민관심사항을 위원들이 모여 활발히 토의하고, 이를 주민에게 알리고 참여시키며 계도하는 등 자치활동의 선도자 역할을 하여야 한다. 예컨대 주차질서 확립, 청결운동 및 기초질서 지

제2부 정부 혁신은 끝이 없다

키기, 청소년 선도, 방범순찰 등 지역 내 문제들이 자치활동의 대상이 된다.

다섯째, 주민과 행정 간의 가교역할을 수행하여야 한다. 읍·면·동사무소 업무 일부가 시·군·구청으로 이관되어 일부 주민불편이 발생하고 지역에 대한 행정의 관심이 소홀해 질 수 있으므로 주민자치위원들이 자율적으로 나서서 주민의 요구사항, 지역의 현안 문제 등을 토의하여 시·군·구에 건의하는 등 행정과 주민간의 가교 역할이 요구된다.

여섯째, 적극적인 사고방식과 개혁적 자세가 필요하다. 자치센터의 실질적인 운영주체인 위원들은 자치센터의 효율적 운영을 위한 개선방안들을 끊임없이 발굴하고 연구하는 자세가 필요하다. 열린 마음과 개혁적 사고로 지역에 적합한 프로그램을 개발하고 주민들의 평가를 반영하는 노력이 요구되는 것이다.

주민자치센터는 주민의 문화·복지 향상과 함께 지역문제를 스스로 풀어 가는 참여자치의 실현에 근본 취지가 있다. 물론 주민자치회(주민자치위원회)가 주민자치센터 운영에 대한 읍·면·동의 자문기구로서 독립된 의결권이나 집행권한을 갖지 않지만, 각계 주민대표로 구성되고 자치센터 운영에 대한 폭넓은 조언, 권고 기능을 수행하므로 실질적인 운영 주체로서의 역할이 가능하다. 하지만 그동안 기존의 읍·면·동 제도에 익숙해 온 오랜 관행을 하루아침에 새롭게 변화시키기는 물론 어렵다. 따라서 주민자치회(주민자치위원회)와 주민, 시민단체, 자원봉사자, 공무원이 긴밀히 협력하여 주민이 중심이 되는 자치센터를 만드는데 한 걸음 한 걸음 최선의 노력을 경주해야 할 것이다.

지역축제, 이렇게 하면 성공한다

몇 년 전에 열 명의 연구위원들과 함께 일본의 천년 고도인 교토에서 벌어진 '기온 마쯔리'를 참관하고 왔다. 이 마쯔리(축제)는 유서 깊은 전통, 규모의 웅대함과 화려함 등 모든 면에서 일본 마쯔리의 백미로 꼽히고 있다. 869년에 수도인 교토를 휩쓴 전염병의 퇴치를 기원하는 데서 시작되었다니 축제의 연륜이 천 백년이 훨씬 넘는다.

칠월 한 달 내내 계속되는 이 축제는 높은 누대 위에 산 모양을 만들고 창이나 칼을 꽂은 화려한 장식의 수레인 서른 두개의 야마보코의 시가행렬이 장관을 이룬다.

각 마을(町)마다의 수호신을 모시고 각양각색으로 치장한 야마보코는 높은 누대에서 쉼 없이 전통악기를 연주하는 가운데 수레를 끌고 따르는 인원이 많게는 백여 명에 이르는 웅장한 것에서부터 작게는 이 삼십여 명이 단출하게 메고 가는 마치 우리의 꽃상여를 연상시키는 것까지 다양하다.

전야제에는 마을마다의 신사(神社)와 야마보코에서 각종 의식이 진행된다. 시내 중심 골목마다 노점이 빼곡히 들어서고 차 없는 거리가 된 도심은 전통 야회복인 유카타를 입고 한껏 부푼 선남선녀, 시민과 국내외 관광객이 흥겨움과 즐거움에 어우러져 축제분위기를 만끽하게 된다.

축제 당일에는 움직이는 미술관이라 불리는 야마보코 순행 행렬을 보려는 인파로 거리는 몇 시간 전부터 장사진을 이룬다. 교차로에서 수십 톤이 넘는 육중한 수레를 바퀴 밑에 대나무를 깔고 물을 뿌린 후 소리꾼의 지휘에 따라 수십 명이 요령 소리와 함께 일순간에 줄을 당겨 회전시키는 장면에선 박수갈채가 쏟아진다.

기온 마쯔리는 제의적 축제 성격상 모든 과정이 차분한 가운데 이루어져서 갖가지 볼거리를 늘어놓는 요란스런 이벤트형 축제에 길들여진 우리에겐 다소 낯설기조차 하다.

하지만 스트레스에 시달리는 현대인들에게 난장(亂場)과 같은 놀이를 통한 흐트러짐의 일탈이나, 반대로 전통적 풍습 속에서의 엄격한 의례와 격식을 접함으로써 느끼는 초현실감 역시 모두 탈현실성을 충족시켜주는 축제의 속성에서는 일맥상통하는 것 같다.

이 축제가 일본인에게 주는 매력은 생활 속에 뿌리박힌 신앙적 요소와 집단주의적 문화를 교토의 각 마을의 독특한 야마보코의 제작과 순행을 통해 축약해서 표현해 주는데 있는 것 같다. 물론 외국인 관광객엔 일본 전통문화의 한 단층을 압축적으로 엿볼 수 있는 좋은 기회이기도 하다.

이 축제가 일본의 대표 축제로 자리 잡게 된 요인을 생각해 보면서 우리의 지역축제를 성공시키기 위한 몇 가지 시사점을 얻을 수 있었다.

첫째, 지역 토착성이 있는 테마를 발굴해야 한다. 지역의 역사와 문화에 뿌리를 둘 때 비로소 지역축제가 과거, 현재, 미래로 연결되는 생명성을 지니게 된다.

둘째, 주민의 자발적 참여를 이끌어야 한다. 기온 마쯔리는 지역상공인이 중심이 되어 철저하게 주민주도형으로 치러지고 있다. 우리의 동 단위와 비슷한 정(町)별로 모든 준비와 집행이 이루어진다.

신사에서 봉사하던 어떤 주민은 매년 직장에서 휴가를 얻어 참여하고 있었는데 아주 중요하고 자랑스러운 소임으로 당연시하는 모습이 감명적이었다.

셋째, 세대와 계층을 잇는 연속성이 기획되어야 한다. 전야제에서 야마보코 관람을 할 때 입구에서 표를 받던 초등학교 저학년으로 보이는 어린이와 옆에서 입장객이 벗어 놓는 신발을 하나하나 정리하던 자기 몸 간수하기도 힘들어 보이던 노인의 대비된 모습이 잔잔한 감동으로 기억된다.

전통 악기의 연주, 수레의 견인 및 수행 대열에 이르기까지 축제의 모든 과정에 어린이로부터 청장년, 노인들이 함께 하고 있었다. 이러한 어우러짐과 자연스런 학습을 통해 세대 간 계층 간 단절을 이어주고 사회적 박탈감을 보충해 줄 수 있는 기능을 발휘하도록 섬세한 축제 기획이 필요하다.

넷째, 축제 콘셉트의 초점화이다. 전통문화 축제이든 현대적 이벤트형 축제이든 축제의 핵심 개념, 즉 콘셉트를 초점화해서 보여 줄 수 있어야 한다. 핵심 테마를 집중적이고 다면적으로 조명해야 축제의 이미지와 독특한 정체성이 형성된다.

우선 관람객 동원에 연연하여 축제의 주제와 거리가 있는 백화점식 연예공연기획으로 채워질 경우 축제의 색깔은 실종되고 만다.

다섯째, 축제는 충분한 숙성이 필요하다. 기온 마쯔리는 천년의 역사와 주민의 정성이 빚어내었다. 처음부터 세계축제를 표방하는 축제는 전시효과에 그치는 일회성 행사로 전락하기 쉽다.

축제는 긴 숙성과 기다림 속에서 성숙하고 비로소 세계성을 만들어낸다. 충분한 시간을 둔 전문가의 치밀한 기획과 광범위한 지역사회의 공감을 토대로 단계적이고 장기적인 축제 형성 및 집행 전략이 요구된다.

아산시의 대표 축제인 '아산 성웅 이순신 축제'도 2019년에 58회에 이른 연륜을 갖고 있다. 하지만 아직도 대한민국 대표 축제 반열에서는 거리가 너무 멀다. 축제의 창의적 기획과 콘셉트의 일대 혁신이 필요하다.

박경귀 한국정책평가연구원장
"민주 넘치고 공화 실종 허울뿐인 민주공화국"

"표퓰리즘 민주주의의 과잉"
"무상급식은 주민투표 결과에 따라 모든 정책 입안의 표준이 될 것"

"지금 정치권에서 논의 중인 무상복지는 혜택을 받을 필요가 없거나 받아선 안 되는 사람들마저 수혜 대상이 되려고 하는 자가당착에 빠뜨리고 있다."

내년 총선과 대선을 앞두고 표퓰리즘 논쟁이 최고조에 달한 가운데 "지금 우리 정치권이 말하는 보편적 복지란, 이름만 차용했을 뿐 유럽사회가 60여 년 동안 점진적으로 확대시켜온 것을 일시에 도입하려는 급진적인 플랜이어서 많은 문제를 안고 있다"는 지적이 나왔다.

박경귀 한국정책평가연구원장은 "사회 발전 수준에 따라 확대되어야 할 복지 정책이 선거를 앞두고 표만 의식한 표퓰리즘으로 전락했다"면서 "표퓰리즘의 가장 큰 폐해는 국민을 감성적으로 자극해 이성적인 판단과 합리적인 논의를 축소시키는 데 있다"고 말했다.

박 원장은 "역사적으로 성공한 표퓰리스트가 없었던 것은 아니지만 표퓰리즘의 가장 큰 폐단은 집단 이기심에서 시작돼 민주주의의 위기를 불러오는 데 있다"면서 "특히 우리는 표퓰리즘에 이념이 결부되면서 갈등을 심화시키고 있다"고 지적했다.

그는 "이념이 아니라 그저 성향을 나누는 기준일 뿐인 진보 대 보수 편 가르기로 우리 사회의 갈등이 심화되고 있다. 신표퓰리즘의 사례가 있었던 미국, 일본, 유럽에선 일자리나 인권, 경제적 부흥 등이 목적이었지 신자유주의나 자유민주주의의 기조를 흔드는 일은 결코 없었다"고 설명했다.

박 원장은 "민주당에서 보편적 복지안을 준비하고 있는 것이나 이에 한나라당이 가세하는 전략 모두 사회적, 정치적 합의없이 추진되고 있다"며 "우리 사회에 해결해야 할 복지의 사각지대가 너무 많은데도 불구하고 무상, 반값 등의 구호가 난무하는 것은 결국 대중을 지지의 수단으로만 여기는 행태일 뿐"이라고 평했다.

그러면서 "지금 선거를 앞두고 있어 극복하기 어려운 것으로 보여지지만 표퓰리즘에 대한 반발도 커져가고 있는 만큼 희망을 가질 만하다. 표퓰리즘이 아무리 난무해도 이를 국민이 수용 안하면 효력을 잃는다"면서 "표퓰리즘은 그 속을 한 꺼풀만 벗겨보면 실현되기 어려운 현실이 드러나므로 다음 총선과 대선에서 국민들의 현명한 판단이 나올 것으로 기대한다"고 그는 강조했다.

박경귀 한국정책평가연구원장

행정학 박사인 박경귀 원장은 국책연구기관과 외국계 컨설팅사가 주류를 이루고 있던 공공부문 컨설팅 시장에 BSC(균형성과관리, Balanced Score card)를 정착시킨 인물이다. 2002년 민간연구기관인 한국정책평가연구원을 설립, 정부부처·지방자치단체·

공기업의 정책개발 및 정책평가를 담당해왔다. 최근의 공공부문 BSC 확산은 물론 정부부처의 연두업무보고, 정부업무평가 등으로 나뉜진 성과관리제도의 중복 운영을 개선하기 위해 2005년 국내 최초로 통합성과관리 컨설팅 모델을 개발해 각 부처가 통합성과관리체계로 전환하게 만드는 선도적 역할을 했다.

현재 박 원장은 서울시 자치구공단 경영평가단장, 국토해양부 자체평가위원회 위원, 한국정책학회 국방안보안전분과연구회장

박경귀 한국정책평가연구원장

등을 맡고 있다.

다음은 박 원장과의 일문일답을 정리한 것이다.

Q. 정치권에서 복지 논의가 활발하면 좋은 것 아닌가.

"보편적 복지란 용어 자체에 문제는 없다. 사회 발전 수준에 따라 복지는 확대돼야 한다. 그러나 민의를 한꺼번에 수용하는 것은 과욕이다. 현재 우리 복지수준은 낮은 편인데 그 갭을 일시에 메우려고 하고 있다. 방향이 아니라 방식에 문제가 있는 것이다."

Q. 잘된 복지로 손꼽히는 유럽사회는 어떻게 발전시켰나.

"지금 유럽 국가들의 복지는 지난 60여 년 간 정책을 점진적으로 확대시켜 온 것이다. 특히 노동자와 서민 정책이 우선됐었다. 이를 위해 사회적·정치적 합의를 거쳐 탄생한 사회민주주의 방식이라는 정치의 틀이 바탕이 됐다."

Q. 표퓰리즘은 왜 나쁜가.

"표퓰리즘이 정체된 사회에 자극을 주고 환기시키는 효과는 있다. 긍정적인 측면도 있는 것이다. 그러나 그 폐해가 너무 커서 항상 문제가 된다.

표퓰리즘의 폐해는 그 특성에서 찾을 수 있다. 표퓰리즘은 정상 정치나 제도를 통하거나 반대 세력과의 논의를 거치지 않고 직접 대중에게 호소하는 특성을 보인다. 이를 위해 가장 효과적인 미디어를 주로 이용하거나 사적 지원군을 활용해 연대나 지지자를 형성시킨다. 바로 계급연대전략이다.

여기서 '적과 나'를 구분하는 전략이 나온다. 예로 '2 대 8 사회'처럼 표퓰리즘에는 보호해야 할 대중과 적대시할 대상을 부각시킨다. 대개 서민 대 대기업 및 지배 엘리트로 양분된다.

이렇게 '우리'와 '그들'을 양분해 감성에 호소한다. 이는 상당한 호소력이 있지만 '단순정치화'를 불러오는 오류를 범하게 된다. 사실 대중의 정서를 고무하는 선동 자체가 나쁜 것만은 아니지만 감성과 정서에 호소하는 것이 득세할 때 이성적인 판단을 흐리게 하고, 합리적 논의를 축소시키게 된다.

노예제 채택 여부를 투표로 결정하자는 주장에 대해 미국 링컨 대통령이 다수결로 결정할 수 없는 가치가 있다고 했듯이, 무조건 다수가 소수를 지배하는 것이 민주주의가 아니다. 선동에 의해 '다수의 우리'가 만들어져서 '합리적 소수'를 지배하고 억압하는 방식으로 나타나니까 문제가 된다. 감성적으로 자극받은 집단을 다시 이성적으로 이해시키기란 참으로 어렵다. 이것이 인간의 한계이기도 하다. 사회적 제도와 규칙에 대한 현상타파를 주장하면서 법치주의를 무시하는 것도 표퓰리즘의 해악이다."

Q. 외국의 표퓰리즘도 모두 실패했나.

"사실상 유럽의 표퓰리즘은 일자리를 위한 우파 표퓰리즘이었다. 도시노동자와 서민의 일자리를 지키기 위해 이슬람 계통의 이민자를 겨냥한 일종의 인종 차별주의에서 표퓰리즘이 탄생해 이민정책 강화 등을 낳았다. 이렇게 자국민 보호를 위한 배타적인 정책이 유럽의 표퓰리즘 현상이라고 할 수 있다.

미국의 대표 표퓰리스트인 텍사스의 성공한 기업가 H. 로스 페로는 대통령 후보 시절 자신의 인기를 이용해 기성 정치인에 대한 불신을 자극했다. 특히 국가보조금을 거부하고 자신의 돈으로 선거자금을 충당하는 등 기성 정치인과 기성 체제의 현상 타파를 주장했다. 결국 현 제도를 무용지물로 만든 것이다.

박경귀 한국정책평가연구원장

우고 차베스 베네수엘라 대통령의 경우 석유기업의 국유화 선언에 이어 무상의료, 무상교육 등 빈민에 전액 지원을 주장하고, 이것도 모자라 주변국에까지 우호 세력을 확장하기 위해 쿠바에 반값석유를 공급한 인물이다. 영국 등 유럽에도 빈민지원책을 펴 대중교통비를 부담하는 등 세계 각국의 좌파와 연대를 강화하기 위해 2003년 이후 30조원 이상을 퍼부었다.

Q. 세계적으로 성공한 표퓰리스트는 누구였나.

"대표적으로 미국 로널드 레이건 대통령은 표퓰리스트로서의 특성은 지녔지만 신자유주의, 자유민주주의 기조를 흔들지 않고 오히려 강화시켰다. 일본의 고이즈미 준이치로 전 총리도 신자유주의 표퓰리스트였다. 그는 경제적 부흥을 추구하기 위해 기득권층인 대기업, 관료, 특수이익집단들을 '신성한 소(sacred cows)'라고 부르며, 개혁 대상으로 삼았다."

Q. 우리 표퓰리즘의 역사를 살펴본다면.

"일본의 어느 학자가 동양의 대표적인 표퓰리스트로 고이즈미 전 총리와 노무현 전 대통령을 꼽았다. 노 전 대통령의 경우 미디어를 통해 직접 대화를 추구하고, 외부 지지세력을 모아 계급연대전략을 가장 잘 쓴 인물로 꼽힌다. 바로 '노사모'로 기존 정치 세력을 타파하는 도구로 삼았다.

노 전 대통령의 해악이라면 반대 세력에 대한 낙인과 압박이 너무 지나쳤다. 이로 인해 편 가르기가 심화됐고, 과거 민주 대 반민주였던 패러다임이 보수 대 진보로 고착시키는 계기가 됐다. 사실 지금 쓰는 진보와 보수 용어는 적절하지 않다. 하나의 가치 성향일 뿐인데도 이념적 이분법으로 우리 사회를 양분시키고 있다."

Q. 반값등록금, 무상급식이 표퓰리즘으로 인식되는 이유는.

"반값등록금은 한나라당이 복지전략을 선점하기 위해 내놓은 것이다. 민주당의 복지전략에 대항하는 일종의 '물타기 작전'이었던 것으로 보이는데 결론적으로 수혜자 연대를 확대시켜 촛불집회까지 불러온 점에서 물타기가 아니라 '기름 붓기'가 돼버렸다.

무상급식도 똑같은 표퓰리즘이다. 상대적으로 작은 수준의 복지라고 수용하게 되면, 발만 하나 들여놓겠다는 것으로 시작한 것이 몸통도 들여놓고 결국 눕고 싶어지는 것을 허용하는 전략적 실패를 낳게 된다. 어쨌든 혜택을 받지 않아도 될 사람까지 이기심을 충동하여 지지세력으로 끌어들이는 선동 전략으로 나쁜 것이다.

무상급식의 문제는 금액으로 따질 게 아니라 이것이 무엇을 의미하는 것인지를 간파해야 한다. (서울시에서 무상급식 주민투표가 추진되고 있지만) 무상급식(에 대한 시민의 선택 결과)은 앞으로 모든 (정책 입안에서) 원칙의 적용 잣대가 될 것임에 틀림없다."

Q. 표퓰리즘이 난무하는 문제를 어떻게 해결해야 하나.

박경귀 한국정책평가연구원장

"표퓰리즘의 폐해는 공동체를 생각하는 것이 아니라 대중에게만 영합하려고 하니까 문제가 된다. 지금 대의민주주의가 위기라는 해석이 나온다. 그렇다면 이를 살려내는 것이 해결책이다. 가령 (정치인들은 정책 입안에 앞서) 시·도별 토론 등을 통해서 정책을 알리고 피드백을 받아야 한다.

또 하나, 공화주의를 되살려야 한다. 민주공화국인 우리나라에 민주는 넘치고 공화는 축소돼 있다. 따라서 공화의 가치를 살려야 할 때이다. 이기심에 충동된 다수의 이익을 추구할 것이 아니라 공동체의 이익이 지향돼야 한다. 그러기 위해선 법이 존중받고 공동선이 추구돼야 한다.

정치인들은 정치흥행을 위해 언제나 표퓰리즘을 활용하게 마련이다. 지지세력을 모으기 위해 수혜 대상을 확대시킬수록 국민도 부담하는 계층에서 빠지고 혜택만 받으려고 하는 모순에 빠진다. 국민들이 이기심을 절제하고, 시민사회가 정치선동에 면역력을 가져야 표퓰리즘을 이겨낼 수 있다.

특히 균형추를 잡기 위해서는 각성된 시민과 언론, 건강한 시민단체의 역할이 매우 중요하다. 지금 복지가 시대정신이 된 것으로 보이지만 풀어가는 방식이 중요하다. 선거철을 앞두고 표만 생각하는 표퓰리즘은 국가의 재정과 정책을 망가뜨리고 결국 국민을 희생시키게 된다."

제3부

정부혁신의
동력,
성과관리

평가하지 않고 관리할 수 없다

▌ 성과관리 도입 배경과 취지

1980년대 이래 선진국을 위시한 세계 각국에서 추구하는 행정개혁의 주된 요점은 성과(performance)의 추구이다. 정부의 다양한 활동을 성과측정을 통해 평가하고, 이를 통하여 공공부문이 가지고 있는 제한된 물적·인적자원의 효율성을 극대화하려는 이러한 추세는 점점 심화되고 있다.

미국의 경우 공공부문, 특히 연방정부에 대한 국민들의 불신감을 해소하고, 신뢰를 회복하기 위한 노력의 결정체가 바로 1993년에 제정된 「정부성과 및 결과에 관한 법」(Government Performance and Results Act of 1993: 이하 GPRA)이다.

이 법의 기본적인 목적은 프로그램의 성과목표를 정하고 그 결과를 측정하는 체제를 구축함으로써 프로그램의 능률성(efficiency)과 효과성(effectiveness)을 제고하자는 것이다.

미국 연방정부가 GPRA를 시행한 목적은 연방정부 각 기관들이 그들의 임무를 명확히 하고, 현실적으로 실현가능한 목표를 세운 다음, 이러한 목표의 달성여부를 성과측정을 통해 확인하여 보고하게 함으로써 일하는 방식을 근본적으로 변화시키고자 하는 데 있다. 이러한 목적은 단지 미국뿐만 아니라 정부의 효율적인 관리를 추구하는 모든 선진 OECD

국가들이 기본적으로 지향하는 방향이다.

우리나라도 투입위주의 행정이 아닌 결과위주의 행정을 추구하기 위하여 다양한 노력을 전개하고 있다. 이러한 노력의 일환으로 1999년 당시 기획예산위원회의 주도 하에 성과주의 예산제도의 도입을 추진하기 위한 계획을 GPRA를 벤치마킹하여 마련하였다. 정부부문 업무의 특수성을 고려하여 객관적 평가지표의 작성이 비교적 용이한 기관을 선정하여 시범사업의 실시를 통해 단계적으로 도입했다.

1999년 3월에 시달된 2000년도 예산편성지침에 성과주의 예산제도의 도입을 위한 시범사업 추진방침을 명시하여 각 중앙부처에서 추천한 기관 중 16개 시범사업기관을 선정하여 추진하였다. 2003년에는 성과관리제도 추진방침을 결정하고 선 시행 22개 부처를 선정하여 주요 재정사업 중 30%사업에 대한 성과목표 및 성과지표를 개발한 바 있다.

참여정부 출범과 함께 4대 재정개혁과제 중 하나로 성과관리제도를 본격적으로 연계하여 추진되었다. 예산 총액배분 자율편성 제도의 시행에 따라 예산편성에 대한 부처의 자율권 확대에 상응하여 주요 국가재정사업의 성과평가를 강화하고 각 부처의 책임성을 제고하려는 것이 성과관리제도 도입의 취지이다.

OECD국가 등 다수의 선진국들은 투입위주에서 성과중심으로 재정운영 방향을 이미 전환하고 있으며, 미국, 영국, 스웨덴, 네덜란드, 호주, 뉴질랜드 등 다수의 국가에서 성과중심의 재정운용을 시행중이다.

이러한 성과중심의 재정운용 방식을 우리 실정에 적합하게 도입하는 것은 시대적 요청이며, 이러한 세계적 흐름 속에 국내에서도 성과관리제도는 재정개혁을 위한 주요과제로 추진되고 있다.

국가재정운용계획, 분야별 사전배분방식의 추진으로 예산편성의 자율권을 확대하는 동시에 성과중심의 재정운영 시스템을 정착시켜 각 부처의 책임성을 제고하기 위해 추진되고 있는 성과관리제도는 앞으로 재정운영상 필수적인 과정으로 정착될 전망이다

▌성과관리제도의 개념과 추진체계

성과관리제도는 재정사업과 핵심 업무의 성과목표와 성과지표를 설정하고 지표에 의한 성과평가결과를 재정운용에 반영하는 제도이다.

구체적으로 일정 재정사업(또는 사업群)을 통해 달성하고자 하는 성과목표를 설정하고, 성과목표의 달성여부를 측정할 수 있는 계량화된 성과지표를 개발하여 성과목표와 사업시행 결과를 지표에 의해 비교 평가하여 그 결과를 재정운용에 환류하며, 이러한 선순환 과정을 통해 재정의 효과성과 투명성을 제고하여 투입위주에서 성과중심으로 재정운용방식을 전환시키는 제도라고 볼 수 있다.

성과관리제도의 시행에 따라 각 부처는 부처 주관 하에 성과목표·지표 개발 및 성과 계획서·보고서 등을 작성하고 예산요구 시 이를 기획재정부에 제출하며, 기획재정부는 이에 대한 추진상황 점검, 부처협의 및 종합, 재정에 환류 등 제도운영을 총괄하게 된다.

성과관리제도 적용 대상범위를 주요 재정사업(예산+기금)으로 한정한다. 따라서 재정을 수반하지 않는 순수 정책업무와 성과관리의 실효성이 낮은 인건비, 기본사업비, 일반행정 사업비와 같은 재정사업 성과관리대상에서 제외된다.

성과관리체계는 「전략목표-성과목표-성과지표-단위사업」의 구조로 이루어진다. 성과목표는 부서의 임무를 고려하되 재정(예산+기금)사업을 동

일한 지표에 의해 평가가 가능한 범위로 통합 또는 분리하여 설정한다. 다만 성과목표에 따라 여러 개의 예산상 회계, 기금 사업이 동시에 포함되는 경우도 있을 수 있다.

▎외국의 성과관리

선진국에서는 세계화와 신자유주의 등의 물결 하에 행정영역의 축소, 정책결정과 집행의 분리, 경쟁과 성과원리의 도입 등의 새로운 패러다임에 맞춰 공공부문의 변화를 추구하고 있다. 즉, 작지만 효율적으로 국민에게 봉사하는 정부를 만드는 것이다. 따라서 각 국의 정부는 주요 핵심 역량 위주로 정부조직과 인력을 정비하고 경쟁과 성과중심의 운영체계를 구축하였다.

이를 통하여 공공부문의 의식과 문화를 혁신하고, 국민에게 보다 질 높은 행정서비스를 제공하기 위하여 노력하고 있다. 대표적인 나라로 미국, 영국, 호주, 뉴질랜드 등이 있다.

미국은 1993년 정부성과관리법인 GPRA (Government Performance and Results Act: Results Act)를 제정하여 성과주의 예산제도를 도입함으로써 정부 결정 수립과 책임성의 기준을 정부가 행한 활동에 초점을 맞추던 것에서부터 활동의 결과에 초점을 맞추는 것으로 방향을 바꾸었다. 2001년 4월부터 미국정부는 자원 중심의 재정 관리 시스템(Resource-Based Financial Management System)을 도입하여 운영하고 있다.

부시 정부가 들어서면서 도입한 2001년 President's Performance Management Agenda는 크게 다섯 가지의 안, 즉 '전략적 인력 관리, 경쟁력 있는 자원 관리, 재정의 개선, 전자정부의 확대, 예산과 성과의 통합'을 제시하고 있다.

이 중 하나인 '예산과 성과의 통합(The Budget and Performance Integration)'의 논리는 좋은 성과를 내는 프로그램은 지속되어야 하는 반면 성과가 좋지 못한 프로그램은 수정되거나 중단되어야 한다는 것으로 성과관리를 예산운영과 연계시키려고 하는 것이다. 즉 결과 (outcome) 중심의 목표를 설정하며, 이러한 실질적인 결과에 기초하여 명확한 목표를 설정하고 이를 달성하게 하도록 하기 위한 것이다.

영국의 경우 1980년대 이후 공공분야에서 결과에 초점을 둔 관리 시스템(Results Focused Management in the Public Sector)에 대한 관심과 비중이 점점 높아져 왔다.

이러한 변화의 단계를 보면, 첫 번째, 공공 기관 지출의 효율성 증가, 두 번째 공공 재정 투입에 있어 공공 지출에 대한 통제라는 관점에서의 관리, 세 번째로 공공 서비스 분야에서 높은 질의 성과를 지원함으로써 재정 사업의 가치를 검증하는 방향으로 초점을 맞추고 있다. 즉 재정의 투입(Inputs)면에 대한 관리와 평가중심에서 산출물/결과(Outcomes)를 중심으로 하는 방향으로 나가고 있다.

이런 배경에서 영국은 1998년부터 성과관리제도를 도입하여 3년 단위의 성과계획서와 1년 단위의 성과보고서를 작성하게 하고 있다. 1999년 10월 '공무원 개혁 프로그램(Civil Service Reform: 정부부서의 대표자간 미팅 보고서)'에서는 성과관리의 주요 안건을 네 가지로 분류하고 2002년까지 모든 공공기관에게 자체의 성과관리 시스템 점검을 마치도록 했다.

성과관리에 있어 네 가지 중요사항은, 첫째, 효율적인 사업정책과 시행 관리 방법 및 계획 수립, 둘째, 현재의 인력 관리 시스템과 관련 현대적인 공무원 육성을 이루기 위한 인력 관리 방법, 셋째, 성과중심의 보상

방법, 마지막으로 리더십과 경영능력 개선 방법 등이다.

호주에서도 공공기관의 성과를 어떻게 측정하고, 보상하고, 개선하느냐 하는 문제가 오랫동안 논의의 초점이 되어왔다. 1986년 당시 성과를 향상시키기 위한 목적으로 기관의 산출물과 책임성을 기준으로 한 관리에 초점을 두었고, 이는 성과관리에 대한 새로운 관심에 부응하여 그 후 발전을 계속하게 되었다.

1990년대에는 이러한 성과관리 계획이 보다 구체화되기 시작하였다. 1995년부터 성과목표와 성과지표를 개발하며, 1998년부터 성과계획서와 성과보고서를 작성·보고 하도록 하여 예산배분에 반영하고 있다.

1996년 The Worldplace Relations Act, 1997년 The Financial Management and Accountability Act와 The Commonwealth Authorities and Companies Act, 그리고 1999년 Public Service Act 등 네 개의 법령의 제정을 통하여 조직의 목표 성취와 효율성에 초점을 맞춘 법적 기틀을 마련하였다.

1990년대 초 처음으로 제안된 고위관료 서비스를 위한 성과급제(Performance Pay) 모든 기관에 대해 일률적인 맞춤서비스 형식의 접근 방식을 채택했던 것에 비해, 이 네 개의 법령은 정부 부처로 하여금 기관 고유의 요구사항에 맞춘 성과관리를 가능하게 했고, 계획수립과 성과관리 향상의 틀을 통합하는 역할을 하였다.

특히 1999년 Public Service Act 법령에 의해 각 기관의 대표들로 구성된 관리자문위원회(The Management Advisory Committee: MAC)를 발족하였다. 이 위원회에서는 '호주의 공공기관에서의 성과관리 (The Australian Performance Management in the Australian Public Service)'라는 명칭의 공공기관의 성과관리 사례를 종합하여 시사점을 도출하는 프로젝트를 수행하는 등 공공기관의 성과관리제도의 정착을 위해 활발히 운영하고 있다.

미국, 영국, 호주와 같이 뉴질랜드 정부도 성과 중심의 정부(Results Driven Government)를 지향하여 정부운영의 초점을 결과의 성취여부에 맞추고 있다. 이에 따라 뉴질랜드 정부는 기관 간 협동 도구인 The Pathfinder Project를 통해 성과 측정, 경영의 도구 및 틀 개발과 정부기관의 성과를 개선하는 중요한 경영 방법을 검증하고 있다.

성과달성의 측정 척도가 중요하다

성과지표의 개념과 유형

성과지표(performance indicator)란 조직의 임무, 전략목표, 성과목표의 달성여부를 측정하는 척도로서 성과를 측정할 수 있도록 계량적 혹은 질적으로 나타낸 것을 말한다. 성과지표에 의해 객관적이고 정확하게 성과의 달성수준을 측정할 수 없는 경우에는 성과관리의 목적을 달성할 수 없기 때문에 성과지표는 성과관리의 가장 중요한 요소가 된다.

성과지표(performance indicator)의 유형에는 지표의 속성을 기준으로 볼 때 투입지표, 과정지표, 산출지표, 결과지표로 나누어진다. 정치를 당해 주에 사는 로마시민에게 맡김으로써 그들의 정치참여 욕구를 만족시킬 수 있게 되었다.

투입 (input) **지표**	투입지표는 예산집행과 사업추진 과정상의 문제점을 발견하는 것이 목적이다. 필요한 재원 및 인력이 계획대로 집행되었는지 평가하는 지표로 예산집행률, 사업계획에 따른 인력, 재원 및 물자의 지원 여부, 사업의 최종산출을 위한 중간투입물의 목표달성에 대한 평가를 하게 된다.

과정 (Activity/ Process) **지표**	과정지표는 사업추진의 중간점검이 목적이다. 사업추진을 단계적으로 나누어, 각 단계의 목표달성 여부를 평가하게 되며, 사업의 최종산출을 회계연도말까지 얻을 수 없는 경우, 사업의 최종완료까지 사업의 효과가 나타나지 않는 경우에 사용하게 된다.
산출 (output) **지표**	산출지표는 예산 및 인력 등의 투입에 비례하여 목표한 최종산출이 이루어졌는가를 평가하는 것이 목적이다. 따라서 사업이 목표한 최종산출을 달성했는지를 평가하게 되며 최종산출물은 사업의 궁극적인 목표를 달성하기 위한 수단이 된다.
결과 (outcome) **지표**	결과지표는 사업의 시행을 통하여 달성하고자 하는 최종효과를 측정하기 위한 지표로 사업의 최종산출을 통해서 궁극적으로 얻으려는 성과의 달성여부에 대한 평가하게 된다. 물질적인 산출이 없는 사업의 경우, 사업의 결과와 산출이 동일한 경우가 많다.

성과지표의 BSC 유형

BSC(Balanced Score Card)에 의한 성과지표 도출은 4가지 관점에서 균형 있게 도출된다.

고객 관점	BSC에서 고객의 의미는 크게 순수한 소비자로서의 고객뿐만 아니라 조직의 성격과 부문에 따라 국민, 이해관계자로서의 관계기관과 관련부처, 직접 생업에 관련된 종사자들, 그리고 내부 고객인 조직원 모두를 포함 할 수 있다. 현대 사회에서는 문화와 경제 환경이 바뀌듯이 고객의 욕구도 바뀌며 그 속도 또한 빠르게 변하고 있다. 이러한 변화에 대응하기 위하여 조직은 고객과의 긴밀한 관계를 형성하며 고객 중심의 전략목표를 수립하여야 한다.

재무 관점	재무관점이란 주요 이해 관계자들에게 재무적인 지표를 통해 조직의 성과를 보여 주기 위한 것을 말한다. 기업의 BSC에서 설정하는 핵심성과지표와 핵심성공요인들은 인과 관계에 의하여 재무적 성과로 이어지게 된다. 따라서 기업의 성과지표의 최종 결과는 언제나 재무제표에 영향을 미치도록 설계된다. 그러나 공공부문의 전략목표는 고객만족으로 연결되어야 하기 때문에 전략목표가 되는 최종 후행 지표는 고객관점의 지표들로서 개발되어야 할 것이다.
내부 프로세스 관점	잘 훈련되고 역량이 높은 조직원들로 구성된 훌륭한 내부 프로세스는 고객서비스의 품질을 높이고 고객만족도를 높일 수 있다. 조직의 핵심 프로세스와 핵심 역량을 규명하는 과정 내에서 제 규정과 서비스가 고객들의 기대와 욕구를 충족시키기 위해, 이와 관련된 프로세스가 효율적으로 운영되도록 하기 위해서는 무엇을 해야 하는지를 구체화하는 과정이라고 할 수 있다.
학습과 성장 관점	학습하는 조직은 성장한다. 따라서 "우리 조직은 지속적으로 가치를 개선하고 창출할 수 있는가?"에 대한 답을 할 수 있어야 한다. 프로세스에 대한 지속적인 개선 노력과 혁신적인 제도의 개발 능력은 그 조직의 가치 창출 능력과 직결된다.

성과평가, 어떻게 활용할 것인가

▌ 성과평가의 의미와 과정

조직의 전략목표, 성과목표 및 성과를 측정할 지표가 결정된 후에는 구체적으로 성과측정 및 성과평가가 이루어진다. 성과측정(performance measurement)이란 목표를 달성하기 위해 행해지는 활동과 그 결과를 계속적으로 점검하는 것이다.

즉 성과측정은 설정된 목표의 달성을 위해 수행되는 활동과 그 결과를 지속적으로 모니터링하며 이를 보고하는 것이다. 사업부서나 해당 주관부서에 의해 수행되며, 측정 가능한 기준을 바탕으로 사업활동에 대한 목표달성 여부에 초점을 두고 있다.

성과측정은 생산과정 또는 자원배분 단계에서 소비된 자원의 양과 산출량과의 관계를 나타내는 효율성, 달성된 목표의 정도를 의미하는 효과성을 기준으로 수행된다. 공공부문의 성과를 측정할 때에는 두 가지 모두 중요하지만 효율성보다는 효과성을 측정하는 것이 더 바람직하다.

성과측정의 과정과 결과를 통해 사업 우선순위의 결정, 자원배분 등 자원의 효과적이고 효율적인 이용을 도모하고 경영관리자의 업무능력을 향상시킨다. 또 정부 업무의 수행성과를 체계적으로 국민에게 전달함으로써 재정지출의 투명성을 제고할 수 있다.

성과평가(performance evaluation)란 조직단위 또는 사업활동별로 달성한 성과가 전체 또는 단위조직별로 부여된 미션, 목표와 비교하여 조직과 사업활동의 효과성, 능률성, 대응성, 적시성 등이 어떠하였는가를 평가하는 과정이다. 계량적인 요소와 질적인 요소에 의해 평가된다.

이러한 성과평가를 통하여 책임성을 강화하고 동기를 부여하는 등 성과평가의 목적을 달성하기 위해서는 성과평가과정에서 서비스의 목적과 그 목적달성을 위한 부서별 혹은 개인별 목표 정의, 목표를 달성하기 위한 조직별·개인별 활동을 규명해야 한다. 또 투입되는 노력(재원) 수준이나 활동의 영향의 규명, 실적률(performance ratio)의 창출, 실적자료를 수집, 개인과 프로그램의 실적을 평가하기 위한 다양한 평가방법이 활용되어야 한다.

성과평가의 목적은 다양하게 제시되고 있다. 일반적으로 성과평가를 통해서 나타난 정보를 통해 조직 관리자의 의사결정을 개선할 수 있고, 고객과 지역사회·국민에 대한 책임성을 제고할 수 있다.

또한 조직의 재정투입에 대한 결과를 파악함으로써 예산절감 및 재정의 합리적 배분이 가능해진다. 나아가 성과평가 결과를 통해 조직구성원들의 상벌기준으로 활용함으로써 인사와 조직혁신에 기여한다. 또 매년 성과평가 결과를 토대로 문제점을 보완·수정함으로서 서비스의 질을 향상시키는 등의 목적이 있다.

성과평가를 위한 모형은 크게 과정평가, 결과평가, 영향평가, 비용편익평가 등으로 나누어 볼 수 있다.

과정평가(process or implementation evaluation)는 사업이 의도되어진 대로 진행되고 있는가를 평가하는 것이다. 특히 사업계획과의 일치여부 혹은 법률적 관계와의 순응여부, 고객의 기대와의 일치여부를 평가하는데 사용되고 있다.

결과평가(outcome or output evaluation)는 사업이 기대목적과 달성된 목적이 일치하는 지를 평가하는 것이다. 이는 의도하지 않았던 결과를 포함하여 결과(outcome)와 산출(output) 등을 측정함으로써 사업의 효과성을 평가할 뿐만 아니라 결과가 달성되어지는 과정까지 평가한다.

영향평가(impact evaluation)는 결과평가의 한 유형으로서 사업의 결과를 이 사업이 없었을 경우와 비교함으로써 사업의 순효과를 평가한다.

비용편익평가는 사업의 산출, 결과 또는 편익사업을 위하여 지출된 재원과 비교하는 것이다. 이는 다시 비용효과분석(cost-effectiveness analysis)과 비용편익분석(cost-benefit analysis)으로 나눌 수 있다.

▎성과평가 결과 활용의 유의점

성과를 측정하는 가장 기본적인 이유는 조직의 성과를 개선하고 책임성을 담보하는데 있다. 성과목적의 초점이 중요한 이유는 이들을 어디에 두느냐에 따라 성과평가제도의 운영과 결과활용의 양식이 달라지기 때문이다. 예를 들어 성과평가의 목적을 구성원에 대한 상벌체계와 연결시키는 조직은 인사시스템과 성과시스템의 연결이 성과관리의 관건인 반면에, 비용절감과 연결하는 조직은 재무시스템과 성과시스템의 연결이 관건이 될 것이다.

성과평가의 목적과 결과 활용상의 유의점을 기능성, 책임성, 유인성, 연계성 등의 측면에서 살펴보면 다음과 같다.

첫째, 평가제도는 기능성(functionality)을 갖추어야 한다. 즉 성과평가의 목적의 설정과 결과의 활용에 있어 다양한 목적과 활용방식이 있겠지만 결국 성과측정 결과는 성과관리를 위한 정보나 도구로 사용되어야 함을 의미한다. 평가제도의 기능성이란 평가결과가 얼마나 현실적으로 실질적인 업무관리를 위한 유용한 도구로 사용되었는가를 의미한다.

성과측정의 결과는 성과향상을 위한 기획, 인사, 예산과 유기적으로 연계되어야 한다. 성과관리는 성과측정 정보를 활용하여 실제 성과향상을 위한 노력이 기울여지는 것을 의미한다. 그러나 이와 같은 기능성을 지나치게 강조하는 경우 결과활용이 성과관리의 본질적인 목적을 훼손하는 역효과를 가져올 수 있다는 점을 주의해야 한다.

둘째, 성과평가는 책임성(accountability)을 담보하기 위한 도구이다. 책임성은 민주성, 효율성, 효과성 등과 더불어 중요한 가치 중의 하나이다. 그러나 성과관리를 단순히 책임성을 담보하기 위한 제도로만 이해하는 것은 문제를 유발할 수 있다. 성과제도 운영과정에서 구성원에게 전적으로 성과에 대해서 책임을 지우려는 경향이 존재하는데, 이는 역효과를 가져 올 수 있다. 예를 들어 업무가 고객지향성을 보이는 경우 구성원의 통제력에는 한계가 있다. 이와 같은 점에서 볼 때 성과관리의 활용에 있어 책임성과 성과확보 간에 균형을 이루어야 한다.

셋째, 성과평가는 구성원들의 자발적인 참여가 이루어질 수 있도록 적절한 유인성을 지녀야 한다. 성과관리는 사람에 의해서 운영된다는 점에서 성과관리에 있어 이들의 동의를 얻거나, 동기를 유발하는 작업이 필요하다. 구성원들의 몰입이 없는 성과목표의 설정은 성과측정에 있어 의도하지 않은 역효과를 가져올 수 있다. 따라서 성과목표의 설정에 있어서 구성원들의 적절한 참여와 성과결과의 정도에 따른 적절한 보상체계가 설계되어야 한다.

넷째, 성과평가의 활용이라는 점에서 볼 때 성과평가제도는 다른 제도와 유기적으로 연계되어야 한다. 이와 같은 제도 간 연계의 강화를 통해 평가결과의 활용범위를 넓힐 수 있다. 성과관리를 위해서는 계획, 성과, 예산이라는 3요소를 연결시키는 노력이 필요하지만, 성과계획과 예산과정을 연결시키는데 있어 기술적 차원에 많은 어려움이 존재한다.

그러나 성과평가제도와 계획, 예산, 인사, 조직관리 등 다양한 제도간의 연계를 강화하려는 시도는 평가결과의 활용범위를 넓혀 줄 수 있을 것이다.

종합적으로 정의하자면 성과평가의 목적과 결과활용의 발전을 위해서는 성과평가 이후에 평가결과를 실제 관리에 있어서 활용하는 기능성이 강화되어야 한다. 기능성의 강화를 위해서 평가결과를 시책수립을 위한 정보로 제공하고, 시책의 개선을 위한 환류작용을 강화하고, 평가결과를 예산 등 자원배분의 기준으로 활용한다. 또 유인체계의 기준으로 활용하고, 효과성과 효율성 확보를 위한 수단으로서 역할을 강화하는 등의 조치가 이루어져야 한다.

또한 성과평가의 목적과 결과활용의 방식에서 이들 제도를 단순히 구성원에게 책임을 묻기 위한 도구로 사용하는 책임성 위주의 운영에서 탈피해야 한다. 또 성과평가와 보상체계 사이를 유기적으로 연계시키는 유인체계의 개선작업이 이루어져야 하며, 결과활용을 위해서 관련된 제도와 연계성이 강화되어야 한다.

성과관리 장애요인 이렇게 극복하라

국정관리의 최고 화두는 단연 성과관리이다. 2006년부터 연두업무보고 방식이 성과평가 방식으로 바뀜에 따라 각 부처 업무의 전반에 걸쳐 성과관리가 적용되게 되었다. 정부업무평가제도, 직무성과계약제도, 재정사업 성과관리제도, 기관 자체평가 등이 동시적으로 진행되면서 성과관리가 중요한 현안과제로 대두되고 있다. 이들 성과관리제도들의 공통적 주제는 투입(input) 중심에서 결과(outcome)지향의 정책 산출과 이를 위한 업무행태의 변화를 요구하고 있다는 점이다. 선진국에 비해 때늦은 감이 있지만, 성과관리에 대한 아젠다 자체가 정부 정책의 큰 비중으로 떠오르고 있다는 점에서는 고무적인 일이다.

그러나 성과관리라는 새로운 제도의 도입·시행에는 많은 장애요인들이 있다. 특히 성과측정이 어려운 정부부문에서의 성과주의 개혁에 대해서는 아직 회의적 시각이 많은 것이 사실이다. 이와 관련하여 제기되고 있는 핵심적인 장애요인을 설명하고 이를 극복할 수 있는 대응 방안을 제시하고자 한다.

첫째, 제도 변화에 대한 부적응이다. 성과지향의 조직운영의 큰 흐름이 정부혁신의 대세를 이루고는 있지만 아직까지 많은 내부 구성원들에게는 낯설기만 하다.

따라서 제반 정부 성과관리제도에 대한 내부 학습을 강화해서 제도

운용의 능력을 배양하는 것이 시급하다. 특히 조직의 성과목표의 설정과 측정은 정부고유의 업무이므로 외부 전문가에 지나치게 의존하지 않고 궁극적으로는 내부조직원에 의해 수행될 수 있도록 단계적인 전문성의 축적이 요구된다. 이와 함께 성과관리제도 도입에 대한 직원들의 거부감을 완화하고 능동적으로 제도 시행에 임할 수 있는 분위기를 조성하는 것이 중요하다.

아울러 성과관리 적용 범위의 단계적 설정이 필요하다. 즉 성과측정에 있어서 도입 초기에는 과 또는 팀 단위까지만 적용하고 어느 정도 제도에 대한 친숙감이 형성되는 정착기에 들어서면서부터 개인 단위로 점진적으로 확대해 나가야 할 것이다. 공공조직의 성과는 개개인별로 분명하게 구분하기 어렵고 조직 구성원의 협동적 업무 수행의 결과로 이루어지는 측면이 많기 때문에 개인단위까지 무리하게 성과지표를 할당하다보면 성과목표 및 성과지표가 형식화될 우려가 있기 때문이다. 과장과 서기관까지 적용하는 직무성과계약제도가 점진적 연습이 될 수 있다. 이와 연계하여 비계약 형태로 팀(계)까지 적용해 보는 것은 바람직하다.

둘째, 성과관리제도가 중복되고 법적 기반도 미약하다. 현재 성과관리는 정부혁신의 필수과제로 추진하고 있다. 그러나 성과관리 제도가 여러 주관부처에 의해 너무나 다양하게 형태로 전개되고 있다. 따라서 성과관리체계를 공고히 구축하기 위해서는 무엇보다도 단일의 제도화가 필요하다.

미국의 GPRA와 같이 단일의 성과관리 법제 하에 여러 성과관리 제도들을 통합적으로 운용할 수 있도록 해야 한다. 따라서 제반 성과관리제도들을 통합적으로 대체할 수 있도록 평가부문과 평가방식을 재설계할 필요가 있다고 생각한다.

셋째, 성과지표의 불완전성이다. 여러 성과관리제도들을 시행하기 위해 공통적으로 필요한 부분이 객관적이고 과학적인 성과지표의 개발이다. 그러나 정부부처의 성과목표와 성과지표를 과학적이고 합리적으로 설정하는 것은 매우 어렵다. 성과목표 자체가 민간기업과 달리 공공서비스의 특성상 가치지향적인 정책을 담고 있기 때문에 이의 결과로 나타나는 정책수혜가 의도된 정책대상자에게 과연 얼마나 효율적·효과적으로 구현되었는지를 정확히 측정해 낸다는 것은 쉽지 않다.

나아가 전략목표와 성과목표, 성과지표 간의 인과관계를 설득력 있게 제시하는 것도 난해하다. 그러다 보니 성과목표와 성과지표의 도출과 성과지표 간의 가중치 부여, 목표 간의 계층화 등에 있어 전문가와 실무진의 의견과 합의에 따른 연역적 사고에 기초하고 있다. 이로 인해 임의적 설정의 문제가 일정한 한계로 제기될 수 있다. 따라서 성과목표와 성과지표는 완결된 것으로 보기보다 지속적으로 검증하고 수정·갱신해 나갈 수 있어야 한다.

이를 위해 매년 성과목표와 성과지표의 검증과정이 필요하다. 다만 주요 정책목표와 성과지표에 대해서는 일관성을 유지할 필요가 있다. 다만 몇 년간의 시계열적인 분석을 통해 그 효과성 및 타당성을 검증해 나가는 것이 바람직하다. 아울러 성과목표와 성과지표에 대한 연구자와 실무진의 주관성 완화를 위해 전문가나 지표 사용자들의 회의방식이나 델파이 방식을 활용하는 것도 좋다. 또는 국민의식조사에 의하여 선택의 객관성을 어느 정도 확보할 수도 있을 것이다.

넷째, 성과지표는 공무원의 적응·우회를 통한 역기능을 초래할 소지가 있다. 성과지표의 성격에 따라 관련 담당 공무원이 투입시간, 생산요소, 서비스의 질, 민간의 행정협력 부담 때문에 성과목표치 등을 자신에게 유리하게 조절할 수 있기 때문이다. 심지어는 성과정보 자체를 왜곡하거나 역(逆)의 목표전도(inverse goal displacement)가 나타날 가능성도 있다. 이러한 현상은 성과관리 제도 도입 초기에 성과달성치에 대한 회의적 전망과 두려움으로 인해 일시적으로 자기방어적 행태가 나타날 소지가 있는 것이다.

이러한 부정적 적응 양태를 극복하기 위해서는 다각적인 노력이 필요하다. 첫째, 성과관리제도 운영의 객관성·엄정성에 대한 행동규범을 지속적으로 교육해야 한다. 둘째, 성과지표의 설정과정에 다양한 이해관계자를 참여시킬 필요가 있다. 이는 성과지표가 내부 구성원들만의 시각에서 도출되는 편협성을 극복하기 위해서이다. 셋째, 측정결과를 외부 전문가가 확인·검증할 수 있도록 하여 달성실적에 대한 자의성을 줄여야한다. 넷째, 성과지표를 설정할 때 성과검증 방법과 관련 성과지표의 실적치를 산출하기 위해 수집할 통계 데이터를 명확히 정의할 필요가 있다. 다섯째, 측정에서 제외된 업무는 소홀히 다루고 성과가 두드러질 분야에 치중하는 유인을 줄이기 위해서 성과지표의 충분성(핵심적인 성과를 포괄하는 대표성)을 지속적으로 높여나가야 한다.

▎성과지향적 행정문화의 조성

성과관리제도의 제반 장애요인을 극복하고 성공적으로 정착시키기 위해서는 우선 조직내부에 성과지향적 행정문화의 형성이 전제되어야 한다. 그동안 정부활동에 대한 체계적인 평가가 제대로 이루어지지 않았던 상황에서 성과지향의 정책 운영에 대한 내부의 인식과 의지가 결여되면 애써 개발된 성과목표 및 성과지표가 형식적으로 이용될 소지가 크기 때문이다.

다시 말해 겉으로는 성과관리제도의 절차와 방법을 도입·시행하지만 내용적으로 기존의 관행에 따라 정책 추진 진도 파악 정도의 단순화된 목표관리 형태로 형식화될 우려가 있기 때문이다.

따라서 성과관리제도가 정부의 방침에 의해 도입되기 때문에 마지못해 수용하는 것보다는 조직의 비전과 목표달성을 위한 도구로 능동적으로 활용하는 자세가 필요하다. 이러한 행태가 조직문화로 정착되게 하기 위해서는 제도의 필요성에 대한 조직 구성원의 공감대를 확산시키기 위한 워크숍, 자체직장교육, 세미나 등을 통한 성과관리에 대한 담론을 형성하고, 기관의 장과 간부진은 모든 조직 운영의 초점을 성과관리에 맞추어 나가는 관리전략을 펼쳐야 할 것이다.

여기에는 기관장의 철학과 의지가 뒷받침되어야만 한다. 특히 기관장과 간부진이 주기적으로 성과목표의 달성 정도를 체크해야 한다. 나아가 미진한 분야에 대한 즉각적인 행동대안의 발굴과 조직적 대응과 지원체제를 만들어 나갈 때 조직원들의 성과관리에 대한 관심을 제고하고 조직 전반에 성과지향적 문화를 형성해 나갈 수 있을 것이다.

이를 체계적으로 구현하기 위해 성과향상 미팅(PSM: Performance Shift Meeting)을 주기적으로 개최할 필요가 있다. PS미팅은 일정한 조직구성원들이 일상 업무를 떠나 모든 업무활동과 차단된 외부 장소에서 정해진 성과향상 과제에 대해 문제를 발의하고 원인을 분석하는 미팅을 수시로 한 후, 관련 의사결정권자에게 해결지원을 요청하고 성과향상계획을 수립, 이를 구현해 나가는 시스템이다.

PS미팅은 성과달성의 장애요인을 분석하고 해결방안을 수립하는 구체적인 과정이다. 즉 과 또는 팀 단위의 성과평가에서 현저하게 성과가 미달하는 단위조직의 경우 단위조직원들이 모여 성과달성에 대한 장애요인을 분석하고 차기 계획에 반영할 수 있는 해결방안과 프로세스를 수립하기 위한 실무적이고 초점이 명확한 회의이다. 이 과정을 통해 단위부서의 성과달성을 위해 상호 공감대를 형성하게 된다. 또 해결방안에 대한 중지를 모아나간다는 차원에서 성과향상을 위한 중요한 행정문화를 형성하는 제도로 기능할 수 있다. 이러한 토대를 쌓아갈 때 성과관리의 장애요인은 극복해 나갈 수 있을 것이다.

국방기관도 성과평가 예외 없다

　정부업무평가기본법이 2006년 4월 1일부터 시행되면서 정부업무 성과관리가 법제화되었다. 이에 따라 중앙행정기관은 정부업무 자체평가를 통해 3년 주기의 성과관리 전략기획과 연도별 성과관리시행계획을 수립하고, 정책의 집행 및 모니터링과 성과평가를 실시하고 있다. 이 밖에 중앙부처 및 지방자치단체의 산하 공공기관, 투자·출연기관에 대해서 경영평가가 실시된다. 또 '책임운영기관의 설치·운영에 관한 법률'에 의거, "공공성을 유지하면서도 경쟁 원리에 따라 운영하는 것이 바람직하거나 전문성이 있어 성과관리를 강화할 필요가 있는" 업무를 수행하는 기관을 책임운영기관으로 지정 운영하고 있다.

　책임운영기관이 되면, 과거 공직자만 임용될 수 있었던 기관장을 공모를 통해 민간이 포함된 전문가를 영입할 수 있게 된다. 또한 행정 및 재정상의 자율성이 확대되어 탄력적인 기관 운영이 가능해져 경영성과를 획기적으로 증진할 수 있는 여건이 만들어진다. 행정자치부와 각 부처장관은 책임운영기관으로 지정한 기관들의 경영성과를 평가하고 환류하기 위해 매년 '책임운영기관 종합평가'라는 이름으로 경영평가를 실시하고 있다.

　국방부 역시 범정부적 성과관리 제도의 확산에 부응하여 2008년도부터 국방부 장관 직속의 25개 3군 합동부대 및 기관에 대해 국방부장관 훈령에 의거 '국방기관 업무평가'를 실시하고 있다. 또 '군 책임운영기관의 지정·운영에 관한 법률'에 의거 국방부 및 각군 산하 기관 중 민간 경영기법 및 경쟁의 원리를 도입하여 경영 혁신이 가능한 기관을 '군 책임운영기관'으로 지정하여 '종합평가'를 실시하고 있다. '국방기관 업무평가'나 '군 책임운영 기관 종합평가'는 명칭은 다르지만, 실질적인 '경영평가'라고 볼 수 있다. 이 평가제도는 각 기관으로 하여금 구체적인 사업 성과계획의 수립과 성과지표의 설정을 의무화하고 있다. 사후에 총체적인 사업운영 성과를 평가한다는 점에서 경영평가적 특성을 갖고 있다.

국방부는 2009년에 군 병원, 보급창, 인쇄창 등 5개 기관을 군 책임운영기관으로 지정한 이래 매년 대상기관을 확대하여 2012년에는 인쇄, 보급, 의료, 정비 등 4개 분야에 14개 기관을 책임운영기관으로 지정했다. 정비 분야 기관에는 육·해·공군의 특수무기, 함정, 항공기, 정보통신기기 등을 정비하는 6개의 정비부대가 포함되었다.

군 책임운영기관으로 지정되면 전년도의 경영성과를 다음 해에 종합적으로 평가하게 된다.

이에 따라 2013년에는 14개 기관의 2012년 경영성과를 종합평가하였다. 각 분야별 전공 교수, 국방관계 국책 연구원 등 12명의 평가위원이 참여했고 필자는 평가단장을 맡아 평가를 총괄했다.

과연 군부대도 경영평가가 가능할까? 평가를 한다면 무엇에 초점을 맞출 것인가? 경영평가가 기관 운영의 효율성과 효과성을 증진시키는데 도움이 되고 있는가? 사실 군부대가 경영성과를 평가받는다는 것 자체가 국방조직에게는 무척 낯선 일이었다. 따라서 제도 도입 초기에 기관 내외에서 과연 특수한 직무를 수행하는 군부대의 운영성과를 적절하게 평가할 수 있을지에 대해 의문이 제기되기도 했다.

하지만 면밀한 검토 결과 군 부대 고유의 특성이 존재하나, 동일분야 민간 기업과 유사한 기능을 수행하는 기관, 예컨대 인쇄창, 보급창, 병원, 정비창의 경우, 일정한 범위 내에서 기관운영의 성과평가가 가능하다는 공감대를 사전에 형성할 수 있었다.

국방기관의 변화와 경영성과

군 책임운영기관의 전년도 경영성과를 대상으로 2010년부터 종합평가가 시작된 이래 올해로 4번 실시되었다. 그동안의 제도 운영 결과 군 부대 역시 경영평가가 가능하다는 것이 입증되었다. 특히 책임운영기관 종합평가 이후 지정 이전보다 그 이후에 기관의 경영성과가 획기적으로 향상되었다는 점에서 오히려 더욱 확대되어야 할 필요성이 제기되었다. 다만 경영평가의 초점은 수익성을 중시하는 정부의 공공기관 경영평가와는 약간의 차이가 있다.

군 책임운영기관 종합평가는 조직 인사관리의 적절성, 재정·예산 관리의 건전성, 기관 운영의 효율성 제고를 위한 노력 등을 모든 기관에 대해 평가하는 '관리역량'평가 영역과, 기관별 고유 사업 중 핵심 사업에 대해 평가하는 '고유사업'평가 영역으로 나뉜다. 특히 평가체계 속에는 전시대비 업무 수행 역량 및 우발사태에 대한 대비 능력 제고를 위한 노력 등 군 부대의 고유한 특성을 반영한 평가지표도 당연히 포함된다.

군 책임운영기관들에 대한 경영평가의 실시는 여러 측면에서 군부대의 변화를 촉진시키고, 소기의 경영성과를 거두는데 기여하고 있다. 첫째 군부대에 경영혁신 마인드와 수요자 중심의 서비스 정신이 확산되고, 경영효율화 및 성과 창출을 위한 가시적인 노력들이 나타났다. 특히 성과

중심의 조직 체계와 사업계획 수립과 업무의 효율화를 위한 업무프로세스 개선이 이루어졌다. 또한 구성원 역량강화를 위해 교육 훈련이 대폭 강화되고, 관련 분야 자격증 취득자도 크게 증가했다. 특히 소속 직원들의 역량 향상이 신기술 특허 출원의 증가와 대외기관 인증 획득, 그리고 생산성 향상으로 이어졌다는 점이 고무적이다.

둘째, 군 책임운영기관들의 생산성이 획기적으로 높아졌다. 군 책임운영기관들은 대부분 전문 직종의 기술이 요구되는 직무를 상당히 많이 포함하고 있다. 인쇄, 의료 및 정비 분야 등이 특히 그렇다. 이에 따라 종합평가 이후 전문 기술 인력의 유입이 확대되고, 자체 전문 교육 강화를 통해 전반적인 생산성 증가가 두드러졌다.

국군인쇄창의 경우 2008년 2.03%에 이르던 인쇄오류율을 2012년에 0.9%로 대폭 낮추고 납기준수율은 85%에서 99.2%로 획기적으로 향상시켰다. 국군 A병원의 경우 급성기환자병상 점유율이 35.2%(2010년)에서 60.8%(2012년)로 확대하여 급성기환자 중심의 의료서비스체계로 체질을 변화시켰다. 나아가 내부 의료진의 기술 향상으로 외부 민간병원에 맡기는 위탁치료율을 4.6%에서 2.66%로 낮출 수 있었다. 또 복수의 병원이 책임운영기관으로 지정되자 각 병원의 환경여건과 역량을 특화하려는 노력도 나타났다. B병원이 재활특성화 병원으로 직무를 특성화하고 효율화한 것도 생산성을 높이는 계기가 되었다.

각 군의 보급창의 경우 린 6시그마, 품질분임조 활동 등을 통해 물류프로세스 개선하여 보급청구 처리기간을 단축시켰다. C보급창에서는 전투기 부품 등을 RFID(Radio Frequency Identification)로 관리함으로써 물품보급 및 재고 관리의 생산성을 높였다. 또한 육·해·공군의 정비창의 경우에도 헬기, 전차, 유도무기, 함정, 항공기 등의 정비기간과 구성품 정비기간을 대폭 단축시켰다. 이는 평시 국방자산 운용의 수준 제고는 물론 전시에 총체적인 전투력 강화에도 기여할 것으로 기대된다.

셋째, 기술개발과 예산절감 등을 통해 국방예산의 효율화가 촉진되고 있다. 종합평가를 계기로 각 기관이 경영효율화에 노력하면서 자연스럽게 인력의 전문화와 기술 개발이 촉진되었다.

자체 수리 및 정비기술의 개발을 통해 배정예산을 절감하는 것은 물론, 신기술 개발은 수입대체 효과로 국방예산소요를 절감시켰다. D정비창이 방공관제 레이더 항적전시기 등의 신기술 개발로 468억원의 수입대체효과를 거둔 게 대표적인 예이다.

▋ 국방기관 효율화를 위한 과제

국방기관들은 그동안 직무의 특수성이 강조되면서 성과관리의 예외 부문이었다. 하지만 책임운영기관으로 지정되고 종합평가가 실시되면서 가시적인 변화와 성과를 거두고 있다. 무엇보다도 큰 소득은 이제 국방기관도 민간경영기법을 접목한 경영혁신이 가능하다는 인식을 확실히 공유하게 된 점이다. 하지만 군 책임운영기관 제도가 아직 완벽하게 정착되었다고 보기는 어렵다. 지속적으로 발전시켜 나가야 할 사항이 많다.

우선 군 책임운영기관 제도 시행이후 인력이 감축되고 경영효율화의 가시적 성과를 올리고 있다. 하지만 성과에 상당하는 보상체계가 매우 미흡하여 지속적인 경영혁신의 동기를 부여하기 어려운 실정이다. 따라서 절감 예산의 일정액을 당해 기관이 다음 해에 사용할 수 있도록 하거나, 신기술 개발 등의 경우 민간기업에 준하는 특별성과급을 지급할 수 있는 제도의 마련이 요구된다.

아울러 책임운영기관의 인사 및 예산 운영권에 대한 자율성을 확대할 필요가 있다. 총정원 범위 내에서 전문 계약직 인력의 충원이 가능해야 하고, 승진 인사권한도 상급 부대에서 책임운영기관으로 대폭 이관할 필요가 있다. 예산편성 및 운영에서의 자율권도 확대해야 한다. 또한 경영기법의 습득 및 활용에 미숙한 군 조직 구성원을 대상으로 지속적으로 전문 경영교육 및 컨설팅을 지원하여 기관 스스로 경영효율화의 능동적인 주체가 될 수 있도록 국방부 차원의 지원이 요구된다. 특히 책임운영기관으로 신규 지정되는 기관에 대해서는 전문 경영컨설팅단을 파견하여 충분한 경영지도를 통해 군부대에서 경영체로의 원활환 전환이 이루어지도록 지원하여야 한다. 끝으로 군 책임운영기관의 경영혁신과 성과 창출을 지속적으로 뒷받침하기 위해서는 국방기관의 경영 효율화 등에 대한 정책학계 및 경영학계, 각 전문 분야별 학계의 학제적 연구가 촉진되어야 한다.

국방기관에 대한 학계의 관심과 연구 산출물이 풍성해질수록 국방기관의 경영 수준의 향상에 더 많은 기여를 할 수 있을 것으로 기대된다. 이를 위해 그동안 폐쇄적이었던 국방기관 경영정보의 공개를 확대하고 관련 연구자들에게 대한 연구비 지원 등 유인책의 도입이 필요함은 물론이다.[*]

....

[*] 박경귀, "국방기관 경영평가의 성과와 과제",
한국정책학회 The KAPS 제34호(2013.9), pp.61-65 일부 수정 재인용

공공기관
혁신,
공정이
먼저다

공정한 인사운영, 조직의 생명이다

▎최적의 인재 뽑는 게 공정한 인사다

어느 지방공기업의 경영평가를 하는 과정에서 특이한 상황을 파악했던 적이 있다. 그 기관에서는 한 해에 계약직으로 100명을 채용했는데, 70명이 그 해에 퇴직했다. 이런 경우 기본적인 채용관리 및 인사관리가 완전히 실패했다고 보아야 한다. 그 원인은 무엇일까?

어떤 자리에 사람을 채용할 때 최고의 역량을 갖춘 인재가 적합한 것일까? 적합한 사람이 최고의 인재일까? 사람을 채용할 때, 학력과 경력이 출중한 사람들이 많이 응모했다면 선발기관의 위신이야 올라가겠지만, 채용 후 자신의 역량에 비추어 주어진 직무와 근무조건, 장기적 비전이 보잘것없다면 곧바로 퇴사하게 될 것이다.

어떻게 뽑는 게 공정한 인사일까. 채용기관은 형식적 채용 절차를 준수하는 것 그 자체만 중요한 것이 아니다. 구직자들에게 채용될 자리의 성격과 처우, 근무조건, 비전에 대해 구체적인 설명을 충분히 해 주는 것이 필요하다. 특히 공공부문의 계약직의 경우 여러 가지 제약과 미흡한 처우에도 불구하고 안정적이고 괜찮은 공공의 일자리라는 막연한 환상도 있게 마련이기 때문이다.

대량 퇴직 사태가 났다면 지원자의 기대치를 충족시키지 못했다고 볼 수 있고, 채용기관이 줄 수 있는 조건에 대한 사전 설명이 미흡했던 게 원인일 수 있다. 사기업은 직원 한 사람 한 사람을 뽑을 때 주의와 정성을 다한다. 공공기관의 무성의한 채용관리는 응모자에게 좌절과 실망을 안겨주고 채용기관의 행정력 낭비와 내부 직원의 동요와 부정적 조직문화를 만드는 요인이 된다.

어떤 자리이든 역량이 지나치게 넘쳐서도 모자라서도 안 된다. 역량이 지나치게 넘치는 사람은 자신의 자리를 업신여길 것이고, 지나치게 모자라는 사람은 자신의 자리를 감당해 내지 못할 것이기 때문이다.

아무리 미천한 자리라고 하더라도 자신의 자리를 소중하게 생각하고 주어진 직무를 노력하면서 수행하면 해 나갈 수 있는 정도의 역량을 갖춘 사람을 뽑는 게 현명하고 서로에게 이득이 되는 일이다. 최고의 인재를 뽑지 말고 최적의 인재를 뽑아야 하는 이유이다. 최적의 인재를 뽑는 게 공정한 인사다.

┃ 공정인사 파괴하는 법 위의 노조

민간기업이든 공기업이든 건강한 노사관계는 조직의 경쟁력에 큰 영향을 미친다. 경영진과 노동조합이 갈등과 대립으로 서비스의 공급이 원활하지 못할 경우, 민간기업보다 공기업의 경우 그 피해가 고스란히 국민들에게 돌아간다는 점에서 더욱 그렇다. 기관의 혁신이 필요한 상황에서 노동조합이 이를 거부하거나 방해할 경우는 더욱 심각하다.

따라서 공기업은 원만한 노사관계를 유지하기 위해 다양한 복리후생 시책을 통해 근로조건의 개선과 의사소통에 노력하고 있다. 그런데 노동조합이 민주노총 소속이냐 한국노총 소속이냐에 따라 경영진과 노조의 관계에서 우호 정도에 차이가 있다. 민주노총 산하 노조의 경우 비민주적이고 탈법적인 사례가 더 많다는 게 문제다. 이 경우 기관장이 노조에 휘둘리기 일쑤다.

노조의 요구가 아무리 거세도 경영진이 반드시 고수해야 될 것이 있다. 고유의 경영권, 특히 인사권의 침해를 받아서는 안 된다. 특히 공정하고 객관적으로 운영되어야 할 인사위원회에 인사규정에 명시되지 아니한 노조 조합원이 위촉되어 인사위원회 운영에 영향을 미치고 있다면 심각한 문제이다. 인사위원회는 '직원의 채용, 승진, 징계에 관한 사항'과 인사에 관한 중요한 방침을 결정하는 의사결정기구이다.

따라서 상급기관 관계자, 당해 기관장과 상임이사 등의 당연직위원과, 인사, 법률, 회계 분야의 전문가 위촉 위원을 적정한 비율로 구성해서 객관적이고 공정하며 투명하게 운영하도록 권장하고 있다.

어느 공기업의 경우 인사위원회 위원 7명중 외부 위촉이 단 1명이었다. 이럴 경우 외부전문가의 견제와 조언의 역할이 미미할 수밖에 없다. 반면에 인사규정을 위반한 단체협약을 통해 노조원을 2명씩이나 인사위원으로 참여시켜 동료 조합원들의 비리에 대한 징계의결 회의를 좌지우지했다면 이를 어떻게 보아야 할까? 경영진이 공정한 인사권을 제대로 행사할 수 있었을까?

이에 대해 문제의 심각성을 기관장에게 엄중하게 고지하고 시정을 요구했다. 본인도 큰 잘못을 인정하고 후회하고 있노라고 말했고 시정 약속을 받았다. 노사협약이 법 위에 있어서는 안 된다. 잘못된 노사협약이 낳은 인사운영의 불공정 사례를 하나 소개한다.

공기업 경영평가를 하면서 인사운영의 적정성을 평가하다가 해괴한 사항을 발견했다. 민노총 산하 노조와 공기업 기관장과의 단체협약 내용중에 '징계위원회 회의록을 공기업, 노조, 징계당사자가 각각 1부씩 작성하여 보관한다'는 조항이 명기되어 있는 게 아닌가.

인사규정에 위배하여 징계위원에 노조 위원 2명을 선임하도록 규정하고 나아가 회의록까지 공동 작성토록 한 것이었다. 기가 막혔다. 노조에서 강력히 요구해서 어쩔 수 없었다는 것이다. 이는 완전한 인사권 침해로 어떠한 경우에도 용납될 수 없는 사항이다. 이를 지켜내지 못한 이 기관장은 리더의 자격이 없다.

징계위원회, 인사위원회의 회의록은 '심사, 결정과정을 기록한 것으로 공개 시에는 심사업무의 공정한 수행에 현저한 지장을 초래해 또 다른 공익이 침해될 수 있는 만큼 정보공개법에서 정한 비공개대상에 준하는 의사결정 과정의 정보로 봐야 한다'는 판례에 따라 비공개가 당연히 보장된다.

징계위원회의 회의록은 법원 판결의 증거자료로 요청될 경우에나 제출될 수 있는 사안이다. 당사자와 이를 대변하는 노조에 회의록을 넘겨주는 전제라면 어느 인사위원이 양심과 소신에 따른 발언을 할 수 있겠는가.

노조원의 징계위원 선임과 회의록 공개를 명기한 조항이 당장 원인무효임을 고지하고 시정을 요구했다. 기관장은 뒤늦게 후회하고 시정을 약속했다.

징계대상자의 알 권리에도 한계가 있다. 인사위원의 인권을 침해하면서 알 권리를 충족시킬 수는 없다. 비민주적, 불법적 행위를 단체협약으로 명기할 것을 요구하는 게 민주노조인가. 그런 노조나 이에 굴복하는 '권리 위에 잠자는' 기관장이나 한심하기는 마찬가지이다. 인사 운영이 공정성, 객관성을 잃으면 그 기관의 조직력은 와해되고 만다. 이런 기관이 국민들을 만족시키는 제대로 된 경영성과를 낼 수 있을지 의문이다.

▍공정인사 가로막는 '철밥통' 노조

우리 사회에 비정규직 문제가 화두이다. 문제의 핵심은 '동일노동 동일 임금의 원칙'이 적용되지 않아 임금차별이 심각하고 고용안정성이 취약하다는 점이다.

공공기관에도 비정규직이 상당히 많지만 민간기업의 동일직무 종사 비정규직의 문제와는 상당히 다른 경우가 많아 일률적인 정규직화 해법은 문제가 많다는 점에 유의해야 한다. 공공기관의 경우 민간위탁이나 직접고용을 통해 주로 경비, 청소, 안내, 전산보조, 주차관리 등 전문성이 낮은 직무에 비정규직을 활용하고 있다. 이런 직무에 정규직이 근무하지 않으므로 직무와 보상의 적정성에 대한 비교기준은 없다.

지나치게 낮은 임금이 문제이다. 허드렛일을 대개 민간위탁을 통해 하다 보니 민간업체가 비숙련자, 고령자 등을 저임금으로 고용하기 때문이다. 결국 공기업은 실질적인 수익창출에 의하기보다 민간위탁부문에서의 이런 낮은 인건비의 덕으로 수지균형을 맞추고 있는 형국이다.

문재인 정부 들어서 이런 비정규직에 대한 정규직화가 공공기관에서 대대적으로 확대되고 있다. 비정규직의 정규직 전환실적은 중요한 경영평가지표이다. 공공기관마다 신경을 쓰지 않을 수 없다. 그런데 공공기관은 총액인건비로 묶여있는 상황에서 직접 고용 비정규직의 정규직화는 전체 직원들의 임금동결 등의 조치가 뒤따라야 한다. 이런 압박이 비정규직 전환을 내심 반기지 않게 하는 요소이다. 또한 정규직화 이후 누적적인 인건비 상승으로 수익성이 악화하기 때문이다.

공공기관 비정규직을 정규직으로 전환하는 게 능사는 아니다. 비정규직 정규직화는 한편으론 '철밥통'(평생고용보장)의 확대를 의미한다. 사실 평생고용보장제도의 역효과를 제거하지 않는 가운데 비정규직의 정규직화는 조직의 경직화, 무사안일로 인한 활력 저하가 수반된다는 점을 잊어서는 안 된다. 하지만 국민들은 '철밥통'을 비난하면서 '철밥통'을 양산하려는 모순된 태도를 갖고 있다.

공공기관의 고용 유연성과 생산성을 높이려면 일정 근무연한 재직자의 임금피크제로 임금상승을 억제시키고 정규직의 비정규직화를 점진적으로 확대해 하위 비정규직의 정규직화 여력을 동시에 늘려나가야 한다.

공공부문부터 잠자는 정규직을 활기찬 비정규직으로 전환해 나가자. 장기근속 정규직의 정년은 보장하되 임금을 줄이면 더 많은 비정규직을 정규직화 할 수 있다. 발상의 전환이 필요한 때이다. 상생합시다.

▍견제와 균형에서 공정이 나온다

공공기관이 설립취지에 맞게 방만 경영을 억제하고 효과적으로 운영되려면 이사회의 역할이 매우 중요하다. 우리나라 공기업의 지배구조를 보면 합의제가 아니라 단독제이다. 이사회가 있지만 경영주체로서의 보완적 기능이 미흡하다. 우리나라의 대다수 행정기관처럼 공공기관의 지배구조가 독임제(獨任制)여서 이사회의 감시와 견제 역할이 미약할 수밖에 없다. 견제와 균형이 제도화되어 있지 않으면 공정한 경영이 담보되기 어렵다.

이사회는 경영목표의 설정, 공기업의 인사 등 제반 정관 및 규정의 개폐, 예산 편성과 결산의 승인, 장기차입 결정, 경영상 중요한 안건 심의 의결 등의 기능을 수행토록 되어 있다. 이 역할을 제대로 수행하려고 들면 적지 않은 권한을 행사할 수도 있다.

하지만 경영평가 시 이사회 운영이 얼마나 활성화 되고 있는지 회의록과 제반 운영관련 서류를 열람해 보면, 안건에 대해 심도 있는 의견 제시가 적고, 공공기관 집행부가 요청한 원안대로 가결되는 경우가 대부분이다. 문제는 이사들에게 미리 안건을 검토할 수 있도록 충분한 기일 전에 심의자료를 배부해야 되는데, 회의 개최일시를 촉박하게 통보만 하는 경우도 적지 않다.

이로 인해 관련분야 교수, 박사, 변호사, 회계사, 전문가로 구성된 비상임 사외이사는 경영정보를 제대로 파악하지 못해 깊이 있는 심의를 못하고, 거수기 역할에 그치는 게 아닌지 의혹을 받게 된다. 물론 사외이사에 대한 처우가 소액의 회의수당, 활동비로 미흡하다보니 이들의 시간과 정성의 투입을 이끌어내기 어려운 한계도 있다.

이사회 운영을 제대로 되려면, 규정상의 심의안건 의결을 위한 회의 개최에 치중하지 말고, 경영계획과 경영성과에 대한 실질적인 감독과 모니터링 강화를 위한 회의를 더 자주 해야 한다. 특히 더 많은 경영정보를 공유하지 않으면 전문가 집단의 경륜과 역량을 사장시킨다.

이사회는 공공기관 기관장의 독단과 경영오류를 견제하고 시정하는 역할과 함께 공공기관 경영의 책임을 분담하는 경영주체가 되어야 한다. 경영평가에서도 이런 점이 제대로 이루어지는지에 초점을 맞추고 있고, 기관장에게 이사회를 실질적 경영파트너로 생각하고 이사회 운영을 활성화시킬 것을 당부했다.

비리 예방, 내부에 엄정하라

▎정부 돈은 눈먼 돈?

공기업 임직원은 두 마리 토끼를 잡도록 요구받고 있다. '공익성'과 '수익성'이다. 공기업은 기관의 서비스를 통해 국민에게 다양한 공적 수혜를 만들어내야 하고 적절한 수익도 올려야 한다. 수익이 너무 많아도 문제이고 적자가 되어도 걱정이다.

그래도 경영평가에서 수익성의 달성정도는 중요한 평가척도이다. 수익성을 높이는 방법은 간단하면서도 난제이다. 돈을 많이 벌거나 투입 비용을 절감해야 한다. 하지만 수익 창출은 경제 환경에 영향을 받아 어느 정도 한계에 와있고, 비용 절감 부분도 명확한 원가의식과 치밀한 분석이 없이는 힘들다.

공기업의 사용재원은 정부의 공적자금이거나, 자체 사업수입이다. 전체 재원이 힘들게 번 돈이 아니다 보니 임직원들에게 전반적으로 '내 돈'이라는 의식이 부족하다.

각 공기업들도 물론 수익성 제고와 원가절감을 위해 '활동기준원가계산(ABC, Activity-Based Costing)', '원가-조업도-이익분석(CVP, Cost-Volume-Profit analysis)', '손익분기점(BEP, Break-Even point)분석' 등 전문분석기법을 사용해서 원가분석을 실시하고 있다.

그런데 원가분석의 내용을 보면, 단순히 분석기법에 의거 사업장별 원가요소별 계수를 구하거나, 구성 비율을 계산해 내는 등 형식적인 분석에 그친 경우가 많다. 그러다 보니 어떤 원가요소들이 절감이 가능한 것인지, 어떤 방식으로 수익증대가 가능한지에 대한 시사점을 얻지 못하고 분석결과에 따른 대책도 미미하다.

애초부터 원가절감의 목표 설정과, 책임 부여가 없었으니, 원가절감의 성과측정 자체도 불가능하다. '내 돈' 의식부터 다시 세우고 실질적인 원가절감과 수익성 제고에 초점을 맞춘 심층적인 원가분석을 실시해야 한다.

▌청렴서약과 원 스트라이크 아웃

공기업 임직원들은 민간기업보다 더 높은 청렴도가 요구된다. 이들이 수행하는 직무가 공공성이 높기 때문이고, 특히 이들의 보수와 사업비의 재원은 시민의 혈세로 만든 공적자금이기 때문이다.

따라서 부패와 비리가 없는 공기업을 만들기 위해 청렴서약과 반부패 청렴행동강령이나 지침을 만들고, 이를 어길 때에는 법적, 경제적 처벌, 징계, 환수 등의 조치를 하게 된다.

하지만 공기업 내에서 크고 작은 비리와 부조리는 끊임없이 발생한다. 부패의 유형도 하위직의 단순한 생계형부터 각종 권한을 가진 자들의 권력남용, 뇌물수수, 이권개입 등 다양하다.

다양한 윤리교육과 감찰활동, 청렴서약, 청렴도 조사를 아무리 강화해도 부정과 비리가 근절되지 않는 건 부패의 유혹을 이겨내는 가치관이 확고하지 못하기 때문이고, 유야무야 되고 마는 관대한 처벌도 한 요인이다.

고대 그리스 민주정에서 하였듯이, 공직을 1년씩 돌아가며 하도록 할 수도 없는 노릇이다. 단 한번이라도 부정과 비리를 저지르면 '철밥통'인 공기업 임직원의 자리를 박탈하는 '원 스트라이크 아웃(One Strike Out)'이 철저하게 지켜진다면 부패가 근절될 수 있을까?

요즘 2009년 서울시가 처음 도입했던 '원 스트라이크 아웃' 제도는 중앙부처, 지방자치단체, 공기업들이 연이어 도입한 적이 있다. 하지만 요즘 제대로 시행하고 있는 곳은 찾아보기 힘들다. 이름만 거창하지 제도의 내용을 자세히 들여다보면 실제 해임 등 공직 배제의 기준은 적용하기 어렵고, 낮은 수준의 징계만 강화하는 수준이어서 부패예방에 얼마나 실효를 거둘지는 미지수이다.

▌비리 막는 시스템을 구축하라

모 지방공기업의 경영평가를 수행하면서 내내 답답하고 우울했다. 공기업 간부가 대형공사 관련 시행업체 선정과정에서 수천만 원의 금품을 수수하고 특정업체에게 낙찰되도록 한 사건을 언론보도를 통해 사전에 인지하고, 평가장에서 해당 업무 처리 사항 문건과 일부 당사자를 통해 언론이 제기한 의혹의 전말을 파악해 보았다.

업체 선정 시 객관적이고 합리적인 평가기준이 없거나, 심사위원 선정과정의 불공정성을 분명히 확인할 수 있었다. 관련자들이 구속되고, 징계를 받는 등 조치가 이루어지고 있다고 했다.

근본적으로 부정과 비리로 치부하려는 나쁜 행태가 문제이지만, 상사의 부당한 지시에 어쩔 수 없이 하위 직원이 범죄행위에 동조하지 않으면 안 되는 조직문화도 문제다. 내부 고발이 이루어지기 힘든 구조가 지배하고 있다. 더욱 중요한 것은 조직을 흔드는 큰 비리사건이 터진 뒤에도 사후 방지를 위한 제도적 개선이나 특단의 조치가 뒤따르지 않고 있다는 점이 안타까웠다.

감사실장과 기관장에게 해당 비리를 막기 위한 제도개선 방안과 청렴도 향상을 위한 특단의 예방대책을 구체적으로 제시하고 반드시 이행할 것을 당부했다. 흔쾌히 수용하겠다고 했으니 추후 확인해 봐야겠다. 국록을 먹는 모든 공공기관 임직원들이 청렴하고 당당하게 소임을 다하길 기대한다.

▎제도를 악용하지 말라

부정과 비리가 없는 깨끗한 공공기관을 어떻게 만들까? 경영평가에서 이런 점을 감독하고 평가하는 것도 중요한 평가지표이다. 기관마다 윤리경영을 모토로 조직 구성원들에게 청렴한 복무를 강조하고 있다.

윤리헌장이나 강령 제정, 복무감찰의 실시, 청렴교육, 청렴도 조사 등 갖가지 시책을 통해 조직의 건강성을 유지하려고 노력하고 있다.

아무리 노력해도 부정과 비리가 발생할 소지가 가장 높은 곳은 역시 다양한 사업발주와 감독 부서, 인허가 관계 부서와 담당 임직원들이다. 권한이 있는 곳에 부패의 유혹도 있게 마련이다.

감사가 아닌 경영평가를 통해 부정과 비리를 적발하기는 어렵다. 그렇게 파헤칠 권한과 시간도 없다. 따라서 조직 전체의 윤리경영 시스템이 제대로 작동하는 지, 자기 규율 및 점검 체계가 올바른지를 검증하면서, 취약 업무의 처리과정에 비리의 소지가 없는지 살펴보게 된다. 여러 기관을 관찰하다 보면, 대개 부정의 소지가 있는 유형이 발굴되고, 이런 점을

제4부 공공기관 혁신, 공정이 먼저다

집중적으로 평가하면서 비리 소지를 줄일 수 있는 방향으로 경영활동을 하도록 권고한다.

청렴도 조사도 조직의 건강성을 평가하는 척도 중의 하나이다. 중요한 것은 조사의 주체와 방법이 타당성을 갖추었는지 여부이다. 그런데 황당한 경우도 종종 있다. 계약부서 및 회계부서가 직접 주관하여 연간 거래 민간사업자를 대상으로 자기 기관 임직원들의 청렴도를 조사한 후 청렴도 점수가 높게 나왔다고 자랑하며 제시하는 경우이다. 직접적인 민원 또는 사업 관련 민간인에게 공기업 담당 직원이 '나 깨끗했지요?'라고 물으면 무슨 대답을 할 수 있을까? 이는 청렴도 점수에 대한 강박관념이 만들어낸 웃지 못할 희극이다. 이런 기관을 더욱 엄격하게 평가하게 되는 건 어쩔 수 없다.

청렴에 지나치게 기죽지 말라

전년도 경영평가 시 회계 관련 팀장에게 각종 계약 시 공정하고 청렴하게 집행하고 수의계약을 가급적 지양하고 공개경쟁으로 능력과 자격을 갖춘 사업자를 선정하라고 권고했었다. 특히 특정사업을 민간위탁을 주면서 응찰자의 의도대로 계약이 이루어진 측면이 발견되었기 때문이다. 올해 확인해보니 공개경쟁입찰로 최고 입찰가를 제시한 사업자를 선정해서, 작년에 비해 50%이상의 수익을 거두었다고 감사하다고 했다.

절반은 개선된 셈이다. 내가 권고한 취지는 단순히 공개경쟁입찰을 통해 수익만 제고하란 의미는 아니었다. 단순히 최고가 응찰자에게 민간위탁을 주면 수익이야 올라가지만, 높은 가격에 낙찰 받은 민간사업자는 서비스의 질보다 자신의 영업이익 제고에 관심을 쏟을 가능성이 있고,

서비스의 공공적 역할에 소홀할 가능성이 높기 때문이다.

민간위탁이라고 해서 공기업이 직접 수행하지 않을 뿐 민간사업자가 공기업을 대신하는 만큼 그 역할 상 공공기관의 연장으로 보아야 하기 때문이다.

내가 시정을 요구했던 핵심은 공공성을 훼손시키지 않고 공기업에 수익도 높여줄 수 있는 적합한 사업자를 공개경쟁입찰과 적격심사를 통해 선정하라는 것이었다. 최고가 입찰자 순으로 3배수 정도의 사업체에 대해 사업수행계획서의 충실성, 과거의 유사사업 수행실적, 비리, 부정 또는 부적합한 경영사례 여부 등등을 심사한 후 선정해야 한다. 약간의 가격 차이보다, 위탁사업을 제대로 수행할 수 있는 사업자를 선정하는 것이 더 큰 이익이 되기 때문이다.

청렴하게 집행했다는 것을 증명하기 위해 공개경쟁입찰의 방식을 취하고 자신들의 권한인 적격심사는 하지 않고, 단순히 최고가 입찰을 한 것은 합리적 방식은 아니다. 청렴도 중요하지만 자신의 업무수행에 대한 창의적이고 소신 있는 권한행사도 중요하다. 청렴을 지나치게 의식해서 바람직한 업무수행이 위축되어서는 안 된다. 여러 분야에 걸쳐 소극적이고 편의적인 업무수행 사례가 너무나 많다.

고객서비스 접점을 관리하라

　전통적으로 기업의 생명은 상품의 생산과 공급을 통해 얼마나 이윤을 창출하느냐에 달려 있었다. 그러나 이제는 눈에 보이지 않는 무형의 상품인 고객서비스가 경영의 핵심적인 관심사로 떠오르고 있다.

　생활양식과 행태가 급속도로 다원화되면서 고객의 까다로운 욕구를 만족시키기 위한 서비스 경영기법이 현대 기업의 생존전략의 중심이 되어가고 있는 것이다. 고객을 만족시키지 못하면 궁극적으로 이윤의 창출이 어렵기 때문이다.

　공익성과 수익성을 동시에 추구해야 하는 공기업의 경영전략 역시 여기에 초점을 맞추지 않을 수 없다. 이를 반영하듯 모든 공기업이 고객서비스헌장을 제정하여 고객에게 제공할 서비스의 표준을 약속하고 있으며, 대부분의 기관은 매년 고객만족도 조사결과를 공표하고 있다.

　하지만 실제 고객서비스헌장의 운영실태 평가와 고객만족도 조사에 임하면서 느끼게 되는 것은 각 기관들이 고객만족이나 고객감동을 경영목표로 표방하고는 있으나 고객서비스의 혁신에 경영의 사활이 걸려있다는 절박한 인식의 공감대가 매우 미흡하다는 점이다.

　이제 고객만족 경영을 구현하기 위해서는 전략적 접근방법이 절실하다. 체계적인 고객서비스 혁신전략을 수립하고 이를 단계적으로 실천해 나갈 행동계획을 시행해 나가야만 한다.

첫째, 고객의 눈높이에 맞는 서비스를 개발해야 한다. 고객에게 제공되는 상품은 한정적이지만 이들이 받고자 하는 욕구의 구체적 내용은 각양각색이다. 따라서 천차만별인 고객의 특성을 정확히 파악하는 것이 중요하다. 그렇다고 한 사람 한 사람에게 맞는 서비스를 제공하는 데는 현실적인 한계가 있다. 따라서 전체 고객의 주요한 특성별로 유형화하는 것이 필요하다. 최소한 소득수준, 연령층, 성별에 따른 고객층의 취향이 무엇인지 파악하고 이를 배려하는 노력이 요구된다.

아울러 새로운 고객층인 N세대, W세대를 잡을 수 있는 서비스와 함께, 장애인, 노약자 등을 위한 맞춤형 서비스의 개발에 노력해야 한다.

둘째, 서비스의 접점을 혁신해야 한다. 서비스의 산출요소는 크게 시설서비스와 인적 서비스, 서비스 시스템으로 압축할 수 있다. 즉 서비스는 이를 제공하는 직원의 무형의 가치 산출로부터 시작하여 일정한 상품, 시설, 제도 등을 통해 서비스로 전환되는 과정을 거치며 최종적으로 고객에게 전달된다.

고객이 공기업의 서비스 품질을 느끼게 되는 시점이 바로 서비스 접점이다. 서비스 접점은 고객만족과 재구매, 재방문의 여부에 영향을 미치게 되는 결정적인 순간이다.

이제까지 고객만족을 위해서 일상적으로 직원들의 친절한 언행, 태도, 복장 등의 개선이 강조되어 왔다. 하지만 이런 요소는 실상은 서비스 접점의 일부에 불과하다.

이제 보다 관심을 가져야 될 분야는 이러한 대면접점 이외에도 직원과 만나지 않고도 시설 이용, 각종 정보 자료 취득을 통해 이루어지는 원격접점, 인터넷 접속을 통해 서비스가 제공되는 사이버접점, 전화로 소통하는 가운데 느끼는 전화접점이다.

제4부 공공기관 혁신, 공정이 먼저다

이러한 모든 접점들에서 산출되는 서비스의 양태와 질을 혁신하고 지속적으로 모니터링하여 이를 개선해 나가는 총체적인 서비스 접점관리가 이루어져야 고객감동을 달성할 수 있는 것이다.

셋째, 고객 불만처리 시스템을 개선해야 한다. 대다수 기관들이 서비스 제공 그 자체에는 관심을 집중하지만 잘못된 서비스의 대처에는 미온적인 경향이 많다.

고객만족 경영의 첫걸음은 고객의 불만에 귀를 기울이는 것이다. 고객의 불평 속에 서비스의 품질이나 운영시스템의 오류에 대한 정보가 담겨 있기 때문이다.

고객 불만처리 시스템이 제대로 작동되지 않으면 현장의 생생한 고객 불만을 파악하기 어렵다. 따라서 불만제기 시 대응관리는 물론 내부 처리과정의 신속성, 책임성 제고 등 시스템 전반을 개선할 필요가 있다.

넷째, 고객만족도를 주기적으로 평가하여야 한다. 고객의 만족도는 항상 변한다. 따라서 이들의 만족수준을 주기적으로 측정하여 서비스 이행 표준을 지속적으로 업그레이드하지 않으면 안 된다. 고객만족도 조사는 조사방법의 타당성과 신뢰성이 확보되도록 치밀하게 설계되어야 한다.

아울러 조사결과의 주요한 내용을 고객에게 공표하고 조사결과에서 도출된 문제점과 시사점을 경영전략에 반영함으로써 고객의 소리를 공기업의 고객만족 서비스 혁신에 환류 시킬 수 있어야 한다.

공공기관장의 자질과 역량

▍전문성 없는 '낙하산' 기관장이 문제다

공공기관 경영평가지표 중에 '경영층의 리더십과 전략'을 평가하는 영역이 있다. 이를 평가하기 위해 제출된 서면평가에 이어, 기관장 대면평가가 진행된다. 1시간 내외의 심층면접을 통해 기관장이 기관의 사명과 역할을 잘 파악하고 있는지, 기관업무에 대한 전문성은 어느 정도인지, 고객만족경영, 윤리경영, 성과경영, 전략경영에 대한 이해 및 철학, 경영상 문제에 대한 인식 및 해결방안 등에 대한 식견 등을 종합적으로 평가한다.

나는 경영평가와 다양한 유형의 기관평가를 주관하는 경영평가단장을 맡다보니, 경영층에 대한 평가영역을 전담하여 인터뷰를 수행하게 된다. 기관장 평가는 실질적 경영실적을 토대로 평가되지만, 기관장의 철학과 전문성, 식견이 어느 정도인가도 평점에 많은 영향을 미친다.

그런데 경영평가단장을 오랫동안 수행하다보니 경영실적을 확인하기 전이라도 첫 대면에서 어느 정도 판단이 서기도 한다. 인터뷰의 첫 인상으로 '이 분이 어떤 리더십의 유형을 갖고 있는지, 전문성 및 업무에 대한 열정이 어느 정도일지' 대충 짐작을 할 수 있게 되었다. 그 후 인터뷰를 마무리하고 나면 대부분 처음의 판단과 확인한 경영성과와 리더십의 정도가 거의 일치하는 경우가 많다.

공공기관 기관장은 어떤 자질을 갖고 있어야 할까. 기본적으론 공공 업무에 대한 이해 수준이 높아야 한다. 또 공공성과 수익성 양자를 조화롭게 추구해야 하는 사업추진 방향에 대한 철학이 분명해야 한다. 아울러 경영의 세부적인 실무지식은 없어도 최소한 전략적 경영영역(고객만족경영, 윤리경영, 성과경영, 전략경영 등)의 핵심요소에 대한 이해와 어떤 방향으로 리드해야 되는지에 대한 판단력과 식견, 추진력을 갖추고 있어야 한다.

자기 기관 사업의 본질을 이해하고 예상되는 문제점과 이를 해결하기 위한 수단을 식별하고 효율적으로 추진하는 방향과 방법론에 대해 알고 있어야 한다는 의미다. 가장 중요한 것은 조직 구성원들을 참여와 공감을 바탕으로 조화롭게 이끌 수 있는 친화력과 열정, 옳고 그름을 판단할 수 있는 분별력과 공정한 잣대를 갖고 있어야 한다.

그런데 여러 우회적 또는 직설적 질문을 통해 인터뷰를 하다보면, 도대체 이런 분이 어떻게 공기업을 경영해 나갈 수 있을까 의문이 드는 분들이 간혹 있다. 자기 사업의 핵심 특성도 모르고 열정과 철학조차 미흡한 경우도 있다. 심지어 기관장은 그저 인화단결만 시키면 되고, 일은 직원들이 잘 알아서 한다는 구시대적 인식을 갖고 있는 경우도 보게 된다. 이런 분들은 언뜻 대범한 리더 같아 보이지만 관리의 허점이 많을 수 있다.

어떤 분은 자신의 정치적 신조를 경영에 투영하기 위한 방법에만 관심을 쏟는 분도 있다. 이런 분은 공정심을 쉽게 잊어버린다. 아니 내편, 네편 편 가르기에 불편해서 의도적으로 도외시하는지도 모른다. 이전 기관장 때 열성적이던 임직원들을 솎아내는 데 더 열을 올리기도 한다. 이런 여러 유형의 기관장은 임명권자의 정치적 측근으로서 보은인사로 선임된 경우에 자주 관찰된다. 이런 기관의 경우 기관장이 교체되고 나면 경영의 방향성을 바로 세우기 위해 사람과 조직, 일을 재정립하는 과정에서 적지 않은 갈등과 희생이 수반되는 경우가 많다.

이런 기관장 평가 인터뷰를 마치고 나면 내 가슴은 그냥 답답해진다.

▌ 특권의식에 젖은 기관장, 아직도 많다

공기업 경영평가를 하면서 평가단장이 반드시 해야 할 일이 있다. 기관장 리더십 평가를 위해 심층인터뷰를 하는 것이다. 인터뷰를 하기 위해 기관장에 들어가 인사를 나눈 후, 난 습관적으로 눈으로 실내를 꼼꼼히 둘러본다.

누구이든 그 사람의 공적, 사적으로 독점되거나 머물고 있는 공간을 채우고 있는 비품과 배치가 만들어내는 전체적인 분위기를 보면 그 사람의 취향과 성품을 어느 정도 파악할 수 있다.

공간과 사물의 연출 속에 자신의 기호나 품격이 어느 정도 스며들기 때문이다. 어떤 이는 자신이 좋아하는 미술작품 여러 개를 걸어놓아 기관장실인지 화랑인지 착각이 든 적도 있다. 어떤 이는 수석(水石)이나 난을 배열해 놓거나, 또는 한켠에 업무와 관련된 파일이 가득 쌓인 경우도 있다. 혹은 책장에 달랑 책 몇 권 들어있고, 책상과 소파 이외에 별다른 소품이 없어 썰렁한 느낌을 주는 곳도 있다.

어느 공기업 기관장실에 들어갔는데 출입문 정면 맞은편 벽에 커다란 자기 존영(尊影)이 걸려있는 게 아닌가. 마치 각 정부기관에서 대통령 존영을 걸어놓듯이 말이다. 회의실에 마련된 평가 장소에 갔더니 대개의 기관이 그렇듯이 벽면에 이름과 재직기간을 하단에 명기한 역대 기관장 사진이 걸려있고, 제일 마지막 옆에 이름표 없는 현 기관장의 사진이 걸려

있었다.

역대 기관장 존영 걸기는 공공기관의 오랜 관행이다. 하지만 퇴임 후에 게첩 한다. 더구나 집무실 안에 자기 사진을 걸고 매일 매일 확인하는 즐거움(?)을 누리는 기관장은 없었다. 참으로 당혹스럽고 민망했다. 이 분은 꽤나 자신의 위엄을 과시하고 싶고, 모든 이에게 존귀하게 기억되길 원하는가 보다. 임직원들을 많이 힘들게 하겠구나하는 생각이 들었다.

민간기업 경영을 오래했으나 공직을 처음 맡은 분인지라 그 자리를 얼마나 선망했으면 그랬을까 하는 안쓰러운 생각도 들었다. 차마 직접 보고 얘기할 순 없어서, 평가를 끝내고 돌아와서 전화로 공공기관의 관행과 예법을 부드럽게 설명하면서 집무실과 회의실의 존영은 거두어주시는 게 좋겠다는 고언을 했다.

금방 알아들었다. 고맙다고 한다. 다행이다. 붉어진 얼굴을 보지 않아서….

기관장 인계인수, 추하거나 아름답거나

공공기관 기관장이 임기종료 또는 임기 중에 퇴임할 경우, 전임자와 후임자가 원만하게 직무를 인계인수하는 경우도 있고 그렇지 못하고 냉랭한 경우도 있다. 전자의 경우, 동일 당파 소속의 인물이거나, 평소 같은 소속 기관에서 상하급자로 근무한 경험이 있는 경우에 대거 그러하고, 후자의 경우는 다른 정파 소속의 인물이 낙하산으로 임명된 경우, 또는 임명권자의 요구에 의해 임기를 채우지 못하고 중도퇴직하게 되는 경우가 많다.

문제는 후자의 경우이다. 이런 경우 전임자로서는 되돌아보고 싶지 않은 후임자에게 공공기관의 공적 업무나 사적 노하우를 전수해주는 게 내키지 않을 수 있다. 특히 중도퇴직 압력을 거부하여 임명권자와 갈등을 빚다 퇴직한 경우에는 더욱 그럴 것이다. 이러한 행태는 인간적으로는 이해가 된다. 하지만 한 기관의 경영을 책임지던 공인의 자세로는 바람직하지 못하다.

전임자는 떠나는 뒷모습을 아름답게 남겨야 한다. 함께 고락을 나누던 남아있는 조직구성원을 위해 자신의 서운한 감정을 억누르고, 후임자에게 꼼꼼한 인계를 해 줄 수 있는 아량이 필요하다.

또한 후임자는 여러 가지 마음의 상처나 쓸쓸함을 안고 떠나는 전임자에게 따뜻한 존경과 배려를 베푸는 것이 중요하다. 자신이 점령군인양, 아무 것도 인계받지 않아도 잘 해내갈 수 있다는 오만한 태도로 무시하거나, 전임자에게 아무런 존중의 태도를 보이지 않는다면 이는 큰 잘못이다.

떠나가는 사람에게 그간의 노고에 감사하고, 경영의 노하우를 전수받고, 존중의 태도를 보여주는 것 자체가 조직 구성원들에게 조직의 안정과 정책의 지속성에 대한 수용 의지로 읽히게 된다. 전임자에게 공개적인 행사를 통해 감사장을 수여하거나 감사의 뜻을 전하는 것도 상징 그 이상의 뜻이 있다. 기관의 고질적인 문제점이나 해결방안에 대한 혜안, 깊이 있는 경영 노하우에 대한 전수도 이런 분위기속에서나 가능한 일이다. 기관장의 인수인계가 어떻게 이루어지냐에 따라 기관 운영의 연속성이 유지되느냐, 손상되느냐가 달려 있다. 모든 자리에서 아름다운 인계인수의 문화가 만들어지길 기대한다.

목표달성 90%가 100%보다 못한 것일까?

공공기관 경영평가는 정량적 평가지표와 정성적 평가지표에 의해 평가한다. 정량적 평가지표는 건수, 인원, 금액, % 등의 단위별 목표치가 설정되고, 목표치 대비 실적치의 비율로 경영성과평가 점수가 부여된다. 정성적 평가지표는 리더십이나 각 부문별 사업추진의 적정성 등에 대해 질적인 수행 수준이나 바람직한 세부업무기준을 여러 설명적 척도로 설정해놓고 그 기준에 어느 정도 부합되었는지를 평가위원의 전문성과 통찰력을 바탕으로 평점이 부여된다.

피평가 공공기관에서는 이러한 평가방식에 부응해서 정량지표의 실적치를 제시하고, 정성지표의 세부판단척도에 해당되는 다양한 업무추진 실적을 제출한다. 이 과정에서 정량지표의 경우 이미 설정되어 있는 정량지표의 목표치 대비 실적치를 산입해서 스스로 평점을 산출하여 경영실적보고서에 담아 제출하면 평가위원이 그 실적치의 산출내역과 근거를 검증해서 평점을 확정하게 된다. 이 과정에서 정량지표는 이미 피평가기관에서 몇 점을 획득할지 알게 된다.

정량지표의 달성도는 분명히 높을수록 좋은 점수가 나온다. 동일한 정량지표에 대해 한 기관이 100% 달성하면 100점, 다른 기관이 90% 달성하면 90점이다. 그런데 이 때 100점 득점한 기관이 90점을 득점한 기관보다 더 좋은 경영성과를 올린 것일까?

반드시 그렇지는 않다는 데에 목표설정과 달성의 허점이 있다. 대개의 경우 동일 지표의 목표치 산출방식을 동일하게 규정한다. 처음 평가적용 시 낮은 목표치를 설정한 경우 지속적 향상이 가능하지만, 여러 해 평가를 받은 기관은 실적치의 한계에 다다른 경우가 종종 있다. 또 도전적인 목표치를 설정한 기관은 높은 실적을 달성하기 어려워 득점이 어려운 반면, 낮은 목표치를 설정한 경우 높은 평점을 받기에 유리하다. 90점이 100점보다 가치가 있는 경우는 얼마든지 발생한다.

따라서 실제 목표달성도 보다 중요한 것은 목표치 자체가 합리적으로 설정되었느냐, 도전적으로 설정되었느냐이다. 공기업 기관경영평가에서는 어느 정도 표준화되어 있는데 반해, 기관장 경영성과계약서에 설정된 목표치의 함정은 심각하다. 기관장 개인 목표치를 비합리적으로 설정해놓고, 경영목표 달성도가 높게 나왔다고 자화자찬하는 수단으로로 쓰이는 경우가 많기 때문이다. 국민들은 이런 목표달성수치의 착시현상에 그대로 속을 수밖에 없다.

모든 성과평가에서 목표치의 합리성을 검증해야 할 책무가 평가위원에게 있다. 하지만 목표 설정자가 스스로 합리적이고 도전적인 목표를 양심껏 설정하는 것이 더 중요하다.

공기업 위기관리 '백신'을 갖춰라

조직이 생존하고 지속적으로 발전하기 위해서는 환경변화에 능동적으로 적응해야 한다. 사회생태주의 입장에서 보면 환경은 자연환경, 사회제도 및 문화, 문명의 기계·시설 장비의 시스템이 유기적으로 연계되어 작동하는 커다란 유기체라고 볼 수 있다. 이런 환경은 인간이 예측하기 힘든 변화의 속성과 결함을 지니고 있고, 때론 인간을 이롭게 하는 조건으로, 때론 광폭한 재난의 모습으로 다가온다. 따라서 환경과 능동적으로 상호작용(interaction)하기 위해서는 예기치 못한 위기를 관리할 수 있는 시스템과 역량을 갖출 필요가 있다. 체계적인 위기관리가 요구되는 것이다.

위기는 자연적 재난만을 의미하지 않는다. 각 조직체의 본질적 직무의 잘못된 수행이나 구성원의 도덕적 해이, 기술적 결함 등 다양한 요인에 의해서도 위기가 발생한다. 공기업이 맡고 있는 전기, 가스, 도로, 공항, 지하철 등 공공서비스는 국민 안전과 재산, 일상의 편익과 직결된다. 이런 서비스에는 언제든지 자연적, 비고의적 원인에 의한 대규모 재난의 가능성이 상존한다. 공공기관이 위기관리의 원칙과 방향을 성찰해야 할 이유가 여기에 있다.

공기업의 위기관리를 위해 잭 웰치 전 GE 회장이 제시한 위기관리 5원칙을 참고할 만하다.

첫째, 보이는 것보다 더 크게 생각해야 한다. 겉으로 드러난 사태의 원인은 빙산의 일각에 불과할 때가 많기 때문이다.

둘째, 세상에 비밀은 없다. 사태의 원인이나 수습과정에서 나오는 각종 의혹에 대해 부인하거나 감추기보다는 사실을 있는 그대로 알리고 먼저 사과하는 게 좋다.

셋째, 어떤 아픔도 감내할 수 있어야 한다. 위기로 인해 발생하는 손실의 1차 책임은 당해 공기업에 있으므로 위기 초래 원인을 제거하고 시스템과 사람, 조직 문화를 혁신하기 위한 뼈를 깎는 노력이 필요하다.

넷째, 외부의 호들갑스러운 비판에 의연해야 한다. 위기 극복 자체에 몰입하고 외부의 반응에 어느 정도 담담해질 필요가 있다.

끝으로 위기는 더 강해지는 과정임을 명심해야 한다. 절망하기보다는 더 강해질 수 있는 기회가 주어진 것이라고 생각하면 조직의 결속력이 높아지고 위기극복의 동력이 생긴다. 실제로 각종 재난이나 위기를 겪은 후 조직이 이전보다 훨씬 선진화되고 위상과 역량이 강화되는 사례가 많다.

웰치의 5가지 원칙 외에 세 가지 준비가 더 필요하다. 첫째는 공공심이다. 직무수행 과정에서 늘 공공심을 잃지 말아야 국민의 기대에 부응할 수 있다. 둘째는 전문성이다. 구성원의 지식과 기술의 전문 역량 여부에 따라 인위적 재난과 위기를 최소화할 수 있다. 유연성도 필요하다. 일본의 경우 2011년 후쿠시마 원전사고 당시에도 모든 업무처리에 체계적인 매뉴얼을 갖고 있었지만 다양한 실제 상황에 즉응하기에는 역부족이었다. 위기극복 과정에는 규정과 절차에 얽매이지 않는 유연한 사고가 요구된다.

공공기관들이 이러한 위기관리의 원칙들을 조직에 내면화함으로써 위기의 사전예방과 슬기로운 위기극복의 '백신'(vaccine)으로 활용하길 기대해 본다.

---

* 박경귀, "공기업 위기관리 백신을 갖춰라", 〈Weekly 공감(2011.5.4. /11) p.1 재인용

새로운 변화와 도전, 언제나 어렵다

▌ 타성과 혁신

나는 공공기관 경영평가의 의의는 지적과 평가 그 자체에 있다기보다, 평가과정에서 다양한 경영 조언 제공을 통해 공기업 경영의 효율성과 효과성을 증진하도록 기여하는 데 있다고 생각한다. 이를 위해 평가과정에서 발견되는 부적정한 경영실태에 대해 하나하나 새로운 경영기법이나 개선해야 될 방향에 대한 제시와 당부에 더 치중했다.

특히 전년도에 미흡한 점, 개선해야 될 점을 지적하고, 개선 방향을 지도했던 내용들이 본래의 취지에 맞게 개선되었는가를 우선적으로 확인한다. 그런데 이 과정에서 안타까운 사례를 많이 접하게 된다. 전년에 기관장, 평가지표 담당자나 팀장에게 소상하게 개선의 취지와 방향을 설명했던 내용들이 전혀 개선되지 않은 채 예년부터 해오던 시책과 방식을 그대로 답습하고 있는 경우이다.

도대체 왜 이런 일이 빚어질까? 경영평가를 받고 나면 평가 시 제시된 의견이 정리된 평가보고서가 당해 공공기관에 전달된다. 그러면 각 공공기관에서는 평가결과 지적된 사항들에 대해 종합분석하고 대책을 수립 추진하게 된다. 이 때 평가지표 담당자가 평가지적사항에 대해 그 사유 등을 공공기관 내부에서 소명하는 과정에서 지적사항의 취지와 내용에 대한 의도적인 왜곡이나, 몰이해, 부주의, 경시현상이 나타난다.

해당 분야 경영실적에 대한 상급자의 책임추궁으로부터 면피하기 위해 지적사항의 의미를 축소하려는 경향마저 보인다. 자기 보호본능의 발동이다. 기관장이나 임원진이 전문지식이 부족할 경우, 직원이나 부서장들이 해석하는 내용을 그대로 받아들일 수밖에 없다.

특히 개선해야 할 사항들이 그동안 해오던 업무방식의 개선이나, 새로운 업무의 발굴과 추진 등이 요구되는 것이 많을 경우, 익숙하게 해오던 예전의 방식을 유지하고자 하는 타성에서 근본적인 혁신에 나서기 어렵다. 결국 아래로부터의 혁신이 일어나지 않고, 위로부터의 통찰도 부족하다 보니 개선되어야 할 업무가 예년 그대로 남아있는 경우가 발생한다.

현명한 평가자는 새로운 업무에 도전에서 성과를 만들어낸 경우 목표달성도나 업무 완성도가 다소 부족하더라도 그 개선노력을 높이 평가한다. 그러나 어떠한 개선 노력도 하지 않은 경우, 조직구성원의 타성과 혁신 시스템의 부재에 대해 엄중하게 평가하게 되는 건 어쩔 수 없다.

▎ 매너리즘(mannerism)이 문제다

우리는 왜 과거의 해오던 방식대로 하는 것에 익숙할까? 과거에 큰 문제가 없던 일들을 그대로 이어갈 때 어떤 문제가 발생할까? 자신이 책임지는 기한이 끝나갈 때 새로운 변화와 개선의 도전을 회피하게 되는 이유는 무엇일까?

공기업 경영평가는 매년 실시된다. 경영평가 결과에 따라 기관장과 임직원의 성과급의 등급이 달라지므로 매우 중요한 일이다. 총체적인 경영계획과 성과를 평가하게 되는데, 기본적으로 전년도에 미흡하다거나 개선되어야 할 사항으로 지적된 사항이 어떻게 개선 조치되었나를 우선적으로 보고, 예년에 우수하게 평가받던 사업이나 시책들을 지속적으로 발전시켜 나가고 있는지도 중요한 평가요소이다.

그럼에도 전년도 평가 시 개선의 구체적인 방향까지 조언해준 내용들이 전혀 시정되지 않은 것을 많이 발견하게 될 때는 안타깝기 그지없다. 몇 년 동안 우수한 공기업으로 평가받아온 기관인데 멋지게 수립·시행되던 경영전략은 어느 덧 수년간 변화가 없다. 사업 추진 방식이나, 추진 내용, 프로세스에 창의성도 덧붙여지지 않은 것을 확인하면서 조직 전체가 매너리즘에 빠졌음을 느끼게 된다. 이 정도하면 올해도 좋은 평가를 받겠지 하는 안이함과 나태가 느슨한 경영전략과 신통치 못한 성과를 초래하고 만다.

공기업의 매너리즘이나 나태의 원인은 공기업 기관장의 교체 주기와도 관계가 있는 듯하다. 지방자치단체장 선거이후 임용권자인 시장, 군수, 구청장의 당적이 바뀌면 공기업 기관장들도 여러 가지 연유로 교체된다. 2018년 지방선거 이후에도 새로운 자치단체장에 의해 공기업 기관장과 임원들이 숱하게 바뀌었을 것이다.

매너리즘에 빠지는 공기업은 이런 경우가 많다. 경영평가 대상은 전년도의 성과인데 전년에 재직했던 기관장으로서는 퇴임이 예정된 마지막 근무기간인 셈이니 열정적으로 경영에 몰두하기 어려웠을 것이다. 자연히 직원들도 그에 맞춰 업무추진의 강도가 떨어질 수밖에 없었을 것 같다.

새로운 기관장이 오면 새로운 변화와 요구에 따라 그때부터 열심히 따라가도 되겠지 하는 마음이 생길 수 있으니 전년도 경영평가 지적사항에 대한 적극적인 개선과 새로운 업무의 발굴에 매진할 여건이 조성되지 못하는 것 같다.

또 여러 번 우수한 평가를 받다보면 매너리즘에 빠져 창의와 도전으로 새로운 업무의 기획과 추진을 해야 할 임직원들의 동기가 점차 수그러들 수 있다. 여기에 기관장과 임직원의 임기종료나 교체가 맞물릴 경우 새로운 사람들에 적응해야 하고 눈치 보기에 급급하게 된다. 그로 인해 경영활동 전반에 창의와 열정이 부족하게 되어 경영성과의 저하와 지체 현상이 발생하게 되는 것 같다.

우리가 하는 일들이 잘 나가고 있을 때, 아무런 문제가 없을 때, 잘 한다는 칭찬이 쌓이고 있을 때, 그 때 매너리즘의 싹도 동시에 자라고 있음을 잊지 말아야 한다.

제4부 공공기관 혁신, 공정이 먼저다

공기업 혁신, 시대적 소명이다

공기업 경영은 예술이다

최근 미국이나 유럽에서 유행한 제품이 있다면, 얼마 지나지 않아 우리나라에 유사한 제품이 시장에 나온다. 세계가 하나의 시장처럼 움직이는 세상이 되었다. 지식과 정보, 자본과 상품이 국경을 넘나든다. 교통수단의 발달로 심리적 거리도 좁아졌고, 웹의 개발로 사이버상의 동시성이 확보되면서 아예 국경의 개념이 무너진다. 자본주의의 성숙과 문명의 발전이 가져온 현상들이다. 이런 환경은 원하든 원하지 않든 국가 간은 물론 국가 내 경제활동의 주체인 정부와 기업, 개인 사이의 경쟁을 촉진시키고 있다.

이에 따라 수요자와 소비자에겐 공공부문과 민간부문을 구분할 실익도 점점 작아져 간다. 소비자 입장에서 보면, 어느 영역에서 상품과 서비스를 제공하느냐가 중요한 것이 아니라, 누가 나에게 더 좋은 서비스, 더 나은 상품을 공급할 수 있느냐가 관심사가 된다.

그렇다면 공급자 역시 이제 공공서비스와 민간서비스라는 전통적인 역할 구분을 고집할 이유가 없다. 누가 어떤 방식으로 재화와 서비스를 공급하든지 수요에 효율적으로 대처하고, 고객의 니즈에 가장 잘 부응하는 조직만이 환영받고 살아남을 수 있게 된다.

그동안 공공부문은 국가 및 지방자치단체의 기간산업의 서비스를 제공해 왔다. 공공부문은 철도, 도로, 항만, 공원, 가스, 상하수도 등 국민 생활에 필수적인 부문에 대한 서비스를 독점해왔다. 이 영역은 민간 기업이 오로지 시장의 수요에 맞춰 공급하기 어려운 공공재의 특성을 갖기 때문이다. 공공재는 일단 재화나 서비스가 제공되면 특정한 사람에게 그 서비스의 수혜를 누리지 못하도록 제한할 수 없다.

예를 들어 어느 도시에서 도로 이용의 편익을 위해 가로등을 설치했다면, 그 도시의 시민이 아닌 사람들도 자유롭게 이용할 수 있게 된다. 이런 것이 공공재가 갖는 비배제성(non-exclusion)이다.

또 어느 도시가 공원을 조성하였다면, 이용자 간에 서로 그 수혜를 먼저 더 많이 누리기 위해 경쟁하지 않는다. 누구에게나 공원 이용이 열려 있기 때문에 시장에서 특정 물품을 구매할 때처럼 수요자 간에 경쟁이 발생하지 않는 것이다. 이른바 비경합성(non-rivalry) 특성 때문에 그렇다.

공공재가 갖는 이러한 특성으로 인해 공공재를 공급하는 주체는, 제공하는 서비스에 대한 적절한 대가를 지불하지 않고 재화와 서비스의 수혜를 누리고자 하는 무임 승차자(free rider)를 막을 수가 없다. 공짜 이용자가 많을수록 공공 서비스의 관리 비용이 추가로 소요됨에도 그렇다.

또 시장에서는 제한된 상품이 수요자 간에 경쟁을 불러일으킬 때, 공급자가 가격과 상품의 질을 차별화해서 공급할 수 있다. 반면 공공서비스는 재화와 서비스의 물량과 가격을 마음대로 조절하기도 어렵다. 왜냐하면 수요자가 다른 사람보다 더 많은 서비스를 누리기 위해 추가적인 비용을 지불할 의사가 없기 때문이다.

공공재가 갖는 이러한 태생적 한계는 공기업 경영의 근본적인 한계로 귀결된다. 이는 민간 기업에 비해 공기업 경영의 난이도를 더 높이는 요인이다. 민간 기업은 소비자가 시장의 원리에 따라 행동할 때 공급자 역시 시장의 수요에 따라 부응하면 된다. 반면 공기업은 시장의 원리는 물론, 공공재가 갖는 비배제성, 비경합성과 같은 비시장적 특성까지 종합적으로 고려해서 행동해야만 한다.

그만큼 공기업 임직원들의 경영활동은 복잡하고 어렵다. 그래서 공기업 경영은 예술이다. 공공성과 수익성을 동시에 충족시키기 위한 절묘한 경영이 요구되기 때문이다.

▎ 공기업의 효율화, 불가능한가?

국민 편익을 위한 공공서비스를 제공할 의무는 국가와 지방자치단체에 있다. 하지만 유사한 서비스가 경쟁적으로 공급되고 있는 시장과 경쟁하면서 공공서비스를 효과적으로 제공하기 위해서는 경직된 관료조직보다 더 경영에 친화적인 조직이 필요하다. 공기업이 존재하는 이유다.

공기업은 공공 서비스를 제공하는 준정부조직이다. 따라서 국가의 각종 법과 제도의 적용을 받다보니 민간 기업 수준의 경영의 자율성을 확보하기가 매우 어렵다. 관료 조직의 특성과 민간 기업의 특성을 동시에 갖고 있는 공기업은 숙명적으로 경영의 비효율성을 안게 된다. 소비자와 주주에 의해 직접적인 영향을 받는 민간 기업에 비해, 공기업은 자신이 직접 비용을 지불하지 않는 불특정 다수의 소비자로부터 받는 압박으로부터 비교적 자유롭기 때문이다. 이는 자칫 공기업 경영을 나태하게 만드는 요인이 되기도 한다.

아무튼 공기업은 민간 기업에 비해 대응성(responsiveness)이 떨어질 수밖에 없는 환경에 놓여있다. 이런 여건은 여러 측면에서 공기업의 비효율적 요소를 축적시킨다. 따라서 공기업 경영의 성패는 이러한 비효율적 요소를 얼마나 효과적으로 제거 또는 경감시키느냐에 달려있다.

경영은 최소의 투입으로 최대의 산출을 거둘 수 있을 때 효율성(efficiency)을 극대화할 수 있다. 공기업이 효율성을 높이려면 공공 재화와 서비스를 만드는 데 투입하는 인력과 예산, 시설 장비를 시장의 수요에 맞게 유연하게 변동시킬 수 있어야 한다.

그런데 공기업은 이를 구체적으로 실행하기가 쉽지 않다. 적은 인력을 투입하고 높은 서비스 요금을 받으면 효율성은 높아질 수 있다. 하지만 공공서비스에 대비하여 공기업의 투입 요소는 매우 비탄력적이다. 인력과 예산을 상황에 따라 조정하기가 어렵다는 의미다. 민간 기업에 비해 시장 수요에 따라 투입을 조절할 수 있는 여지가 상대적으로 적기 때문이다. 더군다나 국민의 기초 생활 편익에 해당하는 공공서비스 요금을 인상하기는 더욱 어렵다.

그렇다면 공기업의 효율화는 불가능한 것일까? 민간기업과 경쟁적으로 효율성을 높일 수 있는 부문은 아예 없는 것일까?

공기업 혁신의 출발, 나는 누구인가?

공기업의 태생적 한계에도 불구하고 국민과 고객들의 경영 효율화에 대한 요구는 줄어들지 않는다. 언론에서 '방만 경영'이나, '적자 경영에 성과급 잔치' 운운하며 공기업 경영의 비효율성을 질타할 때면 가뜩이나 힘든 경영환경 속에서 분투하고 있는 공기업 임직원들은 힘이 빠진다. 나름대로 최선을 다하고 있다고 자부하지만, 공기업의 한계와 경영의 어려움을 깊이 이해해 주지 못하는 국민들이 야속할 수도 있다.

그러나 차분히 생각해 보자. 국민들은 왜 우리에게 공공성과 수익성이라는 두 마리의 토끼를 한 번에 잡으라는 힘겨운 요구를 하는 것일까? 우리는 여기에 꼭 부응해야만 하는 것일까? 민간 기업은 주주와 소비자의 요구와 선호에 부응하지 않으면 살아남기 어렵다. 하지만 공기업의 서비스를 받는 사람들은 불특정 다수여서 이들의 요구와 선호를 파악하는 게 쉽지 않다. 고객 맞춤형 서비스를 제공하기 어려운 이유다. 문제는 여기에 익숙해지다 보면 고객의 다양한 선호 파악에 점점 둔감해지게 된다는 점이다.

공기업의 주주는 국민, 그리고 지방자치단체의 주민이다. 공기업은 바로 국가와 지자체의 공무를 위탁받은 것이기 때문이다. 당연히 국민과 주민들은 공기업 경영의 성과를 보고받고 감독할 권리가 있다. 또 공기업 임직원은 이러한 요구에 충실하게 응해야 할 책무가 있다.

주인-대리인 문제(principal-agent problem)가 여기서 나온다. 공기업의 효율적 경영은 공공재 생산을 위탁받은 대리인인 공기업의 신성한 책무이다. 대리인의 책무를 소홀히 하는 것은 도덕적 해이(moral hazard)를 넘어 법적 책임(accountability)으로까지 확대될 수 있는 것이다.

공기업 혁신은 공기업 임직원들의 명확한 자기인식으로부터 출발해야 한다. 공기업 임직원은 '갑'이 아니라 '을'이다. 주인인 국민과 주민에게 최소의 혈세로 최대의 공공 서비스를 제공해야 할 소명을 받은 대리인이라는 의미이다. 자신이 '을'임을 자각하지 못하는 임직원들에게는 경영성과와 경영혁신에 대한 국민들의 질책과 주문이 늘 거북하고 불필요한 요구로 치부될 수 있다.

공기업 혁신의 출발은 공기업 임직원들이 스스로 '을'임을 자각하는 데에서 시작되어야 한다.

공기업 혁신, 무엇을, 어떻게 할 것인가?

2014년 12월에 행정자치부 지방공기업혁신단이 출범했다. 공기업 분야에 전문지식과 식견을 갖춘 학계 인사 9명으로 혁신단이 구성되었고, 부담스럽게도 필자가 단장을 맡았다. 평소에 공기업 분야에서 연구 및 자문 활동을 꾸준히 해온 전문가들이어서 나름대로 혁신 복안들을 갖고 있었다. 하지만 지방공기업을 반석 위에 올려놓기 위한, 모두가 공감할 수 있는 총체적인 혁신 방안을 도출한다는 것은 쉽지 않은 과업이었다.

먼저 기존의 선입견이나 개인적 복안들을 모두 내려놓고 제로베이스에서 다양한 전문가와 이해관계자들의 의견을 폭넓게 청취하는 것에서 출발했다. 지방공기업과 지자체의 의견도 충분히 들었다. 다만 공기업의 유형에 따라, 또는 지방자치단체의 재정 여건이나 여러 가지 특수한 사정에 따라 혁신 방향이나 내용에 대한 요구나 수용도가 다른 부분은 분명 있었다. 그런 부분들은 공기업 육성 정책의 장기적 관점과 국가공기업과 지방공기업 정책 간의 형평성 등을 고려하여 일정한 범위 내에서 반영하도록 최선을 다했다.

공기업 혁신은 그 대상 범위가 매우 넓다. 따라서 지난 3월말에 발표한 혁신방안은 파급효과가 가장 크고 시급하게 추진해야 될 과제로 우선 선별된 것들이다. '퀵윈(Quick-Win)'과제인 셈이다. 따라서 중장기적으로 추진해야 할 혁신과제의 도출은 앞으로 남은 과제이다.

이번 혁신방안을 도출되는 과정에서 우선 지방공기업 현황에 관련된 각종 데이터를 확인하고 현지답사를 하는 등 공기업 경영 실태와 누적된 문제점을 정확히 파악하고자 노력했다. 혁신위원들은 분담 받은 분야의 과제에 대해 심층적인 분석과 대안을 발표하고 전체 위원들과 함께 브레

인스토밍을 벌여 혁신 방안의 타당성과 현실가능성을 검증했다. 그 과정에서 혁신 방향에 대한 견해 차이로 의견이 엇갈려 격론을 벌이기도 했지만, 집단의 지혜로 슬기로운 해법을 찾을 수 있었다.

여기서는 이번 혁신방안 도출과정에서 토의되었던 혁신과제의 지향점과 공기업들이 혁신방안을 실행하는 과정에서 유념해 주었으면 하는 점 몇 가지만 소개하고자 한다. 혁신방안에 담긴 철학을 공유하는 일은 혁신과제의 당위성에 대한 수용은 물론, 혁신 동력을 키우는 데에도 중요하기 때문이다.

첫째, 공기업 경영 철학을 정립하고 핵심가치를 늘 공유할 필요가 있다.

공기업은 태생적으로 공공조직임과 동시에 기업의 성격을 띠고 있다. 따라서 '공공성'과 '효율성'을 동시에 추구해야 한다. 서로 상충되는 측면이 있는 가치이지만 이 두 가지 모두를 충족시키려 노력해야만 한다. 여기에 국민과 주민에게 부응해야만 하는 공기업의 특성상 경영 현황과 경영성과를 성실하게 공개하는 '투명성'의 가치도 추가되어야 한다. 이번 혁신방안에는 이와 같은 3가지 핵심가치가 투영되었다.

둘째, 부채 감축을 위한 구조와 기능의 과감한 조정이 요구된다.

공기업이 주민복리 증진을 위한 사업을 전개하면서 이에 필요한 재원을 자체 수익이나 지자체의 보전 재원으로 충당하게 된다. 따라서 무리한 사업 전개와 비효율적인 조직 구조를 효율적으로 재조정하여 공기업의 체질을 강화하고 부채를 감축하도록 힘써야 한다.

물론 도시개발 사업을 지속적으로 추진해야 되는 공사의 경우, 일률적인 부채 감축 목표가 대규모 지역개발 사업의 추진을 제약하는 측면도 있다. 따라서 공기업의 유형이나 채무상환 능력, 지방자치단체의 재정 여건을 감안하여 각각 다른 부채 감축 목표의 설정이 가능하지 않는가 하는 의견과 건의도 있었다.

그러나 과거 부동산 경기가 좋았던 시절에 각 공기업들이 많은 개발 사업을 경쟁적으로 벌였고, 부동산 경기 침체기가 상당 기간 지속되면서 그 후유증이 매우 컸다. 따라서 당분간 공기업 정상화의 첫 번째 요건이 되는 부채 감축 목표 달성을 위한 공동보조가 필요한 것 같다.

셋째, 민간경제를 침해하는 사업의 철수 및 조정이 절실하다.

국가경제 측면에서 볼 때, 민간기업과 공기업은 상호 보완 기능을 수행해야만 효율적이다. 공기업은 민간시장에서 시장 기제로 잘 공급되지 않는 공공재의 생산과 공급을 맡는 게 고유한 역할이다. 이른바 '시장실패(market failure)'를 보완하는 게 공기업의 소임인 것이다.

그러나 그동안 공기업이 수익성을 과도하게 추구하는 과정에서 민간시장을 통해 잘 공급되는 서비스까지 무리하게 공기업이 진출한 경우가 적지 않았다. 예를 들어, 골프 연습장이나 스크린 골프장 운영, 학원 임대 사업의 경우 과연 공기업의 사업으로 적정한 것인지에 대한 의문이 있었다. 민간이 잘 할 수 있는 사업은 시장 원리에 따라 민간 기업이 공급하도록 위임하는 것이 옳다. 따라서 시장의 자유로운 경쟁을 위축시키는 공기업의 사업들은 과감히 철수하는 게 바람직하다.

공기업이 우월한 위치에서 시장 영역을 침해하면, 경제적 비효율을 낳을 뿐만 아니라, 지역경제의 활성화에도 도움이 되지 않기 때문이다. 공기업이 다양한 수익 사업을 발굴할 때에도 공공수요를 충족하면서 지역개발효과도 커서 공익성과 경제성을 동시에 달성할 수 있는 사업에 집중

제4부 공공기관 혁신, 공정이 먼저다

하였으면 하는 바람이다. 이번에 혁신 방안에서 공기업 사업의 시장성을 테스트하는 제도를 만든 이유가 여기에 있다.

넷째, 공기업의 설립 및 신규 사업 추진의 타당성을 철저히 검토하여야 한다.

도시화가 가속화되고 사회가 지속적으로 발전하면서 주민들의 욕구도 다원화되고 있다. 이에 부응하기 위해 새로운 서비스 제공기관이 설립되거나 기구와 인력이 증대되는 것은 자연스러운 현상이다. 그러나 지방자치단체가 늘어나는 공공서비스 수요를 감당하는 방안은 여럿이 있을 수 있다. 행정기구의 효율적 조정이나, 민간 위탁 방식도 가능하다. 또는 일하는 방식을 개선하여 기존 서비스의 내용과 물량을 변화시켜 나갈 수도 있다.

그러나 많은 지자체들이 다양하고 복잡한 방안을 고민하기보다 손쉽게 공기업을 설립하고자 하는 유혹에 더 끌리고 있다. 그러다보니 때로 위인설관(爲人設官)식의 정치성이 개입되고 있다는 의혹이 일기도 한다. 이번에 공기업 설립 요건을 강화한 취지도 이런 무리한 공기업의 설립을 줄여보자는 것이다.

대규모 지역개발 사업이나 다양한 신규 사업들이 면밀한 타당성 검토 없이 착수되는 경향도 우려할 만하다. 현재 사업 시행주체가 실시하는 사전 타당성 검토는 형식화된 측면이 있다. 발주처인 지자체나 공기업의 의도에 맞춘 검토 결과가 나올 가능성이 높기 때문이다.

지자체장이 공약 사업으로 내건 사업을 공기업으로 전가하여 추진하는 사례도 공기업 경영 부실화의 요인이 될 수 있다. 예비사업을 철저하게 경영적 관점에서 분석한 후 추진 사업으로 채택하는 것이 아니라, 과학적인 타당성 검토가 생략된 채 공약사업으로 공표된 사업을 무리하게 공기업에게 떠맡기는 경우가 문제다.

이를 방지하게 위해 사업타당성 검토를 객관적인 전문 조사기관에서 시행하도록 하고, 사업의 의사결정에 참여한 모든 주체들, 즉 지자체장과 계선, 공기업의 임직원을 명기하여 주민에게 공개함으로써 사후 사업추진의 공과에 대한 책임 소재를 명확히 하도록 해야 한다.

다섯째, 공기업의 생산성 목표관리가 절실하다.

혁신 방안에는 포함되지 않았지만, 혁신위원 전체회의에서 심도 있게 논의되었던 내용을 한 가지만 소개한다. 비용 개념에 입각한 생산성 관리가 절실히 필요하다. 각 공기업이 이를 자체 혁신과제로 선정하여 추진해 주기를 권고한다.

공기업이 민간 기업에 비해 가장 뒤떨어진 부분은 생산성(Productivity)이다. 공기업의 서비스가 대부분 독점인 경우가 많아 민간기업의 생산성과 직접적으로 비교하기는 어렵다. 그러나 기관 전체 차원이 아닌 세부 서비스로 구분해 보면 공기업의 특정 서비스와 유사한 서비스를 제공하는 민간 기업이 있는 영역도 적지 않다.

동일하거나 유사한 서비스를 제공하는 공기업과 민간기업의 사업성과를 비교해 보면 어떨까? 흥미로운 결과를 얻을 수 있다. 쉬운 예로 지하철 운송 서비스의 경우에도 공기업과 민간기업의 비교가 가능하다. 또한 주택 공급 서비스의 경우에도 사업의 단계별로 비교 분석해 볼 수 있는 세부 서비스가 많다.

문제는 공기업이 특수성만 강조하면서 민간 기업과 비교하는 것을 꺼리는 데 있다. '1km당 수송원가', '1km당 인건비', '1인당 당기순이익',

'1㎡당 수선유지비', '주차 1면당 관리비', '수돗물 1톤당 생산원가' 등 각 공기업의 사업에 맞는 다양한 생산성 지표의 설정이 가능하다. 사실 경영평가에서 많은 평가지표를 통해 경영실태를 파악하는 것보다 이러한 사업의 대표적인 결과지표 몇 개만 평가하는 것도 바람직할 수 있다.

물론 유사한 서비스라고 해서 공기업이 민간기업과 동일한 목표치를 설정할 수는 없을 것이다. 기관의 역사와 사업 구조, 그리고 공공적 특성을 고려하여 관리가능한 적정한 목표치를 설정하면 될 것이다. 부담을 가질 필요 없이 당해 기관의 실정에 맞는 생산성 목표를 도출하면 된다. 목표치가 어떠하든 생산성 향상을 견인하는 지표를 설정하는 기관과 그렇지 않은 기관은 최종적인 경영성과에서 큰 차이가 날 것임에 틀림없다.

생산성 지표 설정에 따른 목표 관리를 할 경우 생산성 제고를 위한 경영 전반의 개선 활동을 촉진시킬 수 있다는 점이 가장 큰 매력이다. 생산성을 높이기 위해 스스로 투입 요소인 인력과 예산, 기구의 효율화를 추진하게 된다. 또한 수익을 높일 수 있는 서비스의 향상과 새로운 수익원의 발굴 노력도 촉진시킬 수 있을 것이기 때문이다.

여섯째, 모두가 공기업 혁신의 주체가 되자.

공기업 혁신은 공기업만의 과업은 아니다. 지방공기업 경영을 뒷받침하는 행정자치부의 공기업 정책부터 혁신이 시작되어야 한다. 국가적 차원의 조정 역할에 머물고, 지방자치단체의 폭넓은 자율권을 존중해야 한다. 지방자치에 걸맞은 코디네이터와 협력자의 역할을 재정립해야 하는 것이다.

아울러 지방공기업을 설립하고 운영하는 주체인 지방자치단체는 산하 공기업과 함께 이번 혁신 방안들을 구체적으로 실행하는 직접적인 주체가 되어야 한다. 지방공기업의 자율성과 생산성을 높이는 데 지자체의 역할이 매주 중요하기 때문이다.

그동안 지방공기업이 노정하는 경영상의 여러 문제점들을 살펴보면, 지자체의 무리한 사업 추진이나, 불필요한 통제, 그리고 불충분한 재정 지원에서 초래된 측면도 없지 않았다. 따라서 지자체에서는 공기업이 본연의 기능을 충실히 수행할 수 있는 경영환경을 조성하는 데 힘써야 한다.

이를 위해 전문성을 갖춘 우수 인재를 공기업 임원으로 등용하고, 임직원들의 열악한 근무조건을 점진적으로 개선해주어야 한다. 아울러 공기업의 경영 자율성을 높여 성과중심의 책임경영 체제가 정착하도록 지원해야 할 것이다.

공기업 혁신의 길은 멀고도 험하다. 하지만 우리가 기피할 수 없는 당면과제이기도 하다. 이번에 마련한 혁신 방안 역시 우리가 헤쳐 나가야 할 숱한 난관 가운데 일부일 뿐이다. 중요한 것은 공기업 임직원들이 소명감을 새롭게 인식하고 과감하게 도전해 나가야 한다는 것이다.

우리 지방공기업 가운데 끊임없는 변화와 혁신으로 주민의 복리 증진에 기여하고 수익성도 올리는, 즉 두 마리 토끼를 성공적으로 잡는 탁월한 경영 성과를 보이는 곳도 많다. 올해가 모든 지방공기업이 국민들에게 사랑받는 기관으로 변신하는 힘찬 출발점이 되길 희망한다.[*]

---

[*] 박경귀, "공기업 혁신, 시대적 소명이다", 〈지방공기업〉, 지방공기업평가원 (2015 통권 13호), pp.18~25. 재인용

제4부 공공기관 혁신, 공정이 먼저다

다시 세우는 자유와 정의

자유의 충돌

▌ 가해자 살인, 어디까지 정당방위인가?

당신은 자유로운가? 당신은 지금 당신의 합리적 이성의 판단에 의해 누구의 억압이나 제지를 받지 않고 원하는 것을 할 수 있는가?

만약 '무엇인가를 하거나 하지 않거나'가 스스로 이성의 판단에 의한 것이 아니라 타인의 강요와 속박, 협박에 의한 것이라면 당신은 자신의 권리로서 자유를 갖고 있지 못한 것이다.

토마스 홉스나 존 로크의 말을 빌릴 필요도 없이, 인간이 생명의 위협으로부터 자신의 신체를 보존하는 일은 신성불가침의 권리로서 자연적 원리에 따르는 권리, 즉 자연권이다. 이 자연권에 인간 스스로도 구속된다. 자기 자신조차도 자신의 신체를 처분할 권리는 누구에게도 주어지지 않는 것이다.

근대사회는 자신의 신체뿐만 아니라 자신의 재산을 지키는 소유권의 권리 보호를 절대적 원칙으로 확립했다. 즉 소유권 절대의 원칙이다.

자신의 신체와 자신의 재산을 자신의 의지에 따라 보호하고 신장시킬 수 없을 때 인간은 자유롭다고 말할 수 없다. 자신에 대해 자연적 권리를 가졌다고 볼 수 없고, 타인에게 속박 받는 노예나 다름없다.

이렇듯 자신의 신체와 재산을 지키는 일은 한 생명체로서의 인간 본연의 본성이자 권리이다. 타인의 소유에 대한 간섭이나 빼앗는 행위가 아닌 한, 자신의 인적, 물적 소유를 지키려는 한도 내에서의 행위는 자연권, 나아가 실정법으로 보호받아야 한다.

이것이 바로 인간 자연권의 구현이자, 현대 자유민주주의 사회의 실체법의 정당한 집행이다. 이런 명제가 무너지면, '만인에 대한 만인의 투쟁'으로 돌아간다.

미국에서 따돌림과 폭력에 시달리던 학생이 폭력을 당하던 와중에 칼로 가해자를 살해했다. 법원에서는 피해자의 '정당방위'(Stand Your Ground 또는 No Duty To Retreat)로 보아 무죄판결을 내렸다.

인간이 자신의 신체를 지킬 수 없을 때의 굴욕과 비참함은 극에 달한다. 개인의 신체와 생명을 위협하는 '폭력으로부터의 자유'(Freedom from Violence)는 인간 생존의 제1의 조건이다.

정당방위는 인간의 자연권을 대변하지만, 과잉방어는 또 다른 폭력이다. 폭력의 방어과정에서의 살인을 정당방위로 인정함으로써, 피해 학생의 자기방어권을 높여주어 학교 폭력을 예방하는 효과도 있지만, 과잉대응을 불러올 소지도 적지 않다. 정당방위의 구성요건에 대한 합리적 해석과 엄정한 적용이 필요하다.

가장 중요한 원칙은 타인에게 위해를 가하는 어떠한 폭력도 정당화될 수 없다는 것이다. 사회의 구성원 누구나 인간의 자유와 소유권을 존중하는 자연권과 소유권 절대의 원칙을 불가침의 권리로 일상생활에서 체득해야 한다.

폭력을 행하는 자, 역시 또 다른 폭력을 불러와 결국 자신이 '폭력으로부터의 자유'(Freedom from Violence)를 호소하게 될 것이기 때문이다.

충돌, 개인의 자유와 국가의 책무

미국인들의 초미의 관심사로 버락 오마바 미국 대통령이 정치적 운명을 걸고 추진했던 '건강보험개혁법(Affordable Care Act)'에 대해 미국 대법원이 2015년 6월 28일 대법관의 5 대 4의 결정으로 "건보 의무가입 조항은 합헌"이라고 판결했다.

위헌소송까지 몰고 간 쟁점은 우리나라의 경우 보기 힘든 논리이다. 오바마 정부가 2014년까지 3200여만 명의 시민들이 건강보험의 혜택을 받을 수 있도록 하겠다는 것이었고, 공화당과 그 지지자들은 정부가 건강보험 가입을 강제하는 것은 개인의 자유를 침해하여 위헌이라는 주장이다. 더구나 대법원의 판결 내용과 무관하게 공화당 대통령 후보들은 한결같이 오바마 케어의 폐기를 공약했다.

트럼프 대통령 역시 대통령 입후보 당시 오바마 케어 폐지를 공약했고, 지금까지 끈질기게 폐지를 추진해 오고 있다. 우리는 미국의 건강보험법을 둘러싼 위헌논쟁과 판결과정, 폐지를 둘러싼 민주당과 공화당의 대결을 보면서 어느 나라보다 독특한 미국인들의 가치관의 흥미로운 정향을 보게 된다.

정부가 국민에게 건강한 의료서비스를 제공하기 위한 정책의 일환으로 건강보험제도를 운영하겠다는 것을 반대하며 나설 수 있는 미국인들의 사고방식은 정부의 정책도 개인의 선택적 자유를 제약할 수 없다는 인식에 바탕을 둔다. 자신의 건강을 돌보기 위한 조치로서의 행위를 자신이 스스로 선택해야지 정부가 강요할 성격은 아니라는 견해이다. 국가의 시장개입과 개인의 영역 침범에 대한 반대의 목소리이다.

한편으로 시장의 실패보다 정부의 실패 가능성이 더 크다는 학습효과

제5부 다시 세우는 자유와 정의

의 발로이기도 하다. 어떻든 국가주의와 집단적 사고에 길들여진 동양인으로서는 이해하기 어려운 측면이 있다.

이런 미국인들의 사고의 뿌리는 미국 건국 과정의 체험과도 관계가 있다. 미국의 건국의 아버지들은 영국의 종교적, 정치적 압박에서 벗어나 자유를 찾아 신대륙으로 건너온 사람들이다. 이들에게 '자유'는 삶의 목적 그 자체였으니, 그 자유정신의 유전자가 뼈 속 깊이 박혀있는 것은 어쩌면 당연한 일인지도 모른다.

현실적으로도 50개주 중 절반이 넘는 26개주가 이 법이 위헌이라며 소송을 제기한 상태이고, 국민 여론조사에서도 위헌 찬성의견이 더 많은 것으로 나타난 것도 이를 웅변한다. 물론 이들이 정부의 존재를 부정하는 무정부주의자들은 아니다.

대개의 국가에서는 이런 논란이 잘 빚어지지 않는다. 정부의 정책선택권에 대한 복종을 당연시하기 때문이다. 하지만 대법원 판결의 내용과는 무관하게 이번 건보개혁법 위헌 논쟁과정에서 보여주는 미국인들의 개인의 자유에 대한 가치관과 신념은 많은 것을 시사한다. 결국 국가 권력의 원천이 시민에게 있고, 국가의 역할 또한 개인의 자유의 범주 안에서 행해져야 한다는 점을 일깨워준다.

더구나 개인의 자기선택과 책임의 범위와 국민에 대한 국가의 보호 책무의 수행범위가 충돌할 때 무엇을 우선시 할 것인가에 대한 사회적 고민이 법률적 쟁송의 대상이 될 만큼 뜨거울 수 있다는 점에서, 미국인들의 자유와 민주의 가치에 대한 철저한 신념이 부럽다.

미국인들의 건강한 의견대립을 개인적 자유를 지나치게 추구하는 자유방임주의나 이기주의의 소산이라고 비판하기 어려운 이유가 여기에 있다. 미국인들의 논쟁은 아직 끝나지도 않았다. 옳든 그르든 우리는 언제

한번 개인의 자유와 자기 책임에 대해 이렇게 치열하게 고민해 본적이 있던가.

제5부 다시 세우는 자유와 정의

자유 없는 민주주의는 홀로 설 수 없다

　언어는 사유의 집이다. 모든 언어에 사상과 가치가 담긴다. 그래서 용어, 이름을 바로세우는 정명(正名)은 바른 사고 바른 정책의 출발이 된다.

　자유민주주의(liberal democracy)는 '개인의 자유와 권리를 보장하는 헌법을 갖추고 입헌주의 틀 안에서 의사결정을 하는 이념·체제'를 말한다. 우리 헌법 제4조에 '자유민주적 기본질서'를 명시하고 있다.

　우리나라 사회·역사 교과서는 1973년 이래 줄곧 '자유민주주의'라는 용어를 써왔다. 이 소중한 용어 '자유민주주의'는 좌파정부가 집권하면서 사라졌다. 김대중 정부가 교과서 집필기준을 고치고 새롭게 검정을 통과시킨 후 노무현 정부 첫해인 2003년에 배포한 '한국 근·현대사' 검정교과서들부터 '자유민주주의'를 삭제하고, 그 자리에 '민주주의'가 들어섰다.

　우파정부와 좌파정부는 왜 그렇게 각자 다른 용어에 집착하는 것일까. '민주주의'는 단지 '국민이 주권을 행사한다'는 개념으로 인민민주주의나 사회민주주의 등을 포괄적으로 받아들일 수 있는 개념이다. 북한의 정식 국호가 '조선민주주의인민공화국'이듯, 민주주의는 사회주의 국가역시 애용하는 용어이다. 민주주의는 자유국가와 공산국가, 전제국가의 준별을 모호하게 하는 용어인 셈이다.

　김대중·노무현 정부 때부터 쓰기 시작한 '민주주의'는 북한이 쓰는 '인민민주주의'에 더 친화적이어서 우파정부는 '자유민주주의'를 대체할 수 없다고 본다. 물론 '민주주의'라는 용어가 가치중립적이라고 볼 수도 있다. 하지만 우리나라에서 현실적으로 작동되는 의미는 우파 정부에게는 '민중민주주의'나 '인민민주주의'에 문을 열어두는 것으로 받아들여진다. '민주주의'만 강조하던 시기에 전교조의 좌편향 교육이 강화되었다는 학습효과도 관련이 있다.

교과서에서 '자유민주주의' 되찾는 데 무려 8년이 걸렸다. 우파 정부인 이명박 정부가 들어서 3년차인 2011년에 비로소 사회·역사 교과서에 '자유민주주의'를 복원했다. '자유민주주의' 국가에서 그 용어조차 쓸 수 없었던 과거 정권의 역사의 왜곡을 환원할 수 있어서 다행이었다.

그런데 좌파 정부인 문재인 정부가 들어서자마자 교과서에서 '자유민주주의'를 다시 삭제하는 일이 반복되었다. 참담한 일이다. 자유진영에서 '자유민주주의'의 삭제에 강력히 반발하자 문 정부는 한 발 물러섰다. '민주주의'를 중심으로 사용하되 2020년부터 '자유민주적 기본 질서'에 근거하여 '자유민주주의'를 병용할 수 있도록 했다.

현행 교과서에서 정의하듯 자유민주주의는 "자유주의와 민주주의가 결합된 정치원리로 개인의 자유를 존중하며, 국가와 권력이 국민의 동의와 지지를 바탕으로 이뤄지는 것"이다. '자유민주주의'가 유일하고 단독적으로 사용되지는 않아 불완전하지만, 병용하는 게 그나마 다행이다.

이처럼 자유민주주의와 민주주의는 불화할 수밖에 없는가. 집필기준을 '자유민주주의'나 '민주주의'로 고칠 때마다 두 용어에 대한 이념적 논쟁이 첨예하게 불거졌다. 이러한 논쟁은 자유주의와 민주주의의 개념에 대한 이해의 차이에서 기인하는 것 같다.

'자유민주주의'를 고수하려는 이들은 '민주주의'에 대한 명확한 구분이 없는 것은 북한식 사회주의나 유럽식 사회민주주의에 대한 친화적 관념이 스며있는 것으로 경계한다. '민주주의'를 고집하는 이들은 굳이 '자유'를 부가하려는 것은 현재의 권위주의적 정치를 호도하려는 것이 아니냐는 의구심을 갖고 있다.

민주주의에 대한 여러 오해와 논쟁이 우리에게 더 많이 발생하는 이유 중의 하나는 서구의 '데모크라시(Democracy)'를 수입·번역하면서 '민주주의'란 용어를 사용했다는 점이다.

데모크라시는 엄밀하게 말하면 '주의(ism)'가 아니다. 권력의 주체가 누구이냐에 따라서 '군주정(monarchy)', '귀족정(aristocracy)', '민주정(democracy)'으로 나누는 한 유형일 뿐이다. 데모크라시는 '민주주의(民主主義)'가 아니라 '민주정체(民主政體)', 즉 정치체계와 제도이지 정치사상이 아니다. 굳이 이념적 요소를 든다면 평등의 논리(logic of equality) 하나만 내재되어 있을 뿐이다. 민중의 '주인됨'만을 강조할 뿐이어서 민중민주주의에 친밀감을 준다.

현대 민주주의는 민중의 주인됨을 강조하던 고대 그리스 민주정과 확연히 다르다. 현대 민주주의는 개개인의 자유를 존중함으로써 소수 민중의 횡포와 국가 권력으로부터 보호 받는 것을 생명으로 한다. 그래서 '자유'라는 분명한 수식을 붙인 '자유민주주의'라는 용어가 더욱 적합하다.

더구나 자유주의와 사회주의는 대척적인 사상(ism)이 될 수 있지만, '민주주의(Democracy)'은 어느 것과도 결부될 수 있는 정치 체제(cracy)인 것이다. 그렇기에 북한이나 사회주의 국가도 정치체제로서의 '민주주의(민주정)'을 표방하게 된다.

우리 학계가 '데모크라시'를 잘못 이식하는 바람에 개념의 혼동을 악화시킨 측면이 많다. 나는 '자유민주주의(liberal democracy)'가 근대 국가에 걸맞은 용어라 보기에 이를 분명하게 선호한다. 나는 개인의 자유가 존중되는 자유주의적 이상과 가치들을 민주적(democratic) 구조와 절차를 통해 이루려는 '자유민주주의'편에 당당히 선다. 자유주의는 민주주의를 동반하게 되지만, 민주주의는 자유주의를 담보하는 필연성이 훨씬 미약하기 때문이다. 자유를 추구하면 평등을 신장시킬 수 있지만, 평등을 추구하면 자유를 지켜내기조차 어렵다는 역사적 경험을 잘 알고 있기 때문이다.

자유민주주의는 민주주의를 품고 있다

박 모 교수의 시평에 대한 반론이다. 박 모 교수는 그동안 자유민주주의를 쓰지 못하도록 왜곡교과서 집필을 주도한 좌파교수 중의 대표적인 사람이다. 박 교수의 궤변에 현혹되지 말아야 한다.

그가 보여주는 자유주의에 대한 적대감은 뿌리가 깊고 왜곡으로 가득차 있다. 다음은 그의 칼럼의 허구성에 대한 비판이다. 먼저 박 교수는 '민주공화'는 '자유민주'를 포괄하나 그 역은 항상 그렇지는 않다고 주장한다. 실상을 정반대로 억지규정하고 있다.

자유민주는 자유주의적 민주정이므로 '민주공화정'이 당연히 내포되지만, '민주공화'는 담고 있는 사상의 크기가 훨씬 더 큰 '자유민주(자유주의+민주주의)'를 담아내지 못한다. 또한 비교 대상도 아니다. 정체와 사상은 비교할 수 없다. 자유주의는 그리스의 고전적 민주정과 로마의 공화정, 중세 이탈리아 공화정의 진보과정에서 폭넓게 정치적, 경제적 사상으로 기능했기 때문이다. 그는 민주주의와 민주정의 의미 자체를 혼동하고 있다. '민주'는 '인민주권'을 강조한 것일 뿐 정치사상이 아니다.

그는 헌법 제1조 '민주공화국'을 임의대로 해석한다. 헌법 제1조는 정치

사상을 규정한 것이 아니라 국체(國體), 즉 국가 정체(政體)를 밝힌 것이다.

인민주권에 기초한 직접 민주정의 한계를 보완하기 위한 자유, 법치, 대의 민주정의 사상과 함께 시민 덕성, 공공선의 가치에 무게를 두는 공화정(共和政)을 강조한 것으로 해석해야 한다.

이러한 제헌 취지에 비추어 오늘날 우리 사회의 현상이 '민주'는 넘치지만 '공화'가 실종된 모습이라는 비판이 제기되고 있는 것이다.

더욱 기가 막힌 것은 우리 정치사의 실상을 자신의 임의적 시각으로 규정한 다음 '자유민주주의'와 부합되지 않았으므로 '자유민주주의'를 쓸 수 없다고 거친 해석을 하고 있다.

근본적으로 '자유민주주의'는 국가 운영의 지향 철학으로 사전적으로 설정되는 것이다. 따라서 현실의 실태에 대한 사후적 기록으로 해석되는 것과는 전혀 다른 차원의 문제란 것을 도외시하고 있다. 즉 3가지 의도적인 비교의 오류를 범해 독자의 착시를 유도하고 있다.

첫째, 건국세력들이 자유시장경제 체제를 지향했지만 실제 달성하지 못했으므로 건국중심세력에서 제외할 것인가라는 우문을 던진다. 건국세력의 인정여부와 자유민주주의의 용어 사용과 무슨 상관관계가 있단 말인가. 오히려 건국세력이 제대로 구현하지는 못했으나, 헌정의 가치로 '자유민주주의'를 명확히 지향했음을 확인시켜 준다.

둘째, 건국 헌법이 '사회주의 헌법'이라는 전제가 잘못되었다. 시장규제와 복지 등에서 사회주의적 요소가 일부 담겼다고 사회주의 헌법이라고 규정하는 것 자체가 의도적인 확대해석이다. 이런 요소 때문에 '자유민주주의'로 설명하기 어려우니 '민주주의'가 더 자연스럽다고 주장하는 것은 오히려 '민주주의'란 용어가 '사회민주주의'와 더 친화력이 있다는 점을 스스로 고백하는 것과 다름없다.

더구나 '자유주의'는 사회민주적 요소를 담아낼 수 있지만, 사회민주주의가 자유주의를 포괄할 수 없음을 재확인시켜준다. 이 점은 유럽의 사례에서도 충분히 확인된다.

셋째, 이승만, 박정희, 전두환이 자유민주주의를 반대, 독재를 하였으므로 '자유민주주의'를 쓸 수 없다고 주장한다.

거듭 밝히지만 헌정의 가치는 지향가치이지, 현실의 묘사가 아니다. 그런 논리라면 비민주적 정부로 비판받을 경우 '민주주의'라는 용어는 어떻게 쓸 수 있다는 말인가. 자기모순이다.

헌정가치로 설정된 '자유민주주의'의 사상이 있었기에 바로 비민주, 반자유에 대한 투쟁과 항거의 토대가 될 수 있는 것이다. 헌정가치와 완전하게 부합되게 현실에서 구현하고 있는 나라는 어디에도 없다. 영원한 추구의 대상일 때, 헌정 이념으로서의 가치가 있는 것이다. 결국 현대 대의민주정은 정체로서는 이미 완성된 상태이다.

'민주정(민주주의)'에 대해서는 아무런 이견이 있을 수 없다. 그 자체가 정체일 뿐이기 때문이다. 민주정(democracy)은 말 그대로 제도이다. 다시 말해 그릇일 뿐이다. 한국에서 잘못 번역하여 '민주주의'로 써왔기 때문에 오해를 가중시켰다. 따라서 '민주주의(민주정)'는 홀로 설 수가 없다.

국가 정체의 그릇에 무엇을 담느냐에 따라 국가의 정체성이 확인된다. 무엇은 바로 정치사상이자 이념이다. 그 이념은 바로 자유주의와 사회주의이다. 따라서 무엇을 담느냐에 따라 '자유민주정(자유민주주의)' 또는 '사회민주정(사회민주주의)'으로 구분할 수 있는 것이다.

어느 것도 선택될 수는 있다. 하지만 다양한 정치이념이 은익될 수 있는 '민주주의(민주정)'란 용어는 애매성 그 자체이다. 아무런 현실적 실익도 없다.

제5부 다시 세우는 자유와 정의

민주주의(민주정)는 정체제도이자 원리일 뿐이다. 민주적 제도와 절차를 통해 '무엇을' 달성하려고 하는 가를 천명하는 것이 국가의 정체성과 국민의 지향점을 분명하게 보여준다.

그렇다면 자유민주주의를 거부하고 무엇을 취할 수 있다는 말인가.

위대한 탄생, 자유를 진작하라!

▌ 자유, 평등의 탄생, 그리스 문명의 교훈

그리스인들은 인류 가운데 가장 이성을 중시했던 사람들이다. 이들은 인류 문명의 시원이 될 독창적 사고방식, 철학과 학문, 그리고 정치체계를 만들어냈다. 나아가 이들은 최초로 인간 사고의 역사에 새로운 차원을 부과했다. 새로운 정치체계와 폴리스를 만들어낸 것이다. 폴리스의 아크로폴리스와 아고라는 이들의 사고방식이 시현되는 기하학적 공간이었다. 인간 이성과 자연의 궁극적 요소에 대한 끊임없는 탐구는 그리스인들의 지적 성장을 촉진시켰다. 이런 활동은 그리스 문명의 두드러진 특징이 되었다. 시민적 권리를 보장하기 위한 민주정의 창안은 이런 그리스적 질서를 시험하고 강화하는 가운데서 태동했다.

헬라스 세계가 신화와 연계된 군주권력에서 벗어나 새로운 사유를 바탕으로 문명의 전환을 만들기 시작한 것은 기원전 8세기경부터이다. 청동기의 영웅시대를 넘어서 철기시대로 접어들면서 과거 미케네 문명의 왕궁 중심체제에서 벗어나 촌락공동체와 전사 귀족의 세력이 강성해지기 시작한다. 군주권의 붕괴는 힘의 균형과 조정을 위한 귀족 가문들 간의 힘의 경쟁과 쟁론을 만들어냈고 자유(elefteria)와 평등(isonomia)의 사고방식을 태동시켰다.

그리스인들은 폴리스의 모든 기능을 '아고라'라는 공공의 공간에서 논의했다. 아고라는 자유와 평등의 사유체계가 전개되는 공동체의 신성한 사회적 공간이 된 것이다. 그리스의 철학적 사유가 물리적 공간을 창출하고 이 공간은 헬라스인들의 사고방식을 촉진시켜 사회적 제도로 강화시킨 것이다. 하지만 폴리스의 판도 확장과 부의 축적은 민중과 귀족 각자가 더 큰 힘을 갖고자 하는 야망과 권력의지를 부추겨 갈등과 분열을 만들어 내기도 했다.

이는 공공의 유대를 해치는 위기를 불러왔다. 솔론이 양측의 '호모노미아'(homonomia, 합의)를 위해 '소프로쉬네'(sophrosyne, 절제)를 요구하며 입법 개혁에 나섰던 이유다. 물론 솔론이 추구한 것은 산술적 형평이 아닌 각자가 처한 태생적, 환경적 상황과 역량을 배려한 기하학적 형평이었다. 솔론의 이러한 평등관은 인간 사회의 냉혹한 현실을 통찰한 데서 나왔다.

'아레테'(arete)와 '소프로쉬네'는 고대 그리스인에게 가장 중요한 덕목이자 폴리스의 발전과 안정을 위해 폭넓게 유포된 교훈적 사유 개념이었다. "적절함이 최선이다"(metron ariston)와 같은 격언이 사회생활의 계율로 작용한 것도 같은 맥락이다. 고대 그리스인들이 로고스(logos, 이성)를 발전시키는 데에 철학적 차원의 동기보다 오히려 폴리스의 현실에서 부딪히는 계층과 민중 간에 '정의'(dike)를 확립하고 권력욕을 절제시키려는 정치적 차원의 동기가 더 강하게 작용했다고 볼 수 있다. 인류 문명의 위대한 성취를 가능하게 한 '이성'은 곧 폴리스의 정치적 작용의 산물이었던 셈이다.

고대 그리스인들은 인간이 평등하게 태어날 수 없고 완전하게 평등해질 수 있다고도 믿지 않았다. 그들은 절대적 평등보다 상대적 평등을 추구했고, 특히 평등에 앞서 개개인의 자유로운 사유와 선택을 더 중시했다. 개인주의를 바탕으로 그리스 특유의 자유를 얻고 지키려는 갈망과 그들의 열정은 모든 것에 우선했다. 이런 그리스인들에게 권력과 집단의 억압은 견딜 수 없는 고통이 된다. 하지만 그리스인들의 이런 가치에 대한 집념과 자긍심은 오래 지속되지 못했다. 기원전 5세기의 아테네의 황금기가 지나가고 시민들의 자유에 수반되는 책임이 방기되고 지나친 평등만을 추구하면서 그리스 문명은 퇴조할 수밖에 없었다.

자유로워야만 개인으로서 자신의 모습에 자부심을 가질 수 있다. 나아가 자유로워야만 탁월하기 위한 정진을 통해 성취감을 얻을 수 있게 된다. 이것은 인간의 천성이다. 그리스 문명의 휴머니즘의 핵심이 여기에 있는 것이다. 고대 그리스인들이 추구했던 자유의 정신은 인간이 존립하기 위한 가장 필수적인 요건으로서 이제 인류 보편의 이념으로 자리를 잡았다.

고대 그리스 문명을 가능하게 한 사유의 시원을 살펴보면, 한 사회나 국가의 발전을 위해 사회 성원 간에 충돌하는 욕망을 절제시키고 권력과 부의 형평을 만들어내는 공통의 사유 기반이 절실함을 느끼게 된다. 특히 갈등과 대립을 극복하기 위한 지혜를 스스로 만들어내는 이성적 과정의 오랜 역사적 경험이 부족한 나라들에게는 더더욱 그렇다.

고대 그리스인들이 창안한 사유체계는 3천년 가까이 숙성되면서 서양 문명의 근간이 되었다. 대한민국의 경우 이런 개념과 '사고방식'을 해방 이후에야 비로서 접할 수 있었다. 우리가 아직도 민주주의와 자유와 평등의 가치를 제대로 정착시키지 못하고 때론 억압으로 때론 방종으로 내닫는 일이 잦았던 것도 이 때문일 것이다.

자유, 평등, 정의, 공동체, 법질서, 절제, 합의와 같은 가치 관념은 단순히 학습으로 이해될 수 있는 것이 아니다. 사회 속에서 인간 상호 간의 관계의 산물일 때, 그 가치의 사유체계를 생생하게 체득하고 실천할 수 있다. 고대 그리스인의 사유에서 발원한 많은 가치 관념들에 대해 우리에

제5부 다시 세우는 자유와 정의

겐 아직도 많은 숙고와 연습이 필요하다. 특히 자유의 관념이 개인적 도덕규범의 기초를 넘어 자유로운 선택을 통한 경제행위의 근본 가치로 확장된 현대 자본주의 사회에서는 그 중요성이 더욱 커진다.

▎ 자유, 자유주의의 진화

인간은 스스로 생각하고 스스로 판단하여 행동할 때 가장 인간답다. 고립된 개인의 행위뿐만 아니라 사회에서 상품을 구매하고 소비하는 경제적 행위에서도 마찬가지다. 하지만 당신은 자유로운가? 라고 누군가 묻는다면, 어떤 대답을 할 수 있을까? 쉽게 응답하기 어려운 문제다. 자유란 말만큼 다의적이고 개인적인 상황을 다양하게 반영하는 경우도 흔치 않기 때문일 것이다. 따라서 자유를 사전적으로 '어떠한 속박이나 부담이 없는 상태'로만 이해한다면 너무 안이할 터이다.

자유 그 자체 보다 중요한 것은 어떤 자유인 가이다. '……로부터의' 자유(free from)와 '……할 자유'(free to)를 구별할 수 없으면 자유의 애매성에서 벗어날 수 없다. 즉 자유(freedom, liberty)란 말이 그 가치를 빛내기 위해서는 어떤 특정한 자유가 무엇으로부터의, 또는 무엇을 위한 자유인가를 이해해야만 하기 때문이다. 이런 관념은 자유의 정도와 방향을 측정해보는 중요한 기준이 될 수 있다. 단순히 억압과 구속으로부터의 소극적 자유를 획득하는 것보다, 이성의 자유로운 판단에 따라 선택적 행위를 할 수 있는 적극적 자유가 중요하기 때문이다.

자유에 관한 정의와 이론도 시대와 사상가마다 다르다. 다만 크게 나누어 볼 때, '자유란 능력'이라고 말하는 집단과 '자유란 이성에 의한 지배'라고 말하는 두 집단이 있다. 전자의 주장은 로크, 몽테스키외의 견해이고, 후자는 스피노자, 루소, 칸트, 헤겔이 동조했던 견해이다. 능력을 기준으로 한 자유의 개념은 능력이 없을 때에는 공허하다. 따라서 자유는 '이성적 의지의 자유로운 행사'란 의미로 읽혀져야 한다. 나아가 이를 '강제할 수 있는 이성적 자유'(enforceable rational freedom)로 개념화 할 수 있다.

'강제할 수 있는 이성적 자유'는 외부의 속박뿐만 아니라 내부의 습관, 심리적 억압, 욕망의 속박으로부터 이성적 능력의 도움으로 스스로에게 자유를 강제할 수 있다는 견해다. 이성의 강제력은 속박이 아니다. 이성의 도움을 받아 자유로울 수 있는 상태는 개인 윤리 및 사회윤리로 연결된다. 결국 이성적 통제에 의한 '합리적 자유'가 개인의 자유를 촉진하고 사회에서 벌어지는 개인적 자유 사이의 충돌을 완화시켜 준다. 자유에 대한 규정적 정의도 이를 믿는 사람들의 사상으로서 '자유주의'(liberalism)가 되면 그 의미가 애매해진다.

19세기 초엽 자유주의자라는 말을 처음 사용한 영국의 자유주의자들에게 '자유'란 '국가의 여러 가지 속박으로부터의 자유'를 의미했다. 반면 19세기 후반 프랑스에서 자유주의는 두 가지로 이해되었다. 입헌군주 아래 정치적 자유와 민주국가의 체제가 만들어 낸 양태인 로크적 자유주의와, 개인이 국가를 자신의 것으로 만들어야 한다고 주장하는 국가중심주의적 자유주의가 그것이다.

영국인들은 국가의 질서, 외국에 대한 방위, 재산의 안전 등을 보장하는 최소한의 국가의 속박을 제외하고, 행정부를 속박하고 억제함으로써 개인의 자유를 증대시키는 일이 가장 시급하고 중요하다고 보았다. 반면 프랑스의 국가중심주의적 자유주의는 독일로 이식되어 개인주의가 배제되고 민족주의가 강조된 보다 완고한 국가중심주의로 자리 잡게 된다. 독일에서는 1860년대 비스마르크의 군국주의가 꽃을 피우면서 자유주의가 퇴조하다 1918년 이후에야 로크적 자유주의가 부활했다.

20세기 초 미국에서의 자유주의는 의미와 용어가 더 극단적으로 변질된다. 미국인들은 '자유주의적'(liberal)이란 언어보다, '민주적'(democratic) 또는 '진보적'(progressive)이란 말을 애용했다. 미국에서의 자유주의는 사회주의자, 무정부주의자, 공산주의자를 포함하는 급진주의자마저 포괄하는 의미로 이해되면서 경계의 대상이 되기에 이르렀다.

이렇듯 '자유'와 '자유주의'의 의미는 나라와 시대가 처한 정치, 경제, 종교, 역사적 상황에 따라 규정적 정의도 달라지고, 현실에서의 정서적 의미도 변모한다. '자유주의'가 이렇듯 다양한 사상이나 개념을 수용하면서 변용될 수 있다는 것은 그만큼 '자유주의'의 포괄성이 크고 넓다는 점을 입증해준다.

시대와 나라를 횡단하여 보여주는 자유와 자유주의의 궁극적 특질은 무엇일까. 그 특질이 가장 잘 나타난 것은 영국의 자유주의이다. 존 할로웰의 말처럼 '자유주의는 개인주의적 세계관의 정치적 표현'이다. 영국의 자유주의자는 개인을 윤리적 목적으로 생각하고, 국가는 수단으로서 개인의 이익에 이바지할 수 있을 때에만 가치가 있다고 생각했다. 국가의 속박으로부터 개인의 자유를 희구하는 이유다.

하지만 자유주의 사상가들이 경제 제도로부터 생기는 속박의 중요성을 간과하는 사이, 사적인 경제적 권력으로부터의 속박의 해방을 강조하는 사회주의의 태동을 가져왔다. 하지만 사회주의자들 역시 큰 오류를 범했다. 국가권력이 더 많은 통제를 통해 경제 제도의 속박을 해방시키는 과정에서 국가가 직접 고용주가 되는 사회주의적 처방은 결국 새롭고 무서운 또 다른 국가 권력의 속박을 만드는 모순을 간과했던 것이다.

반면 자유주의는 경제 제도의 속박으로부터 사람들을 해방시키기 위해 필요한 한도에서의 국가의 속박(규제)의 증대를 수용해 나감으로써 해법을 찾았다. 이 점은 오늘날 우리 사회의 자유주의와 민주주의(궁극적으로 사회주의와 맥락이 이어진 의미에서의)의 논쟁에도 시사하는 바가 크다. 자유주의는 사회주의를 포괄해 수정되어 나갈 수 있지만, 사회주의는 자유주의를 받아들여 수정되는 것이 불가능하다. 전체주의적 사회주의의 협소함은 더 말할 나위가 없다. 세상의 어떤 체제도 개인의 본성인 자유가 진작되고 보호받는 자유주의에 기반 하지 않고는 지속가능하지 않다는 점도 더욱 분명해진다.

▎ 자유주의 진작을 위한 철칙

자유민주주의는 대한민국 사회의 작동 원리임에 틀림없다. 하지만 자유의 본질적 가치를 개개인이 얼마나 내면화 하고 있으며 그 가치가 사회 질서 속에 어느 정도 체계화되어 있을까? 한 개인의 자유가 무한히 확대될 때 불가피하게 다른 개인의 확대되는 자유와 충돌한다. 나의 자유를 위해 다른 사람의 자유를 침해할 수 있을까. 존 스튜어트 밀(John Stuart Mill, 1806~1873)은 150여 년 전에 『자유론(On Liberty)』에서 이렇게 응답했다.

"다른 사람의 행동의 자유를 침해할 수 있는 경우는 오직 한 가지, 자기 보호를 위해 필요할 때뿐이다."

"사회는 이런 방법을 통해 다수의 삶의 방식과 일치하지 않는 그 어떤 개별성(individuality)도 발전하지 못하도록 방해한다."

존 스튜어트 밀은 존중되어야 할 개별성과 사회성(sociality)의 조화의 필요성을 잊지 않았다. 밀은 국가권력이 개별 구성원에게 부당한 횡포와 제재를 가하는 것을 정당화하지 않지만, 타인의 자유를 침해하려는 개인의 자유에 대해서는 제한이 불가피함을 인정한다. 누구든 타인의 권리를 침해할 자유는 없기 때문이다. 사람은 어떤 행동을 함으로써 또는 하지 않음으로써 타인에게 해를 끼칠 수 있다. 이럴 경우 그는 타인에게 그 침해에 상응하는 책임을 져야 한다. 따라서 타인의 이익을 침해하여 발생하는 분쟁에 국가가 개입하여 처벌을 대신하는 것은 당연하다.

하지만 어떠한 경우에도 개인은 자기행동에 대한 자유로운 선택권과 불가침의 권리를 갖고 있다. 따라서 어떤 행위를 하더라도 자기 자신을 해칠 뿐 타인에게 해를 끼치지 않는다면 국가든 개인이든 그에게 어떠한 고통을 줄 권리가 없다. 누군가 도덕적 오류를 범한다거나, 품위 없는 행동을 한다고 해도 그로 인해 명확하게 누군가가 침해받지 않는다면, 그런 행위자를 비난이나 경멸할 수는 있어도 처벌할 수는 없는 것이다. 개개인의 행위의 개별성이 존중되어야 하기 때문이다. 물론 자신이 스스로를 해치는 것을 마냥 허용하는 것은 건강한 사회를 위해 바람직하지 않다. 자유를 포기할 자유는 없기 때문이다. 자살을 개인의 자유로 치부할 수 없는 이유다.

밀은 개인의 사상의 자유, 행동의 자유가 박해받아서는 안 된다는 확고한 원칙을 강조한다. 특히 국가 권력뿐만 아니라 관습과 여론에 의한 속박에 대해서도 경계한다. 모든 인위적인 속박은 개인의 개별성과 독창성을 억제시킨다. 자유의 보장은 개성의 신장을 가능하게 하여 사회의 진보에 기여할 뛰어난 개인들을 만들어 내는데 유리하다. 국가 권력이나 대중의 여론이 개인의 자유를 억압하는 경우는 국가의 의사나 대중의 여론에 오류가 없다는 무오류의 독단에서 비롯된다.

민주주의는 개인의 자유를 신장시키지만, 한편으로 다수 대중의 무지와 독단에 의해 소수를 억압하는 양면성을 갖고 있다. 대의민주주의 시대에 개인은 점점 더 집단 속에 매몰되어 간다. 사회의 간섭에 의한 개별성의 위축은 궁극적으로 개개인의 자유의 축소로 이어질 가능성이 높다. 개인의 자유를 신장시킨 민주주의가 오히려 개인의 자유를 억압하는 역설적인 상황이 만들어지고 있는 것이다. 우리나라의 현실이 바로 이 상황에 처해 있다. 민주주의를 제어할 '자유'의 관념을 경시하고 있기 때문에 빚어지는 일이다. 자유민주주의를 강조해야 할 이유가 여기에 있다.

하지만 자유의 원칙을 국가 운영의 전반에 완벽하게 적용해 나가는 건 쉽지 않다. 자유에 대한 공인된 일반 원리가 없기 때문이다. 어디까지 자유를 허용하고, 얼마만큼 자유를 제한할 것인지는 국가와 사회의 상황, 국민적 합의의 정도에 따라 달라질 수 있기 때문이다. 인간의 본성은 타인과 더불어 살아가야 할 당위성을 자각하고 스스로 자신의 행동을 타인이나 사회적 기대와 요구에 부응하려는 자연스런 욕구를 갖고 있다. 한편으로 자신의 욕망을 우선적으로 충족시키려는 이기적 욕구에 더 많이 몰두할 수도 있다. 인간의 개별성과 사회성의 가치를 조화시키는 것이 중요해지는 이유다.

민주주의가 만발할수록 공동체를 위해 자신의 자유의 일정 부분을 스스로 통제해 내야 할 자유민주주의는 위축될 가능성이 크다. 또 다양성과 개인의 개별성을 지나치게 강조하다보면 이기적인 개인주의로 흐를 가능성이 많고, 그렇다고 사회성을 더 강조하다보면 국가와 집단의 지나친 간섭이나 억압을 초래할 소지도 충분하다.

자유주의 위협하는 국가주의

　그리스 문명은 '자유'와 '평등'의 관념을 창조했다. 위대한 탄생이다. 아니 인간의 본성에 내재된 관념의 위대한 발견이다. 이 가치들은 서양 문명의 근간이 되었고, 근대 자유민주주의의 토대가 되었다. 자유의 관념은 본질적으로 스스로 존립하는 절대적 가치의 성격을 띤다. 반면에 평등의 관념은 타인과의 비교를 통해 얻어지는 상대적 가치의 특성을 가진다. 어느 관념이 우선하느냐에 대해선 논쟁이 계속되고 있지만, 자유가 전제되지 않는 한 평등의 관념을 구현하기 어렵다는 점을 역사는 잘 보여준다.

　하지만 개인과 국가의 도덕적 규범과 행동원리가 되었던 자유와 평등의 관념들은 자본주의의 흥기에 따라 경제적 평등에 더 많은 시선이 주어지고 있다. 이런 상황에서 경제적 자유의 가치를 인식시키고 진작하려는 자유주의자의 입지는 점점 더 좁아진다. 자유의 관념은 과정을 중시하는 반면에 평등의 관념은 결과를 중시하는 경향이 크기 때문이다. 여기에 인간의 시기심과 탐욕이 작용하여 현대 자본주의 사회는 자연스럽게 '불평등'에 더 주목하게 만든다. 이는 국가의 간섭을 요청하는 세력의 득세를 강화한다.

　자본주의가 심화되는 사회일수록 자유주의는 점점 더 위기에 몰린다. 특히 자유의 근본적 철칙을 도외시하고 상품과 재화의 교환과 구매라는 자유로운 경제활동의 원리로만 인식할 때 자유주의는 평등주의의 공세를 이겨내기 어렵다. 평등주의의 강화는 필연적으로 국가의 규제와 간섭을 불러온다. 이는 시장에서 개인의 자유로운 선택을 제약하는 것을 넘어서 인간의 행태와 사고의 자유마저 위축시키게 된다. 결국 경제적 자유의 문제를 촉발시키는 현대 자본주의 사회에서의 자유의 문제는 근본적으로 개인의 '……할 자유'(free to)와 스스로 사고하고 행동하도록 스스로 '강제할 수 있는 이성적 자유'를 어떻게 유지할 것인가의 문제와 불가피하게 연결된다.

어떠한 경우에도 국가는 개인의 자유를 존중하고 개인의 잠재력과 창의성을 진작시켜야 한다는 '자유의 철칙'을 망각해서는 안 된다. 이러한 인간의 천성에 가장 부합된 자유의 원리는 휴머니즘의 근본적 가치에 바탕을 두고 있다. '자유의 철칙'은 경제활동의 영역으로도 확대 적용되어야 한다. 따라서 현대 자본주의 사회에서 경제적 자유를 진작시키기 위해서는 경제적 자유 그 자체에 몰두하기보다, 인간 본성에 기초한 자유의 가치를 재인식하고 개인의 자유의 관념을 확장시키는 것에서 출발할 필요가 있다. 인문학적 접근이 필요한 이유다.

또한 개인의 삶뿐만 아니라, 공동체의 유지와 발전을 위해 협소한 이기주의를 벗어나 사회적 연대책임을 자각할 수 있도록 하는 민주적 시민교육을 강화해 나가야 한다. 인간의 심층에는 다양한 욕망이 도사려 있다. 특히 자기 이익을 극대화하려는 탐욕과 과욕, 자신이 믿는 가치에 따라 상대에 덧씌운 편견, 자신의 주장을 일방적으로 상대 또는 사회와 국가에 강요하려는 자기 정당성의 오류가 혼재되어 있다. 평등주의자들은 이런 인간 감성의 약점을 파고든다.

물론 평등의 관념이 자유의 관념의 무한정한 확장으로 인해 빚어지는 자본주의 사회의 모순을 수시로 수정하게 만드는 각성제 역할을 하는 것은 틀림없다. 하지만 평등의 관념을 과도하게 적용하려 할 때 문제가 발생한다. 정치권에서 무상급식과 무상복지 등 평등의 관념을 내장한 국가 정책들을 무분별하게 양산하는 이유도 인간의 시기심을 촉발시키고 이에 부응함으로써 정치적 이익을 얻을 수 있을 것으로 기대하기 때문이다. 그러나 국가의 지나친 설계주의는 비효율을 낳을 뿐만 아니라, 인간의 심성과 행태를 의존적으로 만든다는 점을 잊지 말아야 한다.

현대 자본주의의 맹점으로 공격받는 부의 편중은 자본주의만의 고유의 속성에 기인한다기보다, 경제활동을 영위하는 모든 사회가 겪는 공통의 문제로 보아야 한다. 다만 자본주의가 그러한 현상을 심화시키고 있는 것만은 틀림없다. 그런데 인간들이 더 불편하게 느끼는 감성은 부의 편중보다 부의 상대적 격차일 것이다. 그렇다고 해서 불가피하게 존재하는 부의 상대적 격차를 인정하지 않고, 이를 인위적으로 극복하려 시도하는 국가의 간섭주의 정책은 성공하기 힘들다. 오히려 개인의 자기 책임을 기초로 하는 가운데 사회적 돌봄이 필요한 계층에 대해 삶의 최소수준(minimum)을 향상시키는 것을 목표로 하는 것이 올바른 접근이다.

국가가 인간의 내면과 행태의 변화를 이끌어내기는 쉽지 않다. 결국 인간 내면의 왜곡된 가치를 바로 세우고, 뒤틀린 탐욕과 시기심을 절제하는 일은 개인의 각성과 주체적 노력에 달려 있다. 이런 각성된 개인들이 많아진다는 것은 국민 의식 수준의 향상을 의미한다. 따라서 사회의 보편적 가치와 공익을 존중하고 자신의 욕망을 절제하는 개인의 인식 수준을 높이기 위해서는 우리 사회의 모든 구성원들에 대한 여러 측면의 교육이 요구된다.

가정교육과 학교교육은 물론 기업과 종교 시설, 각종 단체의 활동 속에서 이루어지는 사회교육도 중요하다. 다양한 교육을 통해 자유민주주의 사회의 구성원으로서의 덕성과 이타적 가치관을 함양할 수 있어야 한다. 자유 시민 교육을 통해 성숙한 시민의식을 갖춘 국민이 늘어나야만 한다. 국가는 자유시장의 자기 교정의 힘이 스스로 작동하는 환경을 만드는데 초점을 맞춰야 한다. 아울러 기업가 정신(entrepreneurship)의 교육이 필요하다. 창의적 기업가 정신이 사회에 충만하도록 해야 한다. 21세기의 기업가 정신은 이윤 추구뿐만 아니라 경쟁에서 탈락하는 우리 사회의 그늘진 곳에 대한 배려와 상생을 함께 추구하는 보다 도덕적으로 진화된 가치여야 한다.

트윗119 운영 집단계정 폭파 막는 박경귀 참개인가치연대 대표
"공지영 허위 트윗 총선서 안 먹힌 진짜 이유는"

"4.11서 SNS 판도, 묻지마트윗에서 사실과 논리 중시 쪽으로 바뀌어"

19대 총선 결과를 놓고 '나꼼수와 SNS에 기댄 민주통합당의 패배'라는 평가가 있다. 이와 관련해 "사실상 4.11 총선에서 SNS 판도가 변했다"는 분석이 나왔다.

시민운동가이자 트위터에서 집단 계정폭파를 막는 '트윗119'를 운영 중인 박경귀 '참개인가치연대' 대표(한국정책평가연구원 원장)는 "트윗을 하는 횟수를 보면 여전히 야권이 우세하지만 지난해 10.26 재보선 때와 비교할 때 이번 4.11 총선에서 SNS의 환경이 사실과 논리를 중시하는 쪽으로 변했다"고 말했다.

박 대표는 이런 주장의 배경으로 신규 진입자가 늘어난 점을 주요 이유로 꼽았다. 그는 "과거 SNS에서 감성을 자극하는 선동적인 주장이 많았다면 이제 사실관계를 중시하는 트위터리안이 늘어나면서 허위주장이 힘을 잃게 됐다"고 평했다. 가령 이번 총선일에 소설가 공지영 씨가 '타워팰리스 투표율 78%'라는 미확인 정보를 리트윗한 사건이 금방 효력을 잃은 사실도 박 원장의 이런 주장을 뒷받침해준다.

공 씨의 경우 36만명이 넘는 팔로어를 거느리고 있어 잘못된 정보를 트윗할 경우 그 파급력이 상당하다. "다행히 공 씨가 리트윗한 내용이 허위사실

이라는 정보 역시 신속히 전파될 수 있었던 것은 SNS에 사실 확인을 중시하는 새로운 환경이 조성된 덕분이었다"는 것이 그의 설명이다.

박 대표는 "당시 공 씨가 허위사실 유포에 대한 행위를 비난받자 트위터의 특성상 얼마든지 일어날 수 있는 일이라 항변했지만 SNS의 정보가 사회적인 가치를 가지려면 이용자의 정직성이 가장 중요하다"고 강조했다.

결국 최근 들어 스타 트위터리안은 아니지만 건강한 중소 트위터리안이 늘어나면서 SNS 환경을 바꾸고 있다는 결론이 나온다. 이 때문에 이전 선거보다 이번 19대 총선에서 SNS의 위력이 낮아졌다는 평가도 가능하다.

이와 함께 박 대표는 우리 SNS 환경에 대한 의미 있는 분석을 여럿 내놓았다. 먼저 "SNS의 내용이 정치 일변도에다 그 기저에 진영 논리가 강하게 깔려 있다"고 지적했다.

그는 "평소 진보 진영의 목소리를 대변했던 소설가 이외수 씨가 이번 총선에서 새누리당 후보 지지 발언을 한 것은 더할 수 없이 건강한 발언이었지만 무수한 지지자들로부터 총 공세를 받은 것을 볼 때 결국 스타 트위터리안을 만들어내는 힘은 '사람'이 아니라 '가치'였다는 결론을 내릴 수 있다"고 말했다.

그러면서 박 대표는 "이런 진영 논리는 각박해서 자신들의 논리에 안 맞으면 즉각 비난하고 심지어 집단 블럭으로 상대방의 트윗 활동을 멈추게 한다. 이런 점에서 우리 사회의 진영 논리가 더욱 획일화되고 고착화될 수밖에 없고, 사회를 양분화시킨다"고 지적했다.

SNS 이용자의 1%를 차지하는 스타 트위터리안이 전체 내용의 30%를 차지한다는 분석은 이미 나온 바 있다. 이에 더해 박 대표는 "트위터 활동 대부분을 리트윗이 차지하면서 특정 개인의 의견이 재생산되는 경향이 크다"고 평가했다.

그는 "이런 경향이 유독 현재 야권에서 많이 나타나고 있고, 결국 컨텐츠를 한정시키는 결과를 낳는다"면서 "획일적인 의사가 트윗이란 새장 속에서 순환되고 있는 현상에 불과하다"고 했다.

이어 그는 "이렇게 트윗 소재가 단편화되면 인식의 편식 현상을 불러오고, 결국 파워 트위터리안을 자기도취에 빠지게 한다"면서 "예로 조국 교수가 트윗에서 평소보다 거친 발언을 쏟아내는 것도 이런 연유에서 비롯된 것"이라고 지적했다.

조 교수는 트윗에서 종종 자신과 다른 의견을 접할 때 '벽돌이 필요하다'는 표현을 자주 사용했다. 이는 트윗에서 사용하는 은어로 '벽돌'은 '블럭, 차단'을 의미하고, 이는 문제가 되고 있는 계정폭파를 뜻한다.

이렇게 트위터에서 자신과 다른 의견을 주장하는 트위터 계정을 목표로 삼아 일정 비율의 이용자들이 스팸 신고를 하는 방법으로 계정 정지를 유도하는 행위가 유행하자 이를 막기 위해 트윗119가 생겼다.

지난 선거에서도 새누리당 후보로 서울 강남을 지역의원으로 당선된 김종훈 통상교섭본부장의 트윗 계정이 3번씩 폭파당하는 일을 겪었다. 하지만 트윗119 덕분에 미국에 있는 트위터 본사에 해당 계정이 스팸 계정이 아니라는 것을 쉽게 확인시키면서 계정 복구를 청원할 수 있었다.

박 대표는 "트윗119가 만들어질 당시에도 이미 수천 건이 넘는 피해사례가 확인될 만큼 SNS가 오히려 표현의 자유를 억압하는 도구로 전락할 위기에 처했었다"며 "이는 트윗119를 오픈한 지 3개월여 만에 1800여명의 회원이 가입한 사실로도 증명된다"고 말했다. "계정폭파 신고자들의 공통점이 트위터에서 격렬한 논쟁을 벌이거나 비판적 견해의 트윗을 한 후 어느 정도 시간이 지나 계정이 정지되는 것을 경험했다"는 설명도 덧붙였다.

박 대표는 "본사와의 교류를 통해 트위터 계정폭파의 경우 분명 전 세계적으로 특수한 현상임을 확인했다"며 "비록 의도적인 계정폭파에 대해 트위터 본사의 공식 설명은 없지만 국내 트윗 이용자 중에서 직접 블럭을 걸어 계정을 정지시키는 실험을 해서 증명한 사례가 나온 것을 볼 때 분명 트위터의 스팸 방지 기능과 관련해 기술상의 오류가 있는 것이 분명하다"고 설명했다.

이런 특수한 국내 트위터 환경에도 불구하고 박 대표는 "현재 트위터를 비롯한 SNS가 보여주는 순기능이 많다"고 평가했다. "가장 큰 이유가 바로 SNS에선 누구라도 계급장을 떼고 소통할 수 있기 때문"이라고 했다. "오프라인에서 사실상 불가능한 것을 가능하게 해주는 측면에서 한마디로 '소통의 민주화'를 이룰 수 있었다"는 것이다.

반면 박 대표는 "SNS는 함정도 있다. 아직까지 SNS의 이용자가 한정되어 있는 만큼 SNS에서 형성되는 여론을 전체로 볼 수 없는데도 정책 결정자들이 SNS의 반응에 의존하는 측면이 있다"고 했다. 결론적으로 "SNS가 단기적인 시대 반영에는 좋은 도구가 될 수 있을지 모르나 장기적인 관점으로 정책을 세워나가는데 중요 도구는 될 수 없고, 이런 점에서 정치인의 올바른 판단이 필요하다"는 지적이다.

마지막으로 박 대표는 "트위터는 분명 개인 미디어로서 기능을 하는 만큼 스타 트위터리안들의 인식 개선이 필요하다"는 지적도 했다. 그는 "이런 인식이 있었다면 지난 개그맨 김미화 씨의 '대전시향의 사적 동원' 발언이나 공지영 씨의 타워팰리스 투표율 발언은 나올 수 없었을 것"이라며 "SNS의 순기능을 살려서 소통의 장으로 삼기 위해선 이용자들의 진정성이 무엇보다 필요하다"고 강조했다.

박 대표는 "앞으로 SNS가 많은 지식인들의 참여로 다양한 컨텐츠를 확보하는 것은 물론 특히 지도층의 참여가 필요하다"고 말했다. 반면 "신속성과 파급력을 특성으로 하는 트위터에서 허위정보가 사라져야 하는 것은 물론 SNS를 대행하거나 홍보용으로 이용해 그 가치를 떨어뜨리는 일도 사라져야 한다"고 당부했다.

공정이
국민통합이다

다문화 가정과 함께, 국민통합의 시작

다문화 가정 자녀들에 대한 어린이들의 차별적 태도와 집단 따돌림을 천진난만한 아이들의 장난쯤으로 치부해서는 안 된다. 아이들이기에 여린 마음에 더 깊이 상처를 입는다.

다문화 가정 자녀에 대한 왕따 현상의 밑바닥에는 어린이 사이에 차이를 놀림의 대상으로 삼는 단순한 또래 문화보다, 기성세대의 삐뚤어진 심리와 편견으로 굳어진 사회문화가 깔려있다고 봐야 한다. 이런 근본적인 요인들을 드러내고 이를 치유해 나가는 것이 글로벌 시대의 다문화 가정을 포용하는 문화를 만들어 가는데 도움이 된다.

한국사회는 더 이상 단일민족이 아니다. 속 좁은 민족주의적 감성의 찌꺼기는 이제 버려야 한다. 과거 우리 역사 속에서 나타나는 이민족은 주로 남성으로 곧 침략자이자 오랑캐였고 이들은 증오와 배척의 대상이었다. 하지만 지금 우리 사회에 이주민으로 유입되는 사람의 대부분은 여성들로 우리의 필요에 의해 초청된 사람들이 대부분이다.

그 필요의 핵심중의 하나는 노총각의 결혼 파트너들이다. 그것도 서양인이 아닌 대부분 중국, 몽골, 동남아시아, 중앙아시아 출신 아시아 여성들이다. 이들은 우리 여성들의 농촌기피 현상으로 장가 못가는 적체된 중년 노총각들의 평생 반려가 된다. 농촌 총각들에겐 구세주에 다름 아니다. 게다가 농촌 일손이 되고 한 사람이라도 귀한 시대에 대를 잇는 예쁜 자손을 안겨주는 착하고 고마운 며느리들이기도 하다.

이들도 자국 내에서는 어느 정도 현대식 교육과 사회생활을 누리던 사람들이다. 단지 저개발 상태의 어려운 나라 형편 속에서 생활 개선의 어려움을 겪다 코리안 드림을 안고 온, 무언가 잘 살아보겠다고 발버둥치는 사람들인 것이다.

이들이 우리 사회에 안겨주는 상대적 혜택은 너무나 크다. 그런데 우리가 이들에게 주는 상대적 박탈은 왜 이리 모질까. 이는 우리 국민들이 이제 조금 살만해졌다고 상대적으로 가난한 나라 사람들을 업신여기는 천박한 마음에서 비롯되는 건 아닐까. 우리 사회의 포용력이 이렇게 옹색한가.

우리가 개구리 올챙이 적 생각을 못하는 거다. 우리도 6~70년대 이들 나라의 사정과 크게 다르지 않았다. 유색인종인 우리도 해외에 나가면 서구사람들에게 눈총과 업신여김을 당하며 서러워하던 때가 엊그제 아닌가.

우리가 동양인에 대한 서구인들의 인종차별과 멸시적 태도에 분개하면서 도리어 동남아 이주민들은 업신여기는 이중적 태도는, 서구인에게 느끼는 상대적 열등감을 아시아 이주민들에 대한 상대적 우월감으로 보상받으려는 속물적 근성이 가슴 한 구석에 남아 있기 때문이 아닐까. 이는 정말 염치없는 일이다. 다문화 가정의 코리안 드림을 악몽으로 여기게 만든다면 이는 인간적 도리도 아니다.

어른들의 심리적 태도가 이러할 때, 무의식중에 다문화 가정에 대한 편견과 차별적 언행으로 나타나게 된다. 또 이를 주변에서 우리 자녀들이 보고 배워서 죄의식 없이 자연스럽게 다문화 가정 자녀들을 놀리고 차별하게 된다. 결국 다문화 가정 자녀를 따돌림 하는 나쁜 습성은 우리 자녀들에게 가정교육을 제대로 시키지 못한 우리 기성세대의 잘못이다.

다문화 가정 아이들이 다른 인종인 부모의 결합을 부끄럽게 여기게 만들면 안 된다. 부모에 대한 존경과 사랑이 가정을 튼튼하게 만들고 나아가 우리 사회의 결속을 강하게 한다.

다문화 가정 자녀들이 우리나라에 잘 적응할 수 있도록 돕는 것은, 사회, 학교, 가정 모두의 책임이다. 미래를 이끌어갈 이 아이들이 어릴 적 차별과 따돌림을 겪고, 가슴 속에 사회에 대한 불만과 증오의 싹을 키운다면 우리 사회의 사회통합을 저해하고 불안요소가 될 수 있다. 학교 생활과 교육과정을 통해 평등한 대우와 차별 없는 문화를 경험하게 하는 게 가장 중요하다.

세계는 지구촌으로 변한 지 오래다. 어느 나라든 자국민이 타국에서 멸시와 구박받는 것을 달가워할 나라는 없다. 우리가 아시아의 선진국을 넘어, 세계의 선진국으로 존경받는 나라가 위해서는 아시아인들과 함께 어울리는 사회문화부터 만들어야 한다. 이는 국가 간 경제, 외교, 국방의 영역에서도 상호협력의 파트너십을 강화시켜 국익에도 도움이 된다. 이제 품격 있는 나라 교양 있는 국민이 되자.

국민통합, 대한민국 긍정의 가치관에서 출발해야

취임 인사드립니다.

친애하는 직원 여러분! 차분히 인사드릴 기회가 없어 글 올립니다.

오늘 국민통합기획단장으로 취임한 박경귀입니다. 국민이 행복한 나라를 만들기 위한 국민통합의 막중한 소임을 수행해 오신 존경하는 한광옥 위원장님을 비롯한 여러분과 함께 일할 수 있게 되어 진심으로 기쁘게 생각합니다.

우리 대통합위는 일반 행정부처가 아닙니다. 대통령 소속기관으로써 상징정책기관이자 국민운동기구입니다. 우리의 소임은 갈등하는 국민들의 마음과 인식, 행태를 바람직한 방향으로 통합하여 국민화합과 국가융성의 토대를 다지는 일입니다.

사회통합도가 높은 나라는 번성했지만 갈등과 대립이 심한 나라는 쇠퇴했다는 것을 동서양의 역사는 말해줍니다. 물론 완벽한 사회통합은 있을 수 없습니다. 또 하나로 통합하는 것을 추구해서도 안 됩니다. 어느 시대 어느 나라든 이견과 갈등이 존재합니다. 따라서 다름을 인정하고 포용과 배려가 숭상되어야 합니다.

대통령님께서 국민 대통합을 이루겠다고 하신 것은 사회통합을 국가의 신성한 책무로 보고, 국정 전반을 국민통합에 초점을 맞춰 운용하시겠다는 의지의 표현이라고 생각합니다. 따라서 국민통합이 성공적으로 이루어지기 위해서는 우리 대통합위가 중심이 되어 범부처의 적극적인 협력을 이끌어 낼 수 있어야 할 것입니다.

공조의 대상은 행정부처뿐만이 아닙니다. 국민, 기업, 시민사회, 지자체와 공공기관의 협력 네트워크를 구축하고 이들의 협력을 얻어낼 수 있어야 합니다. 이게 바로 협치(協治), 즉 거버넌스입니다.

그동안 여러분께서는 이러한 소임을 나름대로 성실히 수행해 왔습니다. 그럼에도 불구하고 외부의 시선은 따뜻하지만은 않습니다. 국회 등 외부에서는 국민통합의 중심적 주체가 되어야 할 정부부처의 적극적 역할이 보이지 않는다고 질책합니다. 이는 우리가 협치를 이끌지 못한다고 질타한 것입니다.

우리는 이 시점에서 우리의 추진 과업과 성과를 겸허하고 냉정하게 되돌아볼 필요가 있습니다. 우리는 범부처의 협력을 이끌만한 의제 형성 기능을 발휘하고 있는가, 국민통합을 위한 창의적 정책 대안을 제시하고 있는가, 각 부처가 미처 인식하지 못하는 국민통합을 저해하는 정책요소를 발굴하여 시정 요구할 수 있는 능력을 갖고 있는가, 또 수많은 시민단체와 긴밀히 협력하고 있는가,

그리고 각종 현안에 대한 니즈를 안고 있는 지역사회와 효과적으로 소통하고 있는가, 우리는 이러한 이슈들에 대해 스스로 묻고 자신 있게 응답할 수 있어야 합니다.

소크라테스의 삶이 보여주었듯, 성찰하지 않는 삶은 의미가 없습니다. 파충류가 늘 탈피하면서 성장해 나가듯이 유기체인 조직 또한 마찬가지라고 생각합니다. 열심히 일하는 것도 중요하지만 어떤 관점을 갖고 일하느냐가 더 중요합니다.

우리를 바라보는 국민들은 시선은 또 어떨까요? 대통합위의 인지도와

공감도를 조사해 본 적이 있습니까? 우리의 존재자체를 모르시는 분이 많고, 있는 건 알지만 무슨 일을 하는지 알 수 없다고 혹평하는 분들이 대부분이라는 것은 부인할 수 없는 현실입니다.

우리로서는 매우 듣기 거북하고 마음 아픈 일입니다. 물론 국민 개개인의 인식과 선호를 일반화할 수는 없습니다. 그럼에도 대통합위의 활동이 제대로 알려지지 않았다는 것만은 틀림없는 사실일 것입니다.

물론 여러분들은 열심히 일해 오셨습니다. 그러니 당연히 조금은 억울하고 안타까운 마음이 들 것입니다. 우리가 최소한 일한 만큼이라도 인정받지 못한 데에는 두 가지 원인이 있을 겁니다.

하나는 우리의 활동 내용과 성과를 제대로 알리지 못한 것일 수 있습니다. 한편으론 실제 우리가 한 일이 국민들에게 호의적인 공감을 얻지 못했기 때문일 수 있습니다. 결국 홍보 부족이거나 정책의 부적절성, 또는 정책 효과성 미흡의 문제로 귀결됩니다.

그렇다면 국민들의 비판을 극복하기 위해서 우리는 무엇을 어떻게 해야 할까요? 여러분의 열정과 노고가 어떻게 하면 제대로 평가받을 수 있을까요? 저 역시 이 자리에 서기 전까지 한 사람의 시민의 입장에서 국민통합의 필요성을 절감하고 나름대로 고민을 해왔습니다.

특히 시민사회 활동에 봉사하면서 어떻게 하면 법과 질서를 지키는 사회, 거짓과 선동이 아닌 진실이 존중되는 사회, 나눔과 배려로 상생하는 사회를 만들 수 있을까 고민했습니다. 나아가 대한민국의 건국 가치인 자유민주주의와 시장경제의 가치를 어떻게 하면 활착시킬 수 있을까 번민하기도 했습니다. 때로 이런 일들에 관해 활동가들과 논쟁하기도 하고, 홀로 밤잠을 설친 적도 한 두 번이 아닙니다.

국민통합의 업무를 수행해 온 여러분이야말로 공직자의 신성한 소임으로써 저보다 열배 백배 더 깊은 고민과 열정을 다해 오셨으리라고 믿습니다.

또 대통합위가 추진해온 모든 시책들은 최초에 모두 선의에서 기획되고 해를 거듭하며 다듬어졌을 것입니다. 그럼에도 국민의 호의적 평가를 받지 못했다면 우리가 해온 정책의 방향과 내용을 다시 살펴봐야 하지 않겠습니까? 가치지향적인 상징정책기구인 우리에게는 더더욱 그렇습니다. 우리가 올바른 방향으로 가고 있나 성찰이 필요합니다.

지금까지 우리가 해 온 일이 최선의 방책인가? 국민통합을 이루기 위한 근원적 처방인가를 다시 진단·평가해 볼 필요가 있습니다. 어쩌면 우리는 우리의 시책들을 지지하고 옹호하는 자문위원들 속에 안주해 있는지도 모릅니다. 또 우리가 인식하지 못하는 타성에 빠져있을 수도 있습니다. 우리에게 열린 사고가 필요한 때입니다.

이제 우리 정부의 할 일도 반환점을 돌았습니다. 우리 대통합위의 기능과 활동도 재점검하고 새로운 변화와 혁신을 추구할 때입니다.

'국민통합의 화두'는 우리 사회에서 상당기간 지속되어야 할 시대정신이기도 합니다.

이러한 상황 인식 아래 내년도 업무계획은 미래지향적 관점에서 외부 전문가의 평가 및 자문을 받으며, 새롭게 수정 보완되어야 할 것입니다. 가치중심적인 관점에서 업무의 리엔지니어링이 필요합니다. 업무의 완급과 경중을 재조정해야 합니다. 통합가치의 발굴과 전파, 이를 효과적으로 추진하기 위한 협력기관 및 단체와 치밀한 협력체계의 작동이 요구됩니다.

그동안 잘하고 있는 부분은 더욱 활성화하고, 우리가 주목하지 못했던 취약분야는 대폭 보강해야 합니다. 제 나름대로 이미 큰 그림을 그렸습니다만 전문가들의 도움을 받아 면밀한 진단을 통해 확인하겠습니다.

이를 토대로 부서의 기능과 인력의 재편이 필요합니다. 여러분들은 자기 부서 과업의 당위성과 중요성을 강조할 것이 아니라 그 시책이 근원적 처방인가, 정책 방향은 옳은지, 어떤 정책 파급력을 거두고 있는지 입증해야 합니다. 시책의 소망성만 보아서는 방향을 상실할 수 있습니다. 현실적합성과 실현가능성도 중요한 잣대가 되어야 합니다.

11월말까지 내년도 업무계획의 보완 수립을 마치고 관계기관과 자문단에서 면밀히 검토할 수 있길 기대합니다. 새로운 업무계획 속에는 각 중앙부처, 지방자치단체, 공공기관, 시민사회에 요청하는 국민통합의 협업 방향과 창의적 권고가 담겨서, 각각 그들 기관과 단체의 내년도 업무계획에 반영되도록 조치되어야 할 것입니다.

궁극적으로 나라의 근본 가치를 내면화한 국민들이 많을 때 국민통합의 수준은 높아질 것입니다. 통합 가치를 발굴하고 이를 전 국민에게 효과적으로 확산시키는 일이 우리의 중심 과업이 되어야 합니다. 이 영역에서 대통합위의 브랜드가 될 수 있는 대표 사업이 나와야 합니다. 대통합위 하면 바로 떠오를 수 있는 사업이 나와야 합니다.

대한민국을 긍정하는 사람들이 많아지면 국민통합의 수준은 저절로 높아집니다. 우리는 '대한민국 긍정 가치의 메신저'가 되어야 합니다. 우리가 뿌리는 긍정 가치의 씨앗은 십년 후 대한민국을 번성시키는 동량으로 자랄 수 있을 것입니다.

우리는 바로 이런 근원적인 일에 초점을 맞춰야 합니다. 갈등의 원인을 직시하고 이를 해결할 수 있는 인식과 행태의 변화를 이끌어 낼 수 있는 시책 개발을 고민해야 합니다.

또한 국민통합의 선도 주체들 간의 협력 네트워크를 촘촘히 짜고 효과적으로 작동시키는 노력이 필요합니다. 우리의 활동을 제대로 알리는 홍보활동도 지금보다 백배는 더 늘려야 합니다. 물론 일을 백배로 더 할 수는 없습니다. 매체의 다각화와 창의적인 홍보방법으로 백배의 효과가 나도록 해야 할 것입니다.

이렇게 해도 국민들이 체감하는 국민통합의 노력에 대한 평가는 10% 정도가 높아질 수 있을지도 의문입니다. 국민들의 호의적 평가를 받는 일이 그만큼 어렵습니다. 국민통합에 대한 광범위한 우호세력의 확보가 필요합니다. 그러기 위해 우리 전 직원은 홍보요원이 되어야 합니다. 국민운동 조직에서는 모두가 캠페인 전문가가 되어야 합니다.

공자는 군자의 덕목으로 '문질빈빈(文質彬彬)'을 강조한 바 있습니다. 본질만 내세우면 촌스러워지고 겉모습에만 치중하면 번지르르해지니, 본질과 꾸밈이 서로 조화를 이루어야 한다는 말입니다. 조직의 과업 수행도 마찬가지 원리가 적용될 수 있습니다.

우리의 과업이 뜻있는 일이라고 국민들은 감동하지 않습니다. 국민들이 쉽게 체감할 수 있도록 효과적인 전달방법을 강구해야 합니다.

우리의 시책이 알려지지 않을 때 국민들의 참여와 공감, 나아가 협력을 얻어낼 수 없습니다.

친애하는 직원 여러분!

저는 사전 업무보고를 받으면서 우리 조직의 활동 뿐 아니라 인적 구성의 내용도 면밀히 살펴보았습니다. 적은 인력이지만 한 사람 한 사람이 무한한 잠재력을 가진 인재들이라고 생각합니다. 이 정도의 인재들이라면 못할 일이 없다고 생각합니다.

우리가 성과중심적인 조직으로 거듭나기 위해서는 역량 못지않게 열정과 노력이 중요합니다. 더구나 대통합위는 그 어느 조직보다 탐구적이고 창의적인 직무 수행이 요구되는 기관입니다. 따라서 대한민국을 긍정하는 가치를 우리부터 내면화하고, 이를 확산할 전문적 지식과 식견을 갖추는 것이 필요합니다.

이를 위해 최고의 학습조직이 되어야 합니다. 〈국민통합 아카데미〉를 만들어 각 분야의 전문가를 초빙하여 가치를 공유하고 전문지식을 학습할 수 있도록 하겠습니다.

성과창출을 위해서는 불합리한 관행을 버려야 합니다. 성과급은 외부 평가와 내부 다면평가 등을 통해 객관적으로 평가하여 연공과 관계없이 오로지 일의 성과에 따라 공정하게 배분되도록 할 것입니다.

사업별 성과평가도 체계적으로 할 것입니다. 국회 보고와 별개로 내부적으로 성과지표를 설정하고 내·외부 평가를 통해 그 결과를 성과급 지급 및 재계약 여부에 활용하도록 하여야 합니다.

앞으로 모든 계약직의 연봉은 최저선에서 결정하는 관행도 개선되어야 합니다. 고성과자에 대해서는 익년도 계약 시 과감한 연봉 인상도 검토해야 한다고 생각합니다. 그래야만 내년에 우수 인재를 선발할 수 있을 것입니다.

우리는 국민통합이라는 고귀한 직무를 수행한다는 자부심을 가져야 합니다. 대통합위가 잠시 머물다 가는 곳이 아니라, 여러분의 공직 생활 중 가장 특별한 일을 한 곳이었고, 가장 보람 있었다는 자부를 가질 수 있어야 합니다. 저는 여러분에게 자부심을 만들어 줄 자신이 있습니다. 신명나게 일하는 분위기를 만드는 데 함께 노력해 주십시오.

대통령 소속 기관의 공직자라면, 한 사람 한 사람이 '행정관'이라는 생각을 가져야 합니다. 이는 행정 수반과 가치관을 일치 시켜야 하고, 직무의 몰입도와 책임성 또한 남달라야 한다는 의미입니다. 그렇게 한다면 모든 행정부처 공직자들이 우리 대통합위 직원들을 존중하고 선망하게 될 것입니다.

공직자의 근무 보람은 결국 일에서 찾아야 하지 않겠습니까? 특별한 직무별로 선발된 분들은 자신의 한시적 소임이 일생의 중요한 도전이자 성취의 기회라는 점을 명심하셔야 합니다. 그 자리에 최적의 인재로서 뽑히지 않았습니까? 따라서 가시적 실적으로 자신이 그 자리에 가장 걸맞은 역량을 갖춘 인재였음을 증명해야 합니다.

여러 기관에서 파견오신 공직자들은 원 소속 기관에 국민통합을 위한 창의적인 업무 조언을 하면서 여러분의 달라진 역량을 평가받으실 수 있을 것입니다. 여러분들이 대통합위에서 얻을 수 있는 지적 인프라, 폭넓은 안목, 다양한 협업 주체들에게서 얻는 지혜를 적극 활용하여 원 소속 기관에서 여러분들의 가치를 높이 평가받을 수 있도록 노력하셔야 합니다.

그런 성과가 뒷받침된다면, 저 역시 여러분들이 원 소속기관으로부터 재직 중 근무평가에서, 그리고 복귀할 때 충분히 우대받을 수 있도록 확실하게 힘을 보탤 수 있을 것입니다.

저는 대통합위가 대내외적으로 최고로 역동적인 기관, 국가적으로 매우 소중한 직무를 수행하는 대통령 소속기관의 위상을 인정받을 수 있도록 최선을 다하겠습니다. 대통합위의 긍지와 자부는 우리 스스로 만들어내야 합니다.

먼 훗날, 우리가 국민대통합위원회에서 동고동락했던 추억과 인연을 자랑삼아 이야기할 수 있도록 함께 노력해 주실 것을 부탁드립니다.

감사합니다.*

....

* 이 글은 필자가 2015년 9월 21일 대통령소속 국민대통합위원회 국민통합기획단장으로 취임하면서 소속 직원들에게 한 취임인사이다.

대한민국 국민통합의 가치를 논하다

데일리안 박진여 기자 ‖ 2017-06-04

존중·배려·소통·감사·자유와 책임·개인과 공동체 …
"이해와 공유 필요"

  사상 초유의 대통령 탄핵 정국 이후 국민통합이 시대적 과제로 부상했다. 새로 출범한 문재인 정부는 '국민 모두의 대통령'이 되겠다며 국민 통합을 약속했다. 국민들이 문재인 대통령에게 바라는 것도 바로 '통합의 리더십'이다. 국민들은 차이를 포용하고 세대·계층 간 갈등을 해소하는 국민 대통합의 대통령을 요구하고 있다. 이처럼 '통합'이 절실한 시대에 이를 이루는 가치들은 어떤 게 있을까. 사회 각계각층의 전문가들은 대한민국 통합의 가치로 △존중 △배려 △소통 △감사 △자유와 책임 △개인과 공동체 등을 꼽았다.

  국민통합을 목표로 출범한 국민대통합위원회는 사회 갈등을 해소하고 진정한 국민대통합을 실현하기 위해 사회 각계각층에서 활동하는 전문가들로 구성된 〈통합가치포럼〉을 운영해왔다. 여기에는 박경귀 대통령소속 국민대통합위원회 국민통합기획단장을 비롯해 김우석 미래전략개발연구소 부소장, 통합가치포럼을 구성하는 배진영 위원, 남정욱 위원, 이규정 위원, 황인희 위원, 한정석 위원, 최승노 위원 등 8인이 통합의 가치를 공유하고 있다. 진정한 국민통합 실현을 위해 이들이 공유하는 가치는 무엇일까.

대한민국 국민통합의 가치를 논하다   215

통합, 자유민주주의라는 헌법 가치 … 대한민국 정체성에 부합해야

우리 사회에서 절실히 필요로 하는 통합의 가치는 무엇일까

박경귀 기획단장　　　　통합의 가치는 함께 공유할 수 있는 것이어야한다. 같이 바라보고 지향하는 것이어야 한다. 공진이라는 말이 있다. 서로 느끼는 것이다. 그러려면 타인을 인정하는 마음이 우선이다. 무언가를 성취해 낸 것을 인정하는 열린 마음이 바탕을 이루어야 서로 공진하는 넓은 세상으로 나아갈 수 있다. 남을 인정하는 것이 기본 덕목이다. 그래야 마음이 평안하고 스스로에게도 좋다.

김우석 위원　　　　한 국가의 통합 가치는 헌법 정신이다. 헌법 조문은 통합 가치의 구체적인 모습이고 최소한의 것임에 틀림이 없다. 지금 헌법적 가치에 대한 이론(異論)이 많은 것이 사실이다. '대한민국 건국' 관련 논쟁도 그렇다. 시작에 대한 견해의 차이는 삶 속에서 다양하고 구체적인 모습의 이단을 만들어낸다. 그래서 개헌을 주장하는 목소리가 많다. 정치 시스템의 문제만 중요한 것은 아니다. 이제는 더 이상 미룰 일이 아니라고 본다. 본격적인 논의가 절실한 때다. 국사 교과서는 보다 더 큰 문제다. 국정화에 대한 찬반이 뜨거웠지만 양쪽 다 일리가 있다. 문제는 양측이 지나치게 교조주의적인 시각을 가지고 있다는 것이다. 경직된 시각은 소모적인 논쟁만 일으킬 뿐이다. 시시비비를 따지지 않는다면 어떤 발전도 있을 수 없고, 생산적인 통합의 과정도 불가능하다.

배진영 위원　　　　맞다. '통합' 그 자체가 절대적인 가치는 아니라고 생각한다. '통합'은 대한민국을 자유롭고 민주적이며 번영을 누리

216

는 나라로 만들어 나가기 위한 수단에 불과하다. '통합'은 자유민주주의라는 헌법 가치, 대한민국의 정체성에 부합하는 것이어야 한다. '통합'이라는 명분에 맞춰 대한민국의 정체성에 반하는 생각까지 얼렁뚱땅 용인할 수는 없다고 본다.

남정욱 위원　　　　현재 대한민국은 감사 실종 상태다. 요구하고 주장하는 사람은 많지만 현실에 대해 감사하는 마음을 가진 사람은 많지 않다. 무한한 희생이 있었기에 우리 사회가 유지된다. 감사가 없으니까 불평과 불만이 나온다. 물론 다른 가치들도 중요하겠지만 그 가치의 가장 밑바닥, 기저에 깔린 감사라는 정서가 있어야 통합의 다른 가치들이 힘을 발휘할 수 있을 것이다. 감사는 통합을 넘어 인생을 살아가는 가장 효율적인 방식이다.

이규정 위원　　　　다양성이 중요하다. 국민이 불행하다고 느끼는 분야에서 국민의 권리가 침해되고 선택이 제한되고 있어 문제다. 개인의 다양한 의견과 선택이 존중되어 각자 행복함을 느낄 수 있도록 하는 것이 필요하다. 예를 들어 학교 내에서 자율학습처럼 스스로 선택하고 자유롭게 생활할 수 있는 제도적 개혁이 필요하다. 최근 우리 사회는 경쟁의 피로감이 크다. 화합을 지향하는 것이 더 바람직하다고 본다. 다수의 국민이 '행복'해질 수 있는 지에 대한 가치를 기준으로 정치, 경제, 교육, 법률 등등 체제를 만들어나가야 국민이 행복해질 것이다.

황인희 위원　　　　경쟁은 가치중립적 개념이다. 경쟁 자체가 나쁜 것이 아니라고 본다. 경쟁의 결과를 인격과 동일시하는 것이 문제다. 경쟁의 장점도 인정하면서 나아가야 통합도 가능하다고 본다. 통합을 위해서는 우선 사회가 합의한 원칙을 지키려는 태도가 필요하다. 나라에는 헌법이 있고 학교에는 교칙이 있다. 국민은 헌법을 지켜야 하고 학생들은 교칙을 지켜야 한다. 물론 합의되었다 해서 영구불변의 진리가 되는 것은 아니다. 문제가 있다면 바꿔야 한다. 하지만 바꾸는 데도 합의가 있어야 한다. 사회적으로 합의된 원칙을 자기의 이익에 맞지 않는다 해서 임의로 파기해서는 안 된다는 점을 어릴 때부터 철저히 교육해야 한다.

한정석 위원   통합의 주체는 시민이다. 자유로운 시민으로서 책임을 지켜야 한다. 이는 합의된 것을 지키는 것이다. 사회에 참여하고 있는 시민으로서 무엇을 해야 하느냐에 대한 의식이 부족하다. 합의된 것들은 지켜져야 하고 규칙을 어기면 처벌하는 것이 필요하다. 공법의 질서와 사법의 질서가 명확하게 구별되는 사회를 만드는 것이 시민들의 책임이고, 그러한 책임 의식이 사회 통합을 만든다고 생각한다.

최승노 위원   우리 사회에서 개인의 자유가 확고히 자리 잡을 필요가 있다고 본다. 개인의 자유가 인정되는 사회에서 사람들은 서로 상대방을 인정하고 존중할 수 있을 것이다. 자유가 있어야 그에 따른 책임도 존재하게 된다. 또한 개인의 자유를 존중하는 문화 속에서 관용과 배려의 정신도 뿌리를 내릴 수 있다고 본다. 다양한 의견이 서로 존중되는 소통하는 사회에서 사회적 통합은 자연스럽게 이뤄질 수 있다고 생각한다.

'노블리스 오블리주'에 감사하고, 이를 사회적으로 기억하는 문화
민간의 자발적 활동이
사회의 통합에 기여할 수 있도록 하기 위한 방안은?

박경귀 기획단장　　　　　공직자로 활동할 사람은 자원봉사의 경력이 있는 것이 바람직하다. 공직자를 뽑는 과정에 이를 반영할 필요가 있다. 민간의 자발적 활동은 오랜 역사를 가지고 있다. 국가의 전쟁에 개인의 재산을 내놓은 선례가 많다. 이러한 자발적 참여는 명예 때문이다. 보상도 없는 상태에서 어마어마한 금액을 자긍심과 자부심 때문에 내놓은 것이다. 로마에서는 가장 기여가 큰 사람을 행사장에서 가장 앞줄에 앉게 했다. 존중한 것이다. 인간은 명예를 추구하는 존재다. 이를 충분히 제도화하는 노력이 필요하다.

김우석 위원　　　　　　　'자발적'이란 말이 자의적으로 쓰이는 일이 없어야 한다. 자발적이란 말은 가치중립적이다. 공익의 모양을 띠지만 이기적인 동기에서 이루어지는 행위는 자발적이라 해도 바람직한 것은 아니다. 결국 자발적인 행동이 사회 통합에 기여할 수 있어야 가치가 있다. 공익과 봉사의 개념이 있어야 한다. 작은 것으로부터 시작해야 한다. 지나치게 목표 지향적이면 주위를 둘러볼 여유가 없다. 그러면 '작은 일'에 신경을 쓸 수 없다. '조금 천천히 그러나 함께' 할 수 있는 생활의 태도가 중요하다. 그것이 '자발적'이라는 말의 긍정적인 가치다.

배진영 위원　　　　　　　민간의 자발적 활동, 사회에 대한 헌신, 노블리스 오블리주에 대해 감사하고 이를 사회적으로 기억해 주는 문화도 중요하다고 본다. '가진 자들이니까 그들이 내놓는 것이 당연하다' 혹은 자발적이나 재능 기부, 공유라는 형식을 빌어 남의 재산이나 재능, 용역을 공짜로 가져다 쓰려는 풍조가 있는데, 이는 민간의 자발적 활동을 왜곡하는 것이다. 그런 식의 사이비 '자발적 활동'은 민간의 자발적 활동이 활성화되는 것을 가로막고, 통합에도 부정적으로 작용할 것이다.

이규정 위원　　　　　사회가 발전하기 위해서는 '재능 기부'와 같이 이웃을 위해 봉사하는 삶이 필요하다고 본다. 물론 '노블리스 오블리주'처럼 사회지도층의 사회에 대한 봉사와 높은 도덕성을 실천하는 생활도 요구된다. 하지만 우리 구성원 모두는 대한민국 국민의 한 사람으로서 우리 사회가 선진 사회로 나아가는 데 일조하기 위해, 각자가 가지는 재능을 이웃과 함께 나누는 삶을 중요하다고 생각한다. 재능 기부를 하면서 우리는 감사를 느낀다. 그리고 이를 활성화하려면 세금 공제와 같은 정책적 배려가 필요하다고 본다.

최승노 위원　　　　　사람들은 자발적으로 남을 돕고 이웃과 함께 삶을 살아가려는 속성을 갖고 있다. 지역 내에서 작은 단위로 사람들이 모여 삶의 긍정성을 높이는 것은 바람직하다. 이러한 작은 공동체를 민간이 주도하고 자발적으로 만들고 유지할 때 지역 공동체는 건강성을 유지할 수 있다. 이를 위해서는 제도적 뒷받침이 필요하다. 민간이 자발적으로 이루는 공동체 활동에 우호적인 세금 제도를 운영하는 것이다. 기부를 장려하는 세금 감면 제도로 전환할 필요가 있다.

황인희 위원　　　　　자신의 이익과 직결된다고 생각할 때 사람들은 참여하고 행동하게 마련이다. 통합을 위해 민중의 자발적인 참여를 이끌어내려면 그들에게 실제적으로 어떤 이익이 돌아가는지에 대한 비전을 제시해야 한다. 새마을 운동이 그 예라고 생각한다. 열심히 하면 자신들에게 실질적인 이익이 생긴다고 생각했기 때문에 농촌 마을들이 자발적으로 참여했고 그 덕에 사업 자체가 성공을 거둘 수 있었던 것이다. 새마을 운동은 자연스러운 경쟁심의 성과였다고 본다. 신상필벌의 원칙이 성공한 이유다. 분명한 성과를 보인 마을에 보상을 했다. 지금은 그런 신상필벌의 원칙이 무너졌다.

남정욱 위원　　　　　의도된 기여가 아니라 자연스러운 기여가 더 바람직하다고 본다. 내가, 나를 위해 단지 나의 이익에 봉사했을 뿐인데 그게 기여로 이어져야 한다. 새마을 운동 이야기가 나왔는데 성과를 보인 마을에 보상을 했다는 측면도 중요하지만 반대로 성과를 보이지 못해 박탈당한 마을들의 분발도 중요한 동력이다. 시멘트 못 받아오면 이장이 비난을 당하는 상황인데 잘하려고 노력하지 않을 수 있겠나. 그렇게 나를 위해 잘하려는 순간 자연스러운 기여가 발생한다. 의도된 것, 목적된 것으로는 한계가 있다고 생각한다. 결국 개인주의가 발달하면 민간의 활동이 자연스럽게 사회 통합으로 연결된다.

▎ 부강한 국가 아래 국민으로서 국가에 자긍심을 느끼는 것
▎국민이 자긍심을 느끼는 통합의 사례는 어떤 것이 있을까?

배진영 위원　　　　　맹자는 '항산(恒産)이면 항심(恒心)'이라고 했다. 국민의 자긍심도 결국은 경제력에서 나온다고 생각한다. 해외여행을 가

서 공항에 삼성전자나 현대자동차 광고판을 만나거나 삼성이나 LG의 모니터가 있는 것을 보았을 때, 외국의 거리에서 만난 현지인들이 "어느 나라 사람이냐?"고 묻고 "한국인"이라고 대답하면 "삼성 넘버1"이라며 엄지손가락을 치켜 올릴 때, 자부심을 느낀다. 반면에 삼성 휴대폰이 폭발 우려가 있으니 기내에 갖고 타지 말라는 방송을 듣고 부끄러웠다는 사람도 있다. 경제가 점점 어려워지고, 구조적으로 한국 경제는 쇠락의 길로 접어들었다는 주장도 나온다. 정말 그렇게 된다면 우리 자식 세대는 자부심을 잃게 될 것이고, 자부심을 잃은 국민들은 희망 없이, 남아 있는 작은 파이를 서로 차지하겠다고 앙앙불락하게 될 것이다. 그러면 통합은 더 어려워질 것이다. 경제적 성취는 국민적 자부심과 통합의 근원이기도 하다.

이규정 위원　　　　　옛날 문제를 자주 끄집어내서는 통합하기 어렵다. 국민의 감성을 끌어내서 정치하는 것은 후진적 정치다. 1990년대 중반, 남아프리카공화국은 과거의 총체적인 상처와 트라우마의 치유 및 회복을 위한 법 제도를 채택했다. 이처럼 뿌리 깊은 갈등과 아픔의 치유를 시도하고, 과거를 정리함과 동시에 새로운 국가 비전을 제시하며 새로운 역사의 장을 펼치고 있다. 사사건건 과거를 문제 삼아 한 걸음도 나가지 못하는 우리 사회의 안타까운 측면을 볼 때, 국민의 소통과 화합을 위해 남아프리카공화국의 사례를 주목해 볼 필요가 있다고 본다.

최승노 위원　　　　　정치인들의 활동은 갈등을 유발할 수도 있고 사회 통합으로 나아갈 수도 있다. 사회 통합을 이끌어내는 리더의 역할이 중요하다. 민주 사회에서 문제를 해결하는 방식은 점차 성숙해졌다. 원칙을 준수하고 법을 지키며 그리고 다수결 원리 등의 방식에 의해 선택한다. 정치가 성공할 때 통합으로 가게 된다. 위대한 정치 지도자들은 그런 성취를 이루었다. 역사적으로 번영기를 누렸던 시기의 리더십은 사회를 통합으로 이끄는 가치와 원칙을 가지고 있었다. 아시아의 당 문명, 그리고 서양의 로마 문명, 네덜란드와 영국의 해양 문명, 그리고 미국으로 이어지는 세계 문명의 발달은 열린사회의 가치를 중심으로 번영을 이어갔다. 그런 성공을 통해 인간의 자유는 확대됐다.

한정석 위원   국민으로서 국가에 자긍심을 느끼는 것이 중요하다. 그런데 국가에는 적과 동지가 구별된다. 국민이 주권자로 자긍심을 느끼는 것은 무엇보다 적으로부터 생명과 자유, 재산이 보호되고 있다는 자신감, 즉 적을 제압하는 것에서 나온다. 국가가 위협을 받았을 때 정치인들은 이에 적절히 대응해 국민을 통합하는 길로 나아갈 수 있다.

박경귀 기획단장   사회통합은 가치의 공유에서 시작된다. 국가가 갈등과 분열에 휩싸였을 때 어떻게 사회통합을 이루어냈는지 역사에서 교훈을 찾을 수 있다. 19세기 중엽 미국에서 노예 해방을 둘러싸고 심각한 사회갈등이 고조되었을 때, 링컨은 노예제 존치를 주장하는 다수 주(州)들의 반대에도 불구하고 노예 해방을 이끌어 낸다. 이 조치는 남북전쟁이라는 참혹한 내전을 불러왔다. 인간의 평등한 권리는 80여만 명의 사상자를 낸 비극을 딛고 정립되었다. 냉혹한 희생을 무릅쓰고라도 공화의 가치를 지켜내야겠다는 결단이 있었기에 가능했다. 링컨이 가장 존경받는 대통령이 될 수 있었던 배경이다. 어느 사회에나 존재하는 사회갈등 그 자체를 지나치게 두려워할 필요는 없다. 중요한 것은 어떤 보편적 가치 지향을 갖고 어떻게 국민통합을 이루어나갈 것인가 하는 점이다. 이런 관점에서 정치지도자와 사회지도층이 어떤 통합가치를 제시하여 국민들의 희생과 양보, 존중과 배려를 이끌어 낼 것인가를 고민해야 한다.

양성평등이 공정이다

1789년에 채택된 프랑스 인권선언 제1조는 '인간은 태어날 때부터 자유롭고, 평등한 권리를 갖는다. 사회적 차별은 공공복리를 위해서만 있을 수 있다'고 당당히 천명했다. 이러한 보편적 관념이 등장한 이후에도 여성들이 정치적, 사회적, 문화적으로 평등하게 대우 받기까지는 험난한 여정이 필요했다.

뉴질랜드가 1893년 세계 최초로 여성에게 보통선거의 투표권을 부여했지만, 선진국인 미국은 1920년, 영국은 1926년이 되어서야 이를 따랐다. 또 정작 인권선언의 나라 프랑스의 여성들은 투표권을 받기 위해 1946년까지 기다려야 했다. 여성의 권리를 보장받을 수 있는 최소한의 전제조건인 참정권은 이처럼 힘겹게 획득될 수 있었다. 그 후 사회적, 문화적으로 완전하게 평등한 권리를 누릴 수 있는 제도와 환경도 지속적으로 확대되어 왔지만 아직도 갈 길은 멀다.

▌여성해방(Women's Liberation)에서 양성평등(Gender Equality)으로

오늘날 우리가 양성평등을 어느 정도 구현하고 있고, 또 앞으로 어떻게 지속가능한 발전(Sustainable Development)을 이룰 수 있을지 검토하기 위해 여성해방을 선도했던 두 사상가의 주장을 되돌아보자. 먼저 18세기 근대 페미니즘의 어머니였던 영국의 여권운동가 메리 울스턴크래프트 (Mary Wollstonecraft, 1759~1797)는 《여성의 권리 옹호》에서 "같은 인간으로서 여성의 이름으로" 남성들의 이성에 호소했다. 230여 년 전 그녀의 주장은 지금도 음미할수록 깊은 울림을 준다.

"나는 그들에게 자신을 위해서 아내의 해방을 돕고, 아내를 자신의 반려자로 만들 것을 간청한다. 남성들이 관대하게 우리의 속박을 끊고 노예적인 복종 대신 합리적인 동료애에 만족하게 된다면, 그들은 우리가 보다 주의 깊은 딸, 보다 애정 어린 누이, 보다 신의가 두터운 아내이자, 보다 합리적인 어머니, 한마디로 더 나은 시민들임을 발견하게 될 것이다."

여성은 곧 누군가의 딸이자, 누이, 아내이자 어머니, 또 다른 시민이라는 그녀의 인식은 양성평등이 사회의 근본적 토대의 핵심이자 전부라는 점을 웅변해준다. 특히 '합리적 동료애'야말로 여전히 양성평등의 추구가치가 아닌가.

메리 울스턴크래프트는 남녀가 진정으로 평등한 반려자가 되기 위해 교육의 중요성을 강조했다. 남녀 공학을 강력히 주장한 것도 그 때문이었다. 그녀는 교육을 통해 여성이 지혜로워지고 자유로워짐에 따라 남성들로부터 종속적 관계를 탈피할 수 있을 것으로 확신했다. 나아가 "여성이 남성으로부터 독립해 자신의 생계를 유지함으로써 자유롭게 되고 계몽된 시민이 되지 않는 한, 여성들은 결코 여성들의 고유의 의무를 완수하지 못할 것"이라고 단언했다.

오늘날 여성들은 고등교육의 수혜를 통해 남성들과 동등한 관계를 수립하게 되었고, 경제적 능력의 향상으로 독신을 유지하거나 가정에서 평등한 반려자가 되었다. 메리 울스턴크래프트의 예견이 정확히 들어맞은 셈이다.

존 스튜어트 밀(John Stuart Mill, 1806~1873)이 《여성의 종속》에서 강조한 말들도 회고해 볼 만하다. 그는 당시 여성들이 종속된 사회현상을 인간 사회의 발전을 가로막는 중대한 장애물로 파악하고 '완전평등의 원리'로 대체되어야 한다고 역설했다.

그는 남성지배관이 보편적 관습이 되도록 여성의 성장과정에서 가정과 사회에서 여성에게 기대하는 여성상을 끊임없이 주입시키는 사회화의 악영향도 지적했다. 그러나 밀은 여성의 지위향상을 위한 사회적 역할에서 남녀 간의 특혜를 주장하지는 않았다. 어떤 일에 대해 여성이 천성적으로 남성에 비해 특별한 강점을 갖고 있다면, 굳이 법과 사회적인 교육을 통해 여성에게 유리한 방향을 유도할 필요는 없다고 보았다.

▎ 미완의 양성평등, 차세대 여성 지도자들이 감당해야 할 과제들

오늘날 제도나 정책을 보면, 존 스튜어트 밀이 타파를 희구하던 여성 종속적 상황은 표면적으로는 거의 해소된 것으로 보인다. 덧붙여 여성의 경쟁력이 취약했던 영역에서 여성할당제와 같은 '적극적 우대조치'(affirmative action)도 상당 부분 이루어져 왔다. 그러나 은연중에 이루어지는 고정적 성 역할에 대한 사회화는 여전히 현재진행형이다. 더구나 정치 직역이나 정책결정 권한을 가진 직위로의 여성들의 진출은 여전히 미미하여 전체인구에서 차지하는 여성의 비율에 비해 지나치게 과소대표(under-representation)되고 있는 실정이다.

그렇다면 정치적, 사회적, 문화적 영역에서의 온전한 양성평등의 구현은 아직도 끊임없이 추구되어야 할 이상이다. 게다가 양성평등의 지속가능한 발전을 가로막는 의도하지 않았던 사회적 장애들이 등장하는 것도 오늘날 우리가 새롭게 직면하는 과제들이다. 예를 들어 여성을 자유롭게 만든 교육기회의 확대는 여러 분야에서 탁월한 역량을 갖춘 여성들을 배출하는데 기여했다. 그런데 여성들에게 역전 당한 많은 영역에서 불가피하게 남성들의 활동 공간이 위축되는 결과를 함께 가져왔다. 사정이 이렇다 보니 이들 직역에 진출을 희망하는 남성들은 여성과의 경합을 버거워하며 남성할당의 필요성을 제기하는 목소리도 점차 커지고 있다. 대표적인 영역이 공개시험에 의해 채용되는 공공분야이다.

또한 여성들의 활발한 사회진출과 경제력 획득은 여성의 자유를 확대했지만, 한편으로 취업여성들이 직장과 가사, 육아를 병행해야 하는 삼중고에 직면하게 만들었다. 이는 사회 전반에 양성평등을 뒷받침할 토대가 태부족하기 때문이다. 이런 악조건을 개선하기 위해서는 우선 가정 내 남성과 여성의 전통적 성 역할의 대전환이 필요하다. 그러나 근본적으로 양성평등 기반 조성을 위해 국가와 사회, 가정의 유지적인 분담과 협력이 요구된다. 물론 우리나라의 경우 '적극적 우대조치'와 같은 국가 주도의 양성평등 정책은 여전히 중요하다.

세계경제포럼(WEF)의 발표에 따르면, 한국의 2016년 성(性) 격차지수는 전 세계 144개 국가 가운데 116위로 최하위권에 머물고 있다. 이는 99위인 중국, 111위인 일본에 비해서도 열악한 위상이다. 그동안 교육 역량에서 여성들이 대약진했음에도 불구하고 그에 걸맞은 정치적, 경제적 처우가 뒤따르지 못해 남녀의 격차가 완화되지 못했기 때문이다. 이는 여성들이 자유로운 사회활동과 자아실현을 추구하기 위한 우리 사회의 환경이 매우 취약하다는 반증이다. 결국 존 스튜어트 밀이 주장한 '완전평등의 원리'는 여전히 충족되지 못하고 있는 셈이다.

이제 차세대 여성 지도자들은 초기 여성해방론자들이 주장했던 여권 신장의 근원적인 과제 가운데 아직도 제대로 구현되지 못하는 있는 것들, 예컨대 '합리적 동료애' 또는 '완전평등의 원리'를 다시 주목할 필요가 있다. 나아가 시대 변화에 따라 새롭게 대두되고 있는 양성평등을 저해하는 도전적 과제들, 이를테면 아직도 잔존하는 남성선호의 조직문화 개선, 다양한 성적 위협과 범죄로부터의 안전 확보, 일과 가정의 양립과 균형 유지, 다양한 영역에서의 성(性) 격차 해소 등에 관심을 집중해야 한다. 차세대 청년 여성 지도자들이 유념해야 될 과제들이다.

▍양성평등(Gender Equality)에서 양성조화(Gender Harmony)로

지금의 열악한 상황과 산적한 과제들을 단기간에 획기적으로 해소시키기는 어렵다. 하지만 여성 지도자들의 조직적이고 지속적인 분투는 우리 사회의 양성평등 기반을 서서히 다져나가는 데 기여할 것임에 틀림없다. 특히 차세대 청년 여성 지도자들의 역할이 더욱 중요해진다. 이들에게 요구되는 자질과 덕목은 무엇일까?

이들은 양성평등의 관점에 부응하도록 사회 제도와 구조를 혁신하고, 국가 자원의 배분과 정책 개발 및 집행에 관여하며, 나아가 양성친화의 사회 문화를 조성해 나가는데 주도적 역할을 해야 한다. 이를 위해 첫째, 양성평등의 대의에 대한 열정적인 헌신이 요구된다. 둘째, 국가와 사회의 제반 현실과 작동 원리를 정확히 파악하는 객관적 지성이 필요하다. 셋째, 여성의 입장만을 내세우기보다 양성의 주장과 관점을 조화시키는 균형적 판단력을 갖추는 것이 중요하다고 생각한다.

특히 차세대 여성 지도자들의 가치 관념의 변화도 요구된다. 이제 '젠더 이퀄리티'에서 '젠더 하모니'로 패러다임을 확대해 나가길 바란다. 상대적 가치 관념인 양성평등은 항상 남성들과의 상관성 속에서 규정되고, 그들과의 소통과 이해, 설득과 공감을 통해서만 구현될 수 있기 때문이다.

'양성조화'는 '양성평등'의 관념을 전제적 토대로 삼아 남녀가 서로의 천성적 강점과 취약점을 보완해주는 차원의 조화를 추구하는 것을 의미한다. 이러한 양성조화의 관념은 기계적 양성평등에 대한 남성들의 반발을 완화시키는 한편, 성 격차 해소를 위한 남성들의 자발적 동조와 정책적 협치를 더욱 촉진시켜 양성평등의 지속가능한 발전을 이끌 수 있을 것이다.

한국사회의 갈등 요인과 합리적 해법

발제자는 한국인의 의식조사를 통해 우리 사회의 갈등에 대해 여러 차원에서 인식 수준과 그 변화를 추적했다. 2007년부터 2014년까지 세 차례의 조사 결과를 토대로 갈등의 유형과 수준, 갈등의 책임 소재에 대한 인식이 어떻게 변화하고 있는지 분석했다. 우리 사회의 갈등에 대한 국민들의 인식의 정도를 파악하는 데 유의미한 연구라고 생각한다.

하지만 발제자도 인지했듯이 인식조사의 내재적 한계를 안고 있어 연구 결과의 해석에는 상당한 주의가 필요하다고 판단된다. 그럼에도 실제 개별 항목의 해석에서 이런 점이 충분히 반영되지 못했다는 아쉬움이 남는다. 이에 연구 결과에 대해 거시적 차원에서 몇 가지 보완해야 할 점과 향후 연구에서 반영해 주기를 바라는 점을 제시하고자 한다.

아울러 필자가 평소 한국 사회의 갈등을 근본적으로 완화 또는 해결하기 위해 필요하다고 역설해 온 방향과 과제를 덧붙였다. 특히 최근 일각에서 제기하는 선진국의 갈등해결 제도가 어떤 특징을 갖고 있고 이를 한국사회에 도입하는 데 어떤 장애가 있는지도 간략히 살펴보았다.

갈등 연구 결과의 한계와 발전 방향

우리나라의 갈등 연구에서 몇 가지 연구 접근 방법과 연구 결과의 해석에서 유의해야 할 점을 세 가지만 제시한다. 첫째, 공공 분쟁과 집회 및 시위 등의 발생을 사회 갈등으로 등치시키면 갈등 현상을 올바르게 파악하지 못하게 된다. 공공 분쟁과 집회 및 시위가 갈등이 표출된 한 양태임에는 틀림없다. 하지만 중요한 것은 발전적 갈등인가 아니면 퇴행적 갈등인가를 구분해야 한다.

분쟁과 집회 시위의 사유가 합리적 요인에 의한 것이라면 사회 발전에 긍정적으로 기여할 발전적 갈등이라 볼 수 있다. 하지만 비합리적 요인에 기초하여 야기된 것이라면 이는 사회를 분열시키거나 퇴보시키는 퇴행적 갈등으로 보아야 할 것이다. 특히 민-관 갈등의 경우 이러한 발생 요인별 구분 없이 분쟁과 집회 및 시위의 발생 횟수와 정도를 무차별적으로 사회갈등으로 등치시키면 갈등의 책임이 은닉되거나 어느 일방에 전가시키는 결과를 초래한다. 이는 갈등의 해결을 위한 정책적 방안 모색을 더욱 어렵게 만든다. 현재 한국사회에는 특별한 기획의도를 갖는 집단에 의해 부풀려지는 퇴행적 갈등이 너무나 많다. 이를 직시하는 것은 지식인과 우리 사회의 책무다.

예를 들어보자. 이명박 정부시기에 발생한 한미 FTA와 쇠고기 수입 협상에 반대하는 촛불시위와 제주도 민군복합미항건설 사업 반대시위가 심각한 수준으로 전개되었다. 이 사건들을 순수한 사회갈등으로만 볼 수 있을까? 근거 없는 과장된 광우병 공포를 만들어냈던 촛불시위는 어떤 유형의 갈등일까? 촛불시위가 확산된 내재적 요인은 2007년 대선 실패에 대한 광범위한 불복의식, 보수 정권의 탄생에 대한 정치적 패배감과 절망감, 그리고 반미주의가 결부된 복합적 요인이라는 분석이 있다는 점을 상기하자. 이는 결국 정치적, 이념적 갈등에 다름 아니라는 의미다.

이런 내재적 발생 근인(根因)을 고려하지 않고, 순수한 요인에 의해 발생된 환경 갈등, 노동 갈등, 세대 갈등, 지역 갈등 등 다른 갈등유형과 동일

선상에 놓고 바라본다면 착시가 발생한다. 자연발생적 갈등과 의도된 갈등, 즉 기획된 갈등은 준별되어야 한다. 갈등의 본질을 규명하지 않은 채 단순히 발생 추세만 갖고 갈등의 수준을 과도하게 평가하고 이의 해결책임을 일방에 전가한다면, 정부의 과오로 갈등이 발생되었고 그 해결책임을 다하지 않아 갈등이 더 확산되었다는 식의 순환논리에 빠지게 된다.

둘째, 갈등 연구자, 정책 연구자들이 집중해서 연구해야 할 분야는 갈등의 구체적 사례 연구다. 사회갈등의 발생 추이나 갈등에 대한 인식 그 자체보다 중요한 것은 개별 갈등의 심층을 파악하는 것이다. 우리 사회에 발생했던 주요한 갈등사례에 대해 일정시기가 지난 후 합리적 갈등인지, 비합리적으로 생성된 퇴행적 갈등인지 갈등의 발생원인과 추동세력의 행태, 갈등해결 과정에 대한 평가적 연구가 뒤따라야 한다.

이런 연구가 이루어지려면 학자적 양심과 용기가 필요하다. 어떠한 진영논리에도 휘둘리지 않는 객관적이고 엄정한 평가 잣대를 유지할 수 있어야 한다. 특히 퇴행적 갈등을 준별해 내는 날카로운 연구가 요구된다. 우리 사회에는 이런 갈등연구가 나오지 않고 있다. 갈등 현상의 외양을 관찰하는 데 머무는 것이 아니라 현상의 원인과 해법을 모색하기 위해 갈등의 관련 당사자들에게 끊임없이 소크라테스적 질문을 던질 수 있는 연구자들이 절실한 때다.

셋째, 인식조사를 통해 사회갈등의 추세를 양적(量的)으로 분석하는 것만으로는 갈등해결을 위한 방안을 도출하는데 한계가 있다. 갈등에 대한 양적 데이터를 마주하면, 자연스럽게 so what?이 제기될 수밖에 없다. 갈등에 대한 인식과 추세 그 자체보다 갈등의 제 요소에 대한 인식의 심층적 이유를 질적(質的)으로 분석해 내는 것이 갈등해결의 중요한 시사점으로 연결될 수 있다.

갈등에 대한 제 인식 수준의 파악을 위한 데이터가 생성되는 구체적인 과정을 살펴보면 그 한계를 더욱 분명히 알 수 있다. 데이터의 왜곡은 응답자가 선택하는 순간부터 시작된다. 고객만족도 조사 또는 각종 학술적 사안에 대한 인식조사와 같이 가치중립적인 사안에 대한 설문조사에서는 응답자의 이념성향이 투영될 여지가 거의 없다. 반면에 사회갈등에 대한 인식조사는 응답자가 어떤 이념성향을 지녔느냐에 따라 응답 수용 또는 응답 거부의 정도가 달라지고, 각 응답항목에서의 의도적 자기 방어나 역 선택에 의한 응답이 발생한다.

발제자의 연구에 나타난 이념성향별 분포를 살펴보자. 응답자가 스스로 밝힌 바에 따르면, 2014a 조사 응답자의 이념성향은 '보수적'인 사람은 14.3%, '중도'는 37.3%, '진보적'인 사람은 46.3%로 나타났다. 물론 이 응답자체도 실제의 이념성향을 그대로 반영하고 있다고 보기 어렵다. 응답자의 정직성을 담보하기 어렵기 때문이다.

이유가 있다. 한국인들은 유난히 이분법적 구분에 대한 무의식적인 콤플렉스를 갖고 있다. 이는 타인을 이분법적으로 재단하는 데 익숙해져 있는 사회문화에 자신도 젖어있기 때문에, 역설적으로 타인으로부터는 이분법적 매도를 당하지 않으려는 심리적 방어기제가 작동된 때문일 것이다. 어찌되었든 그 결과 자신을 스스로 보수 또는 진보로 규정하기를 기피하는 경향이 많다. 정확하게는 자기를 은닉하려는 보호 본능일 수 있다. '중도 보수'니 혹은 '중도 진보' 그리고 '합리적 보수' 혹은 '건전한 진보' 등 애매한 용어가 통용되는 현실이 이를 잘 말해준다. 대개 '중도'라고 응답하는 사람의 상당수는 실제로는 보수 또는 진보의 이념성향을 확실히 갖고 있는 사람일 경우가 상당히 많다고 판단된다.

아무튼 특정 이념성향을 가진 응답자들이 과다한 경우 이들이 인식할 갈등의 심각성 정도, 갈등 유발자와 갈등해결 책임자에 대한 응답이 어떻게 나오리라는 것은 거의 예상할 수 있지 않겠는가. 보수 또는 진보로 규정하는 것을 기피하여 중도로 분류된 응답자수는 차치하더라도 진보 이념성향의 응답자가 46.3%나 되는 분포 상태에서의 갈등인식 양상에 대한 응답 데이터를 어떻게 해석해야 할까. 인식조사에는 심리학적 요인을 충분히 고려해야 한다.

설문조사에서 분석에 유효한 응답을 구하기 위해서는 표본추출방법이 매우 정교하게 설계되어야 한다. 모집단에서 표본을 층화 추출할 때, 연령, 성별, 지역, 소득수준 등 응답자의 인구 통계적 특성이 적절하게 균형을 이루도록 추출해야 한다. 물론 이를 엄격하게 적용하는 일은 쉽지 않다. 아무튼 응답자의 사후적 분석을 통해 응답자의 특성별 인원이 구분되는 것이 아니라, 사전적으로 응답자의 특성별 응답 표본이 적절하게 배분되었을 때 타당한 응답을 얻을 수 있을 것임에 틀림없다.

더욱 중요한 것은 사회 갈등 연구에서 이러한 응답자의 일반적 특성에 의한 표본 추출이 이루어질 경우 심각한 오류가 발생할 수 있다는 점이다. 갈등 인식은 응답자의 이념성향에 절대적으로 영향을 받기 때문이다. 응답자의 이념성향에 따라 응답 경향은 이미 결정된 것이나 마찬가지다. 대부분 응답항목에서 일관된 경향을 보일 것이다. 자기 방어의식이 작동되고, 자신과 다른 이념성향의 집단에게 책임을 전가하는 응답이 나올 수밖에 없다.

만약 응답자의 선정에서 이념성향의 분포수가 동일하게 또는 최소한 근사한 수준으로 추출된 상태에서 나온 응답을 분석한다면 그 결과는 어떻게 나올까? 아마 판이하게 다른 결과가 나올 것이다. 응답자의 이념성향의 분포에 따라 응답의 내용이 판이하게 달라질 수 있는 개연성을

제6부 공정이 국민통합이다

지닌 조사라면 연구 방법의 유효성을 근본적으로 재점검해 볼 필요가 있다. 따라서 심층면접(in-depth interview)을 통한 질적 갈등 연구가 갈등 해결의 해법을 도출하는 데 유용할 수 있다. 갈등 연구의 새로운 패러다임이 필요한 시기다. 힘들지만 개척해야 길이기도 하다.

갈등 해결을 위한 기본 인식

최근 연구결과에 의하면 우리 사회의 갈등 수준은 OECD 27개국 가운데 네 번째로 심각한 것으로 나타났다. 이런 상황은 필연적으로 엄청난 사회적 비용을 수반하게 된다. 따라서 갈등 수준을 낮추기 위해선 정부와 정치권은 물론 기업과 언론, 시민사회의 공동의 노력이 요구된다. 특히 지역 갈등과 국민통합을 이루기 위해서는 국민통합을 저해하는 근본적 요소에 대한 성찰이 필요하다.

우선 공동체의 가치에 대한 갈등, 지역 간 불균형에 대한 갈등, 세대 간의 갈등이 국민 간의 화합을 저해한다. 이러한 여러 갈등이 결합되어 확연하게 표출되는 게 선거의 결과다. 지난 6.4 지방선거에서도 지역별로 특정 정파에 대한 몰표가 나오는 부끄러운 지역주의를 그대로 노정했다. 여기에 국민 통합을 저해하는 요소가 결부되어 있다고 본다면 국민통합의 갈 길은 멀고도 아득하다.

지역 갈등과 국민통합을 저해하는 수많은 요소들을 한꺼번에 해소시키거나 완화시킨다는 것은 불가능한 일이다. 갈등 해소를 위한 노력에도 우선순위를 두어야 한다. 가장 근본적인 것부터 바로 세우는 일이 시급하다. 그것은 대한민국이 세계사적 성공을 거두게 된 근본 토양이 된 대한민국의 정체성을 바로 세우는 일이다. 대한민국이라는 공동체가 보편적으로 공유해야 할 가치를 명확히 하고, 이를 국민들이 내면화할 수 있도록 이끌어야 한다. 이런 노력을 행해지는 가운데 빚어지는 갈등이라면 이는 반드시 이겨내야 할 갈등이다.

대한민국 공동체 가치의 핵심에는 자유민주주의와 시장경제 원리, 공화(共和)의 정신이 자리하고 있다. 이러한 가치들은 단순히 다수결의 원리로도 침해할 수 없는 고귀한 것들이다. 이 가치들은 현대 민주주의 국가들이 공유하고 실제 성공적으로 국가를 경영해 냄으로써 그 가치가 검증된 원리들이기도 하다. 그런데 왜 우리는 스스로 설정한 국가의 가치인 국시(國是)와 건국 정신조차 제대로 세우지 못하고 있을까? 국시를 무시하면서 애국을 이야기할 수 없다.

한국 사회의 가치의 혼돈 현상은 근대 국가로서의 일천한 역사에도 기인한다. 대한민국만큼 급격한 시대 변화를 경험한 나라도 드물다. 우리는 조선왕조의 멸망 이후 일제의 식민지 수탈 시대를 거쳐 광복을 맞이하면서부터 비로소 서구의 민주주의를 접하게 되었다. 반면 서구 사회는 근대 민주주의의 가치를 수백 년 간의 투쟁과 체험을 통해 체득했다. 1215년 영국의 마그나 카르타(Magna Carta)를 계기로 전제 왕권으로부터 벗어나기 위한 국민의 자주적 권리 인식이 생성되기 시작하면서부터 민주주의의 가치가 공유되고 축적되었다. 이런 바탕이 근대국가의 태동을 가져왔다. 1789년 프랑스 대혁명과 같은 피비린내 하는 아픔을 겪으면서 자유와 평등의 가치를 인류 보편적 가치로 정립할 수 있었다.

반면 우리 사회는 서구 사회가 겪었던 것과 같은 신고(辛苦)의 과정이 없었다. 그러다 보니 기본적으로 근대 국가의 공동체가 공유해야 할 가치와 덕목을 체득할 시간도 또 이런 환경을 만들 겨를도 없었다. 우리는 비약적인 경제성장을 이루었고, OECD 국가 대열에 올랐다. 하지만 국민의식은 아직도 선진국에 비해 매우 낮다. 대한민국의 건국의 이념인 자유민주주의와 시장경제의 가치에 대한 이해와 공유의 정도가 낮다는 점에서 그렇다.

한국 사회의 갈등해소를 이해 제일 먼저 바로 세워야 할 일은 대한민국 건국의 인류사적 가치와 헌법 정신에 대한 존중의 문화를 정립하는 일이다. 곧 자유민주주의와 시장경제의 가치를 올바르게 인식하는 길이 바로 현대 국가가 보편적으로 공유하고 발전시키고 있는 공동체의 가치를 체득하는 길이기 때문이다. 가치의 공유와 내면화를 위한 교육 체계의 혁신이 필요한 이유다.

갈등 해결을 위한 4가지 과제

다양한 갈등을 어떻게 극복할 것인가? 갈등과 불신은 가치의 혼돈과 정책의 불투명성, 지나친 변동성과 불공평성에 기인한다. 이를 극복하기 위해 우선 국가적 정책과 집행에서 대한민국의 정통성에 근간한 가치의 정립과 구현을 위해 노력해야 한다. 자유민주주의의 기본적 질서를 해치는 행태를 바로잡고, 이를 위해 엄정하게 법질서를 확립하는 일이 첫 번째로 중요하다. 이와 함께 정책형성과정에서부터 국민과 전문가의 참여를 통해 투명하고 객관적인 정책결정이 이루어지도록 하는 것이 중요하다.

두 번째로 우리 사회의 갈등을 바라보고 해결하는 해법에 대한 철학을 재정립해야 한다. 어느 사회이든 다양한 사회갈등이 존재하기 마련이다. 중요한 것은 갈등을 무조건 해결해야 되겠다는 강박관념을 버려야 한다. 갈등 자체가 문제가 아니라 어떤 갈등이냐에 주목해야 한다. 단순한 지역 간 이익갈등인지, 아니면 이념적 가치가 투영된 갈등인지를 분별해야 한다. 이에 따라 반드시 해결해야 할 갈등인지, 아니면 우리 사회가 안고 가면서 장기적으로 설득하고 극복해 내야 할 갈등인지를 판단해야 한다.

대한민국의 공동체가 유지 발전시켜야 할 자유민주주의의 기본 질서나 시장경제의 원리, 사적 재산권 보호의 근간을 흔드는 갈등이라면 그런 갈등의 해결은 오히려 우리 공동체가 공유해야할 소중한 가치를 훼손하는 결과를 낳는다. 우리 사회에 갈등을 암암리에 조장하고 부추기며 갈등을 키워내는 사람들이 없다고 할 수 없다. 그런데 이런 사람들이 자신들이 만들어 놓은 갈등의 중재자 및 해결사를 자임하는 것처럼 보이는 어처구니없는 사례도 있는 것 같다.

이들은 '병 주고 약주는 사람'들이다. 이런 사람들이 기승을 부리는 환경이 만들어지는 것도 다 원인이 있다. 우선 정치적 이해관계를 가진 정치가나 정책 결정자들이 갈등을 바라보는 시각이 잘못되었기 때문이다. 곧 무슨 갈등이든 갈등은 무조건 해결되어야 한다는 그릇된 생각이다. 또 갈등을 정파적으로 이용하려는 사람들이 갈등 자체를 침소봉대하여 정부 불신으로 연계시키거나 확산시키는 것도 주요한 원인이다. 따라서 갈등의 기미가 있을 때 정부 및 관계 기관, 시민사회가 사전적 노력을 기울여 갈등의 증폭을 예방하는 것도 중요하다. 작은 '지역사회 갈등'이 국가 전체적 '국민 갈등'으로 확대되지 않도록 하는 갈등관리 역량을 키우는 게 중요하다.

세 번째로 국민통합을 해치는 갈등을 해결하는 데 있어, 갈등 해결의 준거 가치와 방향성을 정립해야 한다. 즉 학계에서는 국민 통합을 저해하는 갈등의 유형이 어떤 것들이고 이런 갈등들을 어떤 가치관과 기준에 입각하여 어떤 방향으로 해결해 나가는 것이 공동체 전체의 장기적 발전과 선진화에 기여할 수 있는 것인가를 제시할 수 있어야 한다. 이런 노력을 하는 과정에서 발생하는 갈등이라면 긍정적 갈등이다. 대한민국이 지키고 가꿔야 할 보편적 가치를 유지 확산시키기 위한 갈등이라면 아무리 힘겨워도 이를 견뎌내야 한다. 그래야 성숙한 선진사회를 만든다. 갈등 해결의 방향성에 대한 이러한 공유 가치를 도외시하고 갈등 해결의 기능적 방법론에만 주목하는 것은 바람직하지 못하다.

특히 단순히 갈등 그 자체를 두려워하여 갈등 주체들의 터무니없는 요구를 중간적 타협점에서 해결을 모색하거나, 근본적 갈등 요인을 덮어버리는 미봉책은 진정한 국민통합을 오히려 힘들게 하고 나쁜 관행만 키워 줄 뿐이다. 그래도 이념적 가치가 내재되지 않는 지역 발전을 둘러싼 갈등의 경우 합리적 갈등 해결 방안이 모색될 수 있다. 예컨대 지역 발전을 선도할 수 있는 대규모 국책사업의 유치나, 지역 개발을 촉진할 수 있는 정책을 집행할 경우에는 이해당사자가 아닌 전문가 집단에 의한 합리적 분석에 의한 해법이 도출될 수 있을 것이다.

지역 갈등과 국민통합을 위해 네 번째로 중요한 것은 공정하고 객관적인 갈등 조정기관의 제도를 신설하는 것이다. 현재의 국민대통합위원회는 실질적인 갈등조정기관이 아니다. 정부기관에 국민통합을 위한 각종 정책의 권고와 협력을 요청할 수 있을 뿐, 이를 실행하기 위한 강제력을 갖고 있지 않기 때문이다. 이를 위해 선진국의 사례를 참고로 소개한다. 갈등의 해소는 어느 한 주체만의 노력으로 이루어질 수 없다. 공공부문과 시민단체 간의 유기적인 거버넌스(governance)가 중요한 이유다. 프랑스, 독일의 갈등 관리기관 및 단체의 거버넌스 수준은 확실히 우리보다 높은 것으로 보인다.

갈등 해결을 위한 선진국 사례와 시사점

선진국에서는 성숙한 시민사회와 관련 공공기관이 개방적이고 합리적인 자세와 협력으로 협치를 이끌어 내고 있다. 아울러 이들 나라 역시 쉽게 해소되지 않는 갈등 현안들이 적지 않음을 알 수 있다. 또 우리와 비슷한 고민을 하면서 계속 해법을 모색해 나가는 와중에 있는 분야도 적지 않다. 필자는 2013년 10월 영국, 프랑스, 독일의 갈등관리 기관을 방문할 기회를 가진 적이 있다. 당시 방문했던 기관들의 활동 모습에서 얻은 몇 가지 시사점을 정리하였다. 우리나라의 사회갈등 해결을 위한 대안 모색에 참조되었으면 한다.

프랑스는 공공토론위원회(CNDP: Commission nationale du debat public)를 만들어 갈등 예방을 위한 노력부터 경주한다. CNDP는 2002년 독립행정기관으로 발전된 기관으로 공공 갈등의 사전 예방기구 역할을 하고 있다. 대규모 개발 사업이나 국민 간에 이해가 상충하거나 대립적인 사안에 대해 공공토론을 통해 사회적 합의를 이끌어 내는 것이 CNDP의 중심적 기능이다. 특히 국책 사업 등과 관련 지역 간 갈등 해결에 큰 역할을 하고 있다. CNDP가 나름의 역할을 해 낼 수 있는 토대는 이 기구가 투명성, 형평성, 독립성, 불편부당성 등의 중요한 가치를 충실하게 지향하기 때문인 듯하다.

물론 공공토론이 사회적 갈등 이슈를 모두 해결해 내는 건 아니다. 공공토론을 거친다 해도 사업의 내용이 일부 조정되거나 그대로 집행되는 경우도 적지 않다. 공공토론이라는 제도적 과정 속에서 공개토론과 작은 회합 및 토의 등을 통해 이견을 좁히는 과정 그 자체를 중요시 하는 듯하다. 다만 프랑스의 공공토론 제도를 토론 문화가 성숙하지 못한 우리나라에 도입하는 것은 아직은 시기상조인 것 같다. 합리적 토론 문화의 바탕이 엷은 우리 현실에서는 공공토론의 기회를 통해 갈등이 완화되기보다 증폭시킬 가능성이 더 크기 때문이다.

독일 역시 우리와 비슷하게 공항 건설이나 쓰레기 처리문제, 역사 건설 등 도시 건설 및 환경 문제에서 지역주민 간, 또는 국가와 지역주민 간에 갈등 사례가 발생하고 있다. 하지만 이들의 해법은 우리와 차별화된다. 독일은 지역 발전과 관련한 각종 분쟁과 갈등을 조정하고 해결해 나가는 갈등 조정관 제도를 법제화하고 있다.

이미 80년대에 갈등 조정제도가 만들어지고 지속적으로 보완되어왔다. 특히 2012년 '갈등조정법'을 제정하여 사회 문제의 각 영역에서 발생하는 갈등과 분쟁에 대해 전문적 교육을 이수한 조정관(mediater)이 갈등의 당사자 사이에서 중재, 조정함으로써 갈등을 해결해 나가고 있다. 조정관 교육기관으로 유명한 곳 중의 하나가 훔볼트(Humboldt) 대학의 법학 전문연구소다. 이곳의 교육과정은 실무 조정 능력 배양에 초점을 맞추고 있다. 국제 여름학교를 통해 해외의 갈등 관리 전문가를 위한 특별교육과정도 운영하고 있다.

이해당사자들의 갈등 과정에 전문지식과 실무경험을 갖춘 법적 자격을 갖춘 갈등 조정관이 개입됨으로써 사업의 원만한 추진을 도와 사회적 비용을 줄일 수 있다는 점이 이 제도의 순기능이다. 전반적으로 갈등조정제도가 독일 사회의 갈등을 줄이고 사회적 비용을 최소화하는데 기여하고 있는 것은 분명해 보인다. 하지만 한국의 경우 다양한 지역 갈등 현장에 직접 당사자가 아닌 비전문가들이 대거 투입되어 갈등을 오히려 키우고, 당사자 간에 반목하게 만들거나 심지어 폭력 사태를 야기하는 경우도 적지 않다. 자격이 없고 더구나 특정한 의도를 갖고 있는 제3자의 개입으로 갈등이 증폭된다. 이와 비교할 때 자격과 권한을 갖춘 조정관을 통해 합리적으로 갈등을 조정해 나가는 독일의 사례는 시사점이 많다.

특히 변호사라 할지라도 190시간의 전문교육을 이수하지 않으면 조정관이 될 수 없도록 제도화 한 것은 갈등관리를 단순히 법률적 차원에서만 접근하는 것이 아님을 알 수 있다. 충분한 역량과 자격을 갖춘 제3자의 개입만을 제도화하고 있는 셈이다. 우리도 독일식의 갈등조정관 제도 도입을 검토할 필요가 있다.

갈등관리 교육과정을 개설하고 조정관의 자격을 취득한 사람만이 갈등의 현장에서 전문적 식견과 기법을 통해 당사자 간의 합의와 조정을 이끌어 내도록 해야 한다. 조정관 제도는 사법적 판결까지 가기 전에 당사자 간 합의에 의한 해결을 모색한다는 점에서 사회적 비용을 줄일 수 있는 대안이 될 수 있기 때문이다.

프랑스, 독일의 갈등관리 기관의 역할은 갈등 수준이 높아 많은 사회적 비용을 치르고 있는 우리 사회에 주는 시사점을 찾는다는 점에서 의미가 있다. 하지만 영국, 프랑스, 독일의 경우 오랜 민주주의 역사를 갖고 있고 시민의식 또한 성숙되어 사회 전체를 위한 갈등과 분쟁의 조정이 보다 용이한 문화 여건을 갖고 있다는 점을 간과해서는 안 된다. 이런 사회 문화적 기반 위에 법과 질서를 존중하는 의식, 합의와 관용을 중시하는 문화가 결합하여 사회적 갈등의 해소와 완화에 어느 정도 성공하고 있는 것으로 보인다.

하지만 이런 사회문화적 인프라를 갖추고 있음에도 이들이 갈등 관리를 위한 조정과 중재 기관을 별도로 만들고 법령을 제정하며 연구를 활성화하는 등 제도적 노력을 부단히 하고 있다는 점을 주목할 필요가 있다. 독일의 조정관 제도가 대표적인 예다. 한국의 경우 유럽 사회가 축적한 것과 같은 사회문화적 토대를 구축하는 일이 우선 시급하다. 즉 법과 질서를 존중하는 합리적 시민의식의 함양이 요구되며, 합리적 법 집행의 문화를 세우는 일이 우선되어야 한다.

이런 사회문화적 토대가 형성되지 않은 상태에서는 아무리 훌륭한 유럽의 선진 제도를 도입한다 해도 성공하기 어렵기 때문이다. 선진국의 갈등 조정 및 관리 제도를 한국적 변용하기 전에 반드시 우리 사회의 사회문화적 여건과 역량 수준을 고려해야 한다는 점을 잊지 말아야 한다. 사회의 갈등 해소 및 완화를 위해서는 정부, 언론, 시민사회의 공동의 노력이 필요하다. 특히 각 분야의 시민단체들이 사회의 갈등요인을 최소화할 수 있도록 일정한 역할과 기능을 수행할 수 있어야 한다.

▎갈등 해결을 위한 여성의 역할

한국사회에서 발생하는 여러 유형의 갈등의 원인은 제각각이고 복합적이다. 따라서 갈등 해결을 위해서는 갈등의 외양과 표방되는 원인의 파악을 넘어서 이해 당사자들의 심리적, 정신분석학적 진단을 통한 갈등의 근인(根因)을 찾아내려는 노력이 필요하다. 갈등은 법적, 논리적 충돌에 앞서 정서적 충돌에서 나온다. 겉으로 드러나는 법적, 논리적 갈등요소의 뒤에는 인간들의 내면에 감추어진 심리적, 정서적 요인들도 끊임없이 작동하고 있다.

인간의 심층에는 다양한 욕망이 도사려 있다. 특히 자기 이익을 극대화하려는 탐욕과 과욕, 자신이 믿는 가치에 따라 상대에 덧씌운 편견, 자신의 주장을 일방적으로 상대 또는 사회와 국가에 강요하려는 자기 정당성의 오류가 혼재되어 있다. 인간 내면의 이런 복합적인 요인들이 갈등을 야기하고 증폭시키는 실질적인 요인 가운데 하나라는 점이 결코 간과되어서는 안 된다. 이런 현상은 민-민 갈등에서 첨예하게 드러난다. 민-관 갈등의 경우도 상당 부분 이런 요인과 관계가 있다.

세대 갈등은 세대 간의 기대 이익 간의 충돌인 측면도 적지 않다. 지역 개발을 둘러싼 지역 간 갈등과 환경 갈등에도 인간들의 내면적 욕망이 깔려 있다고 볼 수 있다. 다양한 사회 갈등은 정부와 지역사회의 정책 실패, 절차적 정당성 결여, 참여 기회의 부족에 의해서도 야기되지만, 이해 당사자들의 그릇된 가치관, 탐욕과 편견, 오류가 갈등을 증폭시키는 요인이 되기도 하는 것이다. 결국 사회갈등의 완화 및 해결을 위해서는 제도적 요인의 시정과 개선도 중요하지만, 갈등 이해 당사자들의 내면적 요소와 행태를 어떻게 바람직한 방향으로 정화시킬 것인가도 중요한 과제가 된다.

하지만 인간의 내면과 행태의 변화를 외부의 힘에 의해 이룰 수는 없다. 결국 인간 내면의 왜곡된 가치를 바로 세우고, 뒤틀린 탐욕을 절제하는 일은 개인의 각성과 주체적 노력에 달려 있다. 이런 각성된 개인들이 많아진다는 것은 국민 의식 수준의 향상을 의미한다. 갈등의 유발 요인은 모든 개개인에게 잠재되어 있다. 갈등 유발자는 외부에만 있는 것이 아니라 내 안에도 있다. 이런 내부의 갈등 유발 요인은 정부의 정책 실패라는 기회를 만나게 되면 곧바로 외부로 표출된다. 하지만 개인 내부에 잠재한 갈등요인은 쉽게 은닉되어 잘 드러나지 않는다. 이런 까닭에 개인들은 자신의 내면의 가치와 욕망에 의해 추동되는 이기적 갈등 요인은 감춘 채 외부의 갈등 요소만 강조하고 갈등 해결의 책임을 전적으로 외부에 물으려는 경향이 많다.

사회의 보편적 가치와 공익을 존중하고 자신의 욕망을 절제하는 개인의 인식 수준을 높이기 위해서는 우리 사회의 모든 구성원들에 대한 여러 측면의 교육이 요구된다. 가정교육과 학교교육은 물론 기업과 종교 시설, 각종 단체의 활동 속에서 이루어지는 사회교육도 중요하다. 다양한 교육을 통해 자유민주주의 사회의 구성원으로서의 덕성과 이타적 가치관을 함양할 수 있어야 한다. 시민교육을 통해 성숙한 시민의식을 갖춘 국민이 늘어나야만 한다. 이런 과정에서 여성의 역할은 다양하게 모색될 수 있다.

특히 전통적인 아버지의 역할이 약해진 요즘, 가정교육에서 여성의 역할은 절대적이다. 우리 사회의 미래세대인 청소년과 청년들의 가치관과 사고방식, 행태는 각 가정의 아들딸들의 가치관과 사고방식, 그리고 행태의 연장이자 총화라고 볼 수 있다. 따라서 최소한 우리 안에 도사린 갈등 요인을 억제할 수 있는 역량을 가정에서부터 길러주어야 한다. 미래의 한국사회의 갈등 수준을 낮추는데 여성의 기여가 매우 중요하게 기대되는 이유다.[*]

---

[*] 박경귀, "한국사회의 갈등 요인과 합리적 해법", 〈하나 되는 대한민국, 여성의 힘으로〉, 한국여성단체협의회 제49회 전국여성대회 토론회 자료집(2014), pp.52~61 재인용.

다양성 시대의 사회문제 해결과 사회통합

안녕하십니까? 국민대통합위원회 국민통합기획단장 박경귀입니다.

오늘 "사회문제 해결을 위한 협력 거버넌스와 사회통합"을 주제로 열리는 국제학술세미나에 함께 할 수 있게 되어 영광스럽게 생각합니다.

이 뜻 깊은 세미나를 주관해주시는 선문대학교 정부간관계연구소 권경득 소장님을 비롯한 관계자 여러분, 그리고 세미나 주제에 맞춰 다양한 부문에서 전문적 식견을 펼쳐 주실 국내외 발제자 및 토론자 여러분의 참여와 노고에 깊이 감사드립니다.

오늘 우리는 이 자리에서 우리 사회에서 발생하고 있는 갖가지 사회문제들의 양상과 문제점을 살펴보면서, 이를 해소 내지 완화할 수 있는 대안으로서의 사회통합 정책의 전략과 정책적 과제들을 모색하게 될 것입니다. 이 과정에서 우리는 사회문제와 사회통합을 바라보는 다양한 관점도 발견하게 될 것입니다. 우리의 관점과 접근 방식에 따라 사회문제의 인식 양태와 사회통합을 위한 처방책도 달라질 수 있을 것입니다.

주지하듯이 사회통합의 개념에 대한 학자들의 견해는 매우 다양합니다. 유럽사회통합위원회는 "사회통합이란 사회의 격차를 해소하고 양극화를 예방함으로써 사회 구성원 모두의 복지를 보장할 사회적 역량(Social Capacity)을 일컫는다"고 규정했습니다. 또한 "통합된 사회란 민주적 수단을 통해 공통의 목표를 추구하는 자유로운 개인들로 구성된 상조적(相助

的) 공동체를 말한다"(European Committee for Social Cohesion, 2004)고 규정한 바 있습니다.

이 개념은 매우 포괄적이며 광범위한 합의에 기초한 것입니다. 그렇지만 우리나라처럼 남북분단 상황에 처해 있고, 비약적인 경제성장의 빛과 그림자가 동시에 비추고 있는 복잡다기하고 역동적인 사회에도 꼭 들어맞는 개념이라고 보기는 어렵습니다. 좀 더 보완이 필요합니다.

근대민주주의의 경험이 일천한 우리에게 사회통합이란 사회의 격차 해소와 양극화 완화를 위한 사회적 역량 못지않게 우리 사회의 자유민주주의 가치와 시장경제 원리, 그리고 시민 덕목의 정상적 작동에 필요한 통합가치의 공유 또한 중요하기 때문입니다.

특히 사회통합을 위한 사회문제의 인식에 있어 우리는 일상의 삶의 질(Quality of Life) 못지않게 사회적 응집성(Social Cohesion), 사회적 안정성(Social Stability), 사회적 연대(Social Solidartty), 사회적 포용성(Social Inclusiveness) 측면의 시각으로 확대해 나가야 합니다.

이런 관점에서 사회통합의 정책 영역의 지평을 확대하고 이러한 가치들을 추동할 수 있는 제도와 인식의 변화를 위한 사회통합 정책들이 발굴되어야 할 것입니다. 저는 이러한 영역들의 종합적 역량을 포괄하여 사회적 역량(Social Capacity)으로 규정해야 한다고 생각합니다.

이런 차원에서 우리 사회의 사회적 역량과 사회통합을 증진하기 위해 우리가 집중해야 할 사회통합의 시급한 정책과제들을 몇 가지 강조하고자 합니다. 이 과제들은 면밀한 이론적 논의와 분석에서 도출된 것들이 아니라 현실 정책 집행자들의 고민과 아이디어에 중점을 둔 것들입니다. 따라서 오늘 세미나에서 논의되고 제안되는 다양한 논리와 정책들로 지속적으로 보완되어 나가야 할 것으로 봅니다.

먼저 우리의 전반적인 삶의 질(Quality of Life) 향상을 통해 사회 전반의 갈등을 해소해 나가야 합니다.

그 첫 번째 과제는 청년 일자리 확대를 통한 세대 간 갈등을 완화하는 것입니다.

우리 사회도 이제 청년실업이 10%대에 이를 만큼 심각한 사회문제로 대두되고 있습니다. 과거 우리 사회의 세대 간 갈등 문제는 정치적 측면이나 사회문화적 측면에서 비롯된 성격이 강했습니다. 그런데 요즘은 경제적 차원에서 일자리를 둘러싼 이해관계의 대립으로 인한 갈등이 점점 더 커지고 있는 상황입니다. '흙수저'니 '3포 세대(연애·결혼·출산 포기)'니 하는 자조적 표현들이 유행하고 있는 것도 심각한 취업난을 겪고 있는 젊은 세대들의 절망감이 반영되어 있는 것으로 볼 수 있겠습니다.

그런데 청년실업의 원인은 복잡다기합니다. 근본적으로 저성장의 고착화로 인해 일자리 창출이 어려운 상황입니다. 2000년대 이후 한국은 저성장과 함께 일자리 창출력마저 저하되는 현상이 가속되는 이른바 '고용 없는 성장'의 현실을 목도하고 있습니다.

또한 산업기반이 취약해져 고용창출 효과가 높은 내수·서비스업의 성장 기회가 빈약해지고 있습니다. 더불어 기업의 해외이전과 글로벌 아웃소싱 추세가 강화되는 데다, 노동절약형 기술도입이 확대되면서 국내 일자리 창출능력은 더욱 위축되고 있는 실정입니다.

특히 경직적인 노동시장으로 인해 새로운 신규 노동력인 청년들의 진입이 어려워지고 있습니다. 대기업-정규직-유(有)노조 노동시장의 경직성으로 인해 신규 고용 창출이 낮아지고 있습니다. 게다가 설사 고용될 자리가 마련된다 하더라도 정규직과 비정규직 사이, 기업규모 간 임금격차로 인해 청년들이 실제 취업을 기피하는 현상까지 나타나고 있습니다. 이른바 일자리 미스매치가 심화되고 있는 것입니다. 우리나라 노동시장에서 가장 심각한 미스매치는 기업규모별 일자리 수급의 미스매치입니다. 기업규모가 작아질수록 인력 부족률이 증가하는 현상입니다.

지금까지 살펴본 경제 환경들은 바로 사회통합을 위한 방책으로써 청년취업 대책의 어려움을 더욱 부각시키는 요인들입니다.

어떻게 하면 청년 일자리 창출과 고용 증대를 통해 세대 간 상생을 이룰 수 있을까요?

먼저 청년 일자리 창출을 위한 노동제도의 개혁이 절실합니다.

우선 청년 고용 흡수에 용이한 고부가가치 서비스산업의 경쟁력 강화가 필요합니다. 이를 뒷받침할 수 있도록 제도개선이 요구됩니다. 또한 노동력 활용이 유연해지도록 획일화된 노동규율체계를 개선해야겠습니다.

과감한 구조개혁과 규제혁파도 뒤따라야 합니다. 세대갈등의 원인이 되는 세대 간 과도한 자산·소득·기회의 격차를 완화해 나가야 합니다. 아울러 기업이 고용임금, 연금, 복지의 수준에 대한 풍부한 정보를 공개하여 청년들의 자유로운 선택이 가능한 환경을 만들어 주어야 합니다. 기업의 국내 투자와 고용 부담을 줄여주기 위해 고용·금융·법제 관련 리스크를 줄여나가는 노력도 필요합니다. 예컨대 정년 연장법이나 통상임금 수준도 종합적으로 보완할 점을 찾아야 할 것입니다.

아울러 청년들이 각자의 재능과 역량에 맞는 다양한 직종에 취업할 수 있도록 체계적으로 교육할 수 있도록 하는 교육 개혁이 절실합니다. 예를 들어 고졸 취업자의 직업 능력을 강화하고, 취업 문턱에서의 고졸자의 부당한 차별을 철폐해야 합니다. 또 선진국형 직업학교나 교육청이나 학교-지자체-지역 사회와 산업계가 공조하는 협력학교 제도의 도입도 요구됩니다. 이런 토대가 있어야 학력이나 학벌이 아닌 능력 중시의 사회문화가 조성될 수 있기 때문입니다.

두 번째 과제는 계층 갈등의 원인이 되고 있는 소득 양극화의 완화입니다.

한국은 1997년 외환위기 이후 실업 증가 등으로 중산층이 약화되면서 경제적 양극화 현상이 심화되고 있습니다. 경제적 격차는 주거, 교육, 소비, 의식, 자산, 고용기회에 있어서도 상위층과 하위층 간 격차를 가져와서 사회 전반의 양극화로 확대되는 양상을 보입니다.

최근 경제성장률 저하는 구조적으로 계층 이동의 기회 자체를 낮추고 있으며, 과거에 비해 교육투자에 따른 계층이동의 효과도 떨어뜨리고 있는 실정입니다. 국민 인식에 있어서도 고용불안, 물가상승, 미래의 불확실성 등으로 인해 중산층 집단도 스스로를 하류층으로 인식하는 경우가 많습니다. 심지어 기회의 평등이 훼손되어 계층이동의 사다리가 끊어졌다는 인식으로 연결되고 있는 점도 우려할 만 합니다.

소득 양극화의 원인은 여러 가지가 있습니다. 우선 전 세계적으로 나타나고 있는 국제 경쟁 심화와 제조업의 퇴조, 그리고 금융 및 상업 자본의 성장과 노동절감적 기술발전 등을 들 수 있을 것입니다. 특히 경제 환경의 변화가 양극화를 심화시키는 주된 요인입니다. 산업의 고도화에 따른 제조업 근로자의 퇴출(중국 효과)과 영세 자영업의 구조적 몰락, 그리고 경제성장 둔화와 성장의 고용창출능력 감소, 그로 인한 비정규직의 증가를 꼽을 수 있을 것입니다. 대학교육의 공급 증대에도 불구하고 대기업 대졸자와 중소기업 대졸자의 임금 격차, 사교육경쟁으로 인한 교육격차 심화와 같은 사회 환경적 요인도 빼놓을 수 없을 것입니다.

어떻게 하면 소득 양극화 현상을 완화할 수 있을까요?

이제 기존의 경제성장 추구 일변도에서 벗어나 사회구성원의 삶의 질 향상과 사회의 불평등 문제를 해소하는 데 사회적 공감대를 확산할 필요가 있습니다. 이를 바탕으로 계층이동이 원활한 환경을 조성하고 근로 동기를 부여함으로써 개개인의 역동성을 높이고, 생산성이 높은 사회로 나아가게 할 수 있을 것입니다. 이런 차원에서 포용적 성장과 공정한 기회를 확대해 나가는 전략을 강화해 나갈 필요가 있습니다.

또한 고용 취약계층의 일자리 공급을 강화해 나가야 하겠습니다. 경제성장을 통한 전반적 일자리의 증대 못지않게 저학력, 비숙련, 여성, 장애인, 노년층, 청년층을 겨냥한 일자리를 창출하기 위한 노력이 우선되어야 할 것입니다. 아울러 일자리 나누기와 노동시장 유연화 등의 제도적 개혁을 통해 청년층 일자리 공급을 확대해야 할 것입니다.

소득의 재분배 효과를 높이는 방식으로의 복지제도의 개선을 통해서도 양극화를 완화해 나갈 필요가 있습니다. 예를 들어 차상위계층에 대한 조기개입을 통해 빈곤의 대물림을 차단하고, 근로와 복지를 연계하여 자활과 일자리 기회를 부여하는 사회서비스를 확충하는 것도 한 방안이 될 것입니다. 또한 빈곤층의 자산 형성을 촉진하는 아동발달 계좌 등과 같은 '기회 형성'을 위한 복지 서비스의 도입도 검토할 수 있을 것입니다.

근본적으로 빈자와 부자 간, 기업과 가계 간 소득의 재분배 효과를 높이는 조세제도의 개편도 필요합니다. 또한 사회복지 제도와 정책을 통해 사회경제적 위험에 처한 저소득층과 청년층을 보호하는 노력도 강화해야 하겠습니다.

아울러 교육을 통해 사회이동성을 제고해 나가는 것도 양극화 완화에 도움이 될 것입니다. 부모의 사회경제적 배경이 자녀의 교육기회를 좌우하지 않도록 조기에 공적투자를 통해 균형적이고 적절한 교육기회를 제공해야 합니다. 특히 유년기에 아동에 대한 사회적 지출을 높이는 것은 사회적 이동성 제고에 더 크게 기여한다는 연구도 있습니다.

사회적 배제와 차별 예방을 위한 사회문화적 개선 노력도 필요합니다. 스펙과 연줄의 과도한 작용은 사회의 공정성에 대한 회의감과 동기부여의 감소는 물론, 일반적 신뢰와 제도에 대한 신뢰의 하락을 초래하게 됩니다. 따라서 이를 예방하기 위해서는 약자에게 보다 많은 기회를 부여하는 다양한 적극적 우대조치(affirmative action)도 필요합니다.

또한 대기업과 중소기업 간 임금 격차를 완화하고 정규직과 비정규직의 임금 격차를 완화하기 위한 노력도 필요합니다. 주거 약자계층을 대상으로 한 주거지원 정책의 적극적 추진과, 대기업을 중심으로 사회적 기여를 활성화하도록 유도하는 노력도 배가해야 합니다.

세 번째 과제는 다문화 가족과 탈북민이 우리 사회에 잘 정착되도록 하는 사회적 포용성(Social Inclusiveness)을 높이는 정책을 강화해야 합니다.

먼저 다문화 가족에 대한 대책을 생각해 보겠습니다. 한국에 체류하는 외국인인구는 2015년 말 기준으로 190만 명에 이르고 있고, 다문화 가구는 278,036가구로 2012년 대비 4.3%가 증가한 것으로 나타나고 있습니다. 이렇듯 다문화 사회의 급속한 증가에 따라 한국인과 이주민간 접촉과 교류도 다양한 생활영역으로 확대되고 있습니다. 이런 추세가 가속화되면 우리나라도 머지않아 미국, 호주 등의 여러 나라와 같이 다인

종이 모여 사는 나라로 변모해 갈 것이라는 예측도 일부 있습니다.

요즘 이러한 현상들과 예견되는 양상들은 오랫동안 혈통중심 사회를 이루어온 우리 국민들에게는 매우 생소한 경험으로 다가오고 있습니다. 더구나 외국인의 유입에 따른 다양한 사회문제들이 서서히 나타나면서, 정부의 다문화 가족지원 정책은 내국인에 대한 '역차별'이라는 인식도 생겨나는 등 잠재적 사회갈등 요인이 되고 있습니다.

그럼에도 불구하고 다문화 가족이 지속적으로 증가하는 것은 자연스런 추세입니다. 우리 사회가 저성장의 고착화에 따른 일자리 부족 문제를 겪고 있고, 고령화 사회로의 진입 등 사회 환경이 변하고 있는데, 이러한 문제들의 해결 과정에 다문화 가족이 일정부분 순기능을 하고 있기 때문입니다.

물론 그동안 다문화에 관용적이었던 유럽에서 테러가 빈발하면서 난민 거부 사태가 발생하고 영국의 브렉시트와 같은 부정적 대응이 나타나는 것도 사실입니다. 하지만 선진국에서 겪는 양상의 문제점들은 현 단계에서의 우리나라의 상황과는 거리가 멀다고 하겠습니다. 그러나 이럴 때일수록 우리는 선제적으로 이민과 다문화 가족 정책에 대한 방향성을 정립할 필요가 있습니다.

현재의 다문화정책이 다문화 가족에 편중된 지원정책이라고 볼 수 있다면, 앞으로는 국가 전체의 발전전략 차원에서 이민정책의 접근으로까지 확대할 필요가 있습니다. 다시 말해 유학생, 외국인 근로자, 결혼이민자 등 다양한 형태로 정주하는 상황에서 기존의 다문화 가족 정책이라는 한정된 특수성에서 벗어나, 국가경쟁력 강화를 위한 이민정책으로의 대전환이 필요하다고 할 것입니다.

그리고 무엇보다 외국인 근로자·결혼이민자·유학생 등을 아우르고 내국인의 정서를 고려한 사회통합 차원의 이민정책을 펼치는 것이 중요합니다. 이를 위해 선진국에서 논의되고 있는 다문화 담론과 정책을 종합적으로 검토하여 한국사회에 적합한 이민 및 다문화정책의 모델을 개발할 필요가 있습니다.

또 사회통합을 위해 탈북민들을 포용해 나가는 정책도 긴요합니다. 1990년 중반부터 본격적으로 입국하기 시작한 북한이탈주민의 수는 현재 약 3만여 명에 이릅니다. 정부에서는 그간 이들의 성공적인 정착을 위해 사회경제적으로 다양한 지원책을 펼쳐 왔습니다. 이들은 '미리 온 통일'이기 때문입니다.

그럼에도 불구하고 탈북민 대다수는 아직도 사회적응에 많은 어려움을 겪고 있습니다. 언어나 가치관, 사고방식 등 사회문화적 차이로 인한 심리적응의 곤란을 겪고 있습니다. 특히 우리 사회에 유포된 일부 탈북민에 대한 왜곡되거나 과장된 인식들도 대다수 선량한 탈북민들을 힘들게 하는 요소들입니다. 2015년 북한이탈주민 실태조사에 따르면, 탈북민들의 월평균 임금은 147.1만원으로, 다른 국민들(223.1만원)의 66%수준에 불과한 것으로 나타나, 경제적으로도 탈북민들은 어려운 여건에 처해 있음을 알 수 있습니다.

따라서 이제 사회통합적 차원에서 탈북민들이 우리 사회에 제대로 정착해 살 수 있도록 하는 정책적 배려가 요구됩니다. 우선 정착지원금 및 주거 지원 등 물적 토대를 강화하는 정착지원과 함께 국민으로서의 소속감과 유대의식을 공유할 수 있도록 자유민주주의와 시장경제 원리와 같은 우리 사회의 가치와 작동 원리에 대한 이해를 증진시키는 노력이 요구됩니다.

특히 탈북민들을 지원하는 정책은 역차별과 형평성 논란 해소를 위해

'대상 특수적' 접근방식이 아닌 보편적 기준(실업, 질병 등)에 의한 일반 복지 서비스의 수혜 체계로 편입시킬 필요가 있습니다. 또한 법적보호 기간이 경과한 경우에도 일반 남한주민과 동일한 조건에서 지원이 이루어지도록 하여, 어느 정도 정착 후에도 계속 '탈북민'으로 분류되어 주변화 되는 것을 방지해야 할 것입니다.

또한 탈북민들을 대상으로 남한 주민의 사고방식과 행동양식, 그리고 조직 문화 등을 학습할 수 있는 기회를 확대하는 한편, 일반국민을 대상으로 북한이탈주민에 대한 긍정적 인식을 갖도록 하는 노력도 병행해야 하겠습니다. 탈북민과 다른 국민 간의 관계망 형성을 위한 다양한 지역 기반의 프로그램을 개발하고, 서로 간의 담론의 장을 확대해 나갈 필요가 있습니다.

네 번째 과제는 우리 실정에 맞는 사회통합을 위한 인문적 접근 방법도 필요하다고 생각합니다.

중산층이 늘어나면 사회통합도 높아질까? 요즘 학계의 일각에서는 사회통합을 위해 중산층을 적극 육성하는 것을 중요한 과제로 제기하기도 합니다. 대개 중산층이 두터운 나라의 경우 사회통합 수준이 높고 국민의 행복감 또한 높은 경향을 보이기도 합니다. 그런데 문제는 행복감을 구성하는 요인과 중산층에 대한 개념을 어떻게 규정하느냐에 따라 대책의 적실성이 달라질 수 있다는 점입니다. 특히 중산층과 행복감, 나아가 사회통합이 어느 정도 긴밀한 내적 상관성을 갖고 있느냐에 대한 숙고가 필요합니다. 중산층의 개념 자체가 접근하는 관점에 따라 매우 다양할 수 있기 때문입니다.

예컨대 경제학적 관점으로 보면 OECD는 중위가구소득의 50~150%

해당 가구를 중산층으로 봅니다. 그런데 사회학적 관점에서 보면, 중산층은 특정 교육수준을 달성하고 특정 수준의 사회적 지위를 가진 직장에 다니며, 특정한 가치와 태도를 지닌 사람으로 규정되기도 합니다 (Coleman & Rainwater, 1978). 또 주관적 인식에 의해 중산층을 식별하기도 합니다. 사람들이 스스로 느끼는 계층의식을 바탕으로 중산층을 파악하는 방식입니다. 그런데 이 경우 상당히 잘 사는데도 스스로 중산층이 아니라고 생각하는 경우도 적지 않은 데 문제가 있습니다.

결국 중산층의 개념은 필연적으로 다양한 가치판단을 수반하며, 각각의 다양한 개념이 각기 다른 목적에 적정하게 기여하기도 하고 새로운 의미를 갖기도 합니다. 따라서 중산층의 개념에서 경제학적 관점만을 지나치게 중시하기보다 교육 수준과 직업, 주류 가치의 공유와 문화생활의 정도 등 다면적 모습으로 파악할 필요가 있습니다. 특히 사회통합과 연관하여 해석하고자 할 때에 더욱 그러합니다.

우리나라 국민들의 경우 급속한 경제성장을 거치면서 배금주의와 개인주의의 경향이 두드러졌습니다. 특히 전통적 가치관은 해체되었지만 이를 대체할 근대 국가 시민으로서의 가치관은 제대로 체득하고 내면화하지 못했습니다. 이런 사정들이 사회통합의 기초를 부실하게 만드는 요소들입니다. 우리나라의 경우 사회문화적 관점으로 중산층을 정의할 필요가 더욱 중요하게 대두되는 이유이기도 합니다. 경제적 위치에 따른 중산층의 자기 인식 못지않게 사회문화적 측면에서의 성숙한 시민 덕목을 갖춘 중산층의 존재 여부는 사회통합에 깊은 영향을 주기 때문입니다.

물론 경제학적 관점으로 중산층을 국한하여 이해할 경우 소득 격차의 완화와 같은 대증적 정책이 사회통합에 기여할 것으로 추정할 수 있겠습니다. 하지만 사회학적 관점에서 특정한 가치와 태도를 가진 중산층을 중요하게 식별하게 될 때 사회통합을 위한 과제는 또 다른 차원의 대책이 요구됩니다.

이를 테면 자유에 따른 책임감, 자족(自足)의 인생관과 같은 속인적(屬人的), 비경제적 요소들을 촉진하고 함양시키는 사회정책이 격차 완화를 위한 경제정책 못지않게 중요해지는 것입니다. 사회갈등 역시 경제적 요인에서 뿐만 아니라, 비경제적 요인에 의해 촉발되거나 완화될 수 있기 때문입니다. 따라서 앞으로 국민행복을 도모하기 위한 사회통합 정책은 경제학적 관점뿐만 아니라 사회문화적, 비경제적 관점에서 다양하게 사회문제를 진단하고 처방하기 위한 대책이 되어야 합니다.

▌ 사회 갈등의 근인(根因)에 개인이 있다.

한국 사회의 잠재적 갈등소지는 다른 나라에 비해 작은 편이지만, 사회통합 증진을 위한 갈등해소 시스템이 취약하다는 의견들도 있습니다. 그런데 갈등 해소를 위해서는 사회 제도적 영역 못지않게 개인과 가정의 영역에서의 역할과 기능이 함께 고려되는 것이 바람직하다고 판단됩니다. 사회 제도적 측면에 집중할 경우 갈등관리의 책무를 국가에 과도하게 의지하는 형국이 되기 때문입니다. 그런데 사회 갈등의 진원을 들여다보면 개개인의 지나친 경쟁심에서 비롯된 시샘과 질투의 국민정서, 그리고 과도한 평등의식에 뿌리를 두고 있음을 상당 부분 확인하게 됩니다.

따라서 이런 영역에서 발원하는 사회갈등을 치유하기 위한 국가의 역할은 한정됩니다. 오히려 개인의 성취를 인정하는 사회적 가치의 공유나, 절제의 덕목 같은 개인적 해독제가 더 실효적일 수도 있는 것입니다. 이런 영역의 갈등관리는 민주주의의 만개, 정부제도의 질 향상, 또는 복지

지출의 증대로 대처하기에는 일정부분 한계가 있기 때문입니다. 따라서 사회 갈등을 효과적으로 해소 또는 완화시키기 위한 정책수립에서 사회 제도적 측면과 개인적 차원을 종합적으로 고려해야 할 필요가 있다고 생각합니다.

지금까지 사회통합을 증진하기 위해 정부가 일부 추진하고 있거나 또는 앞으로 검토하고 추진해야 할 과제들을 다양하게 제시해 보았습니다. 사실 이 과제들을 정책화 하려면 하나하나 세밀한 분석과 정책 설계가 필요할 것입니다. 학계의 깊은 관심과 후속 연구들이 절실히 요청되는 이유입니다. 오늘 이 국제학술세미나가 그 작은 출발이 되리라 믿습니다.

오늘 이 자리에서 발제문과 토론문에 대한 활발한 의견 교환이 있겠습니다만, 제가 제기한 문제의식이나 해법들, 세부 정책들에 대해서도 앞으로 깊은 관심을 갖고 여러 부처의 정책형성 및 집행과정에서 적극적인 지도와 조언을 보내주실 것을 당부 드립니다. 감사합니다.*

---

* 박경귀, "사회문제 해결을 위한 협력 거버넌스와 사회통합", 선문대학교 정부간연구소 주최 국제 학술세미나(2017.1.10) 기조연설 재인용

국민 행복을 위한 사회통합의 과제

　행복한 사회를 만드는 것은 동서고금의 어느 나라를 막론하고 간절하게 희구하는 목표일 것이다. 특히 역사상 유례를 찾아볼 수 없을 만큼 급속한 경제성장으로 근대화를 성취한 대한민국은 성장의 뒤안길에 드리운 그늘을 거둬 내고 국민 모두가 행복한 사회를 만들고자 하는 갈망이 더욱 크다.

　이런 흐름 속에서 오늘날 행복한 사회의 조건으로 대두되는 가장 큰 화두가 사회통합이다. 그런데 사회통합의 의미를 어떻게 이해하고 진단하며 어떤 해법에 중점을 둘 것인가에 대해서는 사회적 합의를 이루기 어려운 게 우리의 현실이다. 사회문제를 바라보는 관점과 접근 방식에 따라 사회통합을 위한 정책 처방도 달라진다.

　특히 우리나라처럼 오랫동안 남북 분단 상황에 처해 있어 이념적 대립의 뿌리가 깊고 비약적인 경제성장의 빛과 그림자가 동시에 비추고 있는, 복잡다기하고 역동적인 사회에 꼭 들어맞는 사회통합 정책을 도출하기는 더욱 어렵다. 우리나라가 자유민주주의의 성숙기에 접어든 서구 사회와 사회경제적, 문화적 환경이 많이 다른 것도 한 요인이다.

　따라서 근대민주주의의 경험이 일천한 우리에게는 사회의 격차 해소와 양극화 완화를 위한 사회적 역량만 강조해서는 사회통합을 이루기 어려운 측면이 있다. 그에 못지않게 우리 사회의 근간이 되는 가치인 자유민주주의와 시장경제원리 그리고 근대국가 시민 덕목의 정상적인 작동에 필요한 통합 가치의 공유와 내면화도 함께 진전되어야 사회통합의 수준을 높여 갈 수 있기 때문이다.

이런 차원에서 사회통합을 위한 사회문제의 인식에서 우리는 일상의 삶의 질(Quality of Life)뿐만 아니라 사회적 응집성(Social Cohesion), 사회적 안정성(Social Stability), 사회적 연대(Social Solidarity), 사회적 포용성(Social Inclusiveness) 측면으로 시각을 확대해 나가야 한다.

이에 덧붙여 인문학적 접근의 중요성을 강조하고자 한다. 이러한 영역들의 종합적 역량을 포괄하여 사회적 역량(Social Capacity)으로 규정되어야 한다. 이렇게 사회통합 정책 영역의 지평을 확대하고 제도와 인식의 변화를 견인할 사회통합 정책들이 발굴되어야 할 것이다. 이런 차원에서 우리 사회의 사회적 역량과 사회통합을 증진하기 위해 우리가 집중해야 할 사회통합의 시급한 정책과제를 몇 가지 제시하고자 한다. 이 과제들은 앞으로 면밀한 이론적 논의와 분석을 통해 보완되어 나가야 할 것이다.

첫 번째 과제는 청년 일자리 확대를 통한 세대 간 갈등을 완화하는 것이다.

이는 우리의 전반적인 삶의 질 향상에 직결되는 긴요한 문제다. 2017년 2월 12일 경제협력개발기구(OECD)의 발표에 따르면 한국의 15~24세 청년 실업률은 10.7%로, 2000년에 10.8%로 정점에 다다른 후 16년 만에 가장 높은 것으로 나타났다. 다른 선진국과 마찬가지로 청년 실업은 이제 우리에게도 심각한 사회문제로 대두되고 있다. 과거 우리 사회의 세대 간 갈등은 정치적 측면이나 사회문화적 측면에서 비롯된 성격이 강했다. 그런데 요즘은 경제적 차원에서 일자리를 둘러싼 이해관계의 대립으로 인한 갈등이 점점 더 커지고 있다.

청년 실업의 원인은 복잡다기하다. 근본적으로는 저성장이 고착화돼 일자리 창출이 어려운 상황에 원인이 있다. 2000년대 이후 한국은 저성장과 함께 일자리 창출력마저 저하되는, 이른바 '고용 없는 성장'의 현실을 목도하고 있다. 또한 산업 기반이 취약해지고 고용 창출 효과가 높은 내수·서비스업의 성장 기회도 빈약해지고 있다. 더불어 기업의 해외 이전과 아웃소싱 추세가 강화되는 데다 노동 절약형 기술 도입이 확대되면서 국내 일자리 창출 능력은 더욱 위축되고 있는 실정이다.

특히 노동시장이 경직돼 신규 노동력인 청년들의 진입이 어려워지고 있다. 대기업-정규직-유(有)노조 노동시장의 경직성으로 인해 신규 고용 창출이 지체되고 있다. 설사 고용될 자리가 마련된다 하더라도 정규직과 비정규직 간, 기업 규모 간 임금 격차로 인해 청년들이 취업을 기피하는 현상까지 나타나고 있다. 이른바 일자리 불일치(mismatch)가 심화되는 것이다. 우리나라 노동시장에서 가장 심각한 미스매치는 기업 규모별 일자리 수급의 불일치이다. 대기업에 비해 임금 수준이 낮은 중소기업들이 인력 확보에 큰 어려움을 겪고 있다.

이러한 경제 환경은 사회통합을 위한 방책으로서 청년 취업 대책의 어려움을 더욱 부각시키는 요인이다. 이제 일자리 정책은 복지 정책이자 사회통합 정책의 핵심이 되고 있다. 어떻게 하면 청년 일자리 창출과 고용 증대를 통해 세대 간 상생을 이룰 수 있을까?

먼저 청년 일자리 창출을 위한 노동제도의 개혁이 절실하다. 우선 청년 고용 흡수에 용이한 고부가가치 서비스산업의 경쟁력을 강화해야 한다. 이를 뒷받침하기 위해 노동력 활용이 유연해지도록 획일화된 노동규율체계를 개선해야 한다. 과감한 구조 개혁과 규제 혁파도 뒤따라야 한다. 세대 갈등의 원인이 되는 세대 간 과도한 자산·소득·기회의 격차를 완화해 나가야 한다.

아울러 기업이 고용임금, 연금, 복지 수준에 대한 풍부한 정보를 공개해 청년들이 자유롭게 선택할 수 있는 환경을 만들어야 한다. 기업의 국내 투자와 고용 부담을 줄이기 위해 고용·금융·법제 관련 위험을 줄여 나가는 노력도 필요하다. 예컨대 정년 연장법이나 통상임금 수준도 종합적으로 보완해야 할 것이다.

아울러 청년이 각자의 재능과 역량에 맞는 다양한 직종에 취업할 수 있도록 교육을 확대하기 위한 교육 개혁이 절실하다. 예를 들어 고졸 취업자의 직업 능력을 강화하고, 취업 문턱에서의 고졸자에 대한 부당한 차별을 철폐해야 한다. 또 선진국처럼 직업학교를 증설하거나 학교-지자체-지역사회와 산업계가 공조하는 협력학교제도를 도입할 필요가 있다. 이런 토대가 있어야 학력이나 학벌이 아닌 능력 중심의 사회문화가 조성될 수 있기 때문이다.

두 번째 과제는 계층 갈등의 원인이 되는 소득 양극화를 완화하는 일이다.

한국은 1997년 외환위기 이후 실업 증가 등으로 중산층이 약화되면서 경제적 양극화 현상이 심화되고 있다. 경제적 격차는 주거, 교육, 소비, 의식, 자산, 고용 기회에서도 상·하층의 격차를 가져와 사회 전반에 양극화를 확대시킨다. 최근 경제성장률 저하는 구조적으로 계층 이동의 기회 자체를 적어지게 하며, 과거에 비해 교육 투자에 따른 계층 이동의 효과도 떨어뜨리고 있는 실정이다.

국민 인식 측면에서도 고용 불안, 물가 상승, 미래의 불확실성 등으로 인해 중산층 집단이 스스로를 하류층으로 인식하는 경우가 많다. 심지어 기회의 평등이 훼손되어 계층 이동의 사다리가 끊어졌다는 인식으로 연결되고 있는 점도 우려되는 부분이다.

소득 양극화의 원인으로는 여러 가지가 있다. 우선 전 세계적으로 나타나고 있는 국제 경쟁 심화와 제조업의 퇴조 그리고 금융 및 상업 자본의 성장과 노동 절감형 기술 발전 등을 들 수 있다. 특히 경제 환경의 변화가 양극화를 심화시키는 주된 요인이다. 산업 고도화에 따른 제조업 근로자의 퇴출(중국 효과)과 영세 자영업의 구조적 몰락, 경제성장 둔화와 성장의 고용 창출 능력 감소, 그로 인한 비정규직의 증가를 꼽을 수 있다. 대학 교육의 공급 증대에도 불구하고 대기업 대졸자와 중소기업 대졸자의 임금 격차, 사교육 경쟁으로 인한 교육 격차가 심화되는 것과 같은 사회 환경적 요인도 빼놓을 수 없을 것이다.

어떻게 하면 소득 양극화를 완화할 수 있을까? 이제 기존의 경제성장 추구 일변도에서 벗어나 사회구성원의 삶의 질 향상과 사회 불평등을 해소하는 데 대한 사회적 공감대를 확산할 필요가 있다. 이를 바탕으로 계층 이동이 원활한 환경을 조성하고 근로 동기를 부여함으로써 개개인의 역동성을 높이고 생산성이 높은 사회로 나아가게 할 수 있을 것이다. 이런 차원에서 포용적 성장과 공정한 기회 확대 전략을 강화해 나갈 필요가 있다.

또한 고용 취약계층의 일자리 공급을 확대해야 한다. 경제성장을 통한 일자리의 전반적 증대 못지않게 저학력, 비숙련, 여성, 장애인, 노년층, 청년층을 겨냥한 일자리 창출 노력이 우선되어야 한다. 아울러 일자리 나누기와 노동시장 유연화 등의 제도적 개혁을 통해 청년층 일자리 공급을 확대해야 한다.

소득의 재분배 효과를 높이는 방식으로의 복지제도 개선을 통해 양극화를 완화해 나갈 필요도 있다. 예를 들어 차상위계층에 대한 조기 개입을 통해 빈곤의 대물림을 차단하고, 근로와 복지를 연계해 자활과 일자리 기회를 부여하는 사회서비스를 확충하는 것도 한 방안이 될 수 있다.

또한 빈곤층의 자산 형성을 촉진하는 아동 발달 지원 계좌와 같은 '기회 형성'을 위한 복지서비스의 확대도 필요하다. 근본적으로 빈자와 부자 간, 기업과 가계 간 소득의 재분배 효과를 높이는 조세제도의 개편이 절실하다. 또한 사회복지제도와 정책을 통해 사회경제적 위험에 처한 저소득층과 청년층을 보호하는 노력도 강화해야 한다.

아울러 교육을 통해 사회이동성을 제고해 나가는 것도 양극화 완화에 도움이 될 것이다. 부모의 사회경제적 배경이 자녀의 교육 기회를 좌우하지 않도록 조기에 공적 투자를 통해 균형적이고 적절한 교육 기회를 제공해야 한다. 특히 유년기 아동에 대한 사회적 지출을 높이는 것은 사회적 이동성 제고에 더 크게 기여한다는 연구도 있다.

사회적 배제와 차별 예방을 위한 사회문화 개선 노력도 필요하다. 스펙(specification)과 연줄의 과도한 작용은 사회의 공정성에 대한 회의감과 동기 부여의 감소는 물론 사회와 제도에 대한 신뢰 하락을 초래하게 된다. 이를 예방하기 위해서는 약자에게 더 많은 기회를 부여하는 적극적 우대조치(affirmative action)를 다양하게 강구할 필요가 있다.

세 번째 과제는 다문화 가족과 탈북민이 우리 사회에 잘 정착할 수 있도록 사회적 포용성(Social Inclusiveness)을 높이는 정책을 강화하는 일이다.

한국에 체류하는 외국인 인구는 2015년 말 기준 190만 명에 이르고, 다문화 가구는 27만 8036가구로 2012년 대비 4.3% 증가한 것으로 나타나고 있다. 이렇듯 다문화사회로 급속히 변모함에 따라 증가에 한국인과 이주민 간 접촉과 교류도 다양한 생활 영역으로 확대되고 있다. 요즘의 이러한 현상들은 오랫동안 혈통 중심 사회를 이루어 온 우리 국민들에게 문화 갈등의 요인이 되기도 한다.

더구나 외국인 유입에 따른 다양한 사회문제들이 서서히 나타나면서 정부의 다문화가족 지원 정책이 내국인에 대한 '역차별'이라는 인식마저 생겨나는 등 잠재적 사회 갈등의 요인이 되고 있다. 그럼에도 불구하고 다문화가족이 지속적으로 증가하는 것은 자연스러운 추세이다. 우리 사회는 저성장 고착화에 따른 일자리 부족과 저출산 문제를 겪고 있는데, 이러한 문제들을 해결하는 데 다문화가족이 일정 부분 순기능을 하고 있기 때문이다.

물론 그동안 다문화에 관용적이었던 유럽에서 테러가 빈발하면서 발생한 난민 거부 사태, 영국의 브렉시트, 미국의 반이민 정책과 같은 부정적 대응의 영향도 우려된다. 선진국에서 겪는 문제들은 아직까지 우리나라의 상황과는 거리가 있으나 이럴 때일수록 우리는 선제적으로 다문화가족에 대한 고용 정책과 복지 정책의 방향성을 재정립할 필요가 있다.

현재의 다문화 정책이 다문화가족에 편중된 지원 정책이라고 볼 수 있다면, 앞으로는 국가 전체의 발전 전략 차원에서 이민 정책에 대한 접근으로까지 확대할 필요가 있다. 다시 말해 유학생, 외국인 근로자, 결혼이민자 등 다양한 형태로 정주하는 상황에서 기존의 다문화가족 정책이라는 특수성에서 벗어나 국가 경쟁력 강화를 위한 이민 정책으로 대전환할 필요가 있다고 하겠다.

그리고 무엇보다 외국인 근로자, 결혼이민자, 유학생 등을 아우르고 내국인의 정서를 고려해 사회통합 차원의 이민 정책을 펼치는 것이 중요하다. 이를 위해 선진국에서 논의되고 있는 다문화 담론과 정책을 종합적으로 검토하여 한국 사회에 적합한 이민 및 다문화 정책의 모델을 개발할 필요가 있다.

사회통합을 위해 탈북민을 포용해 나가는 정책도 긴요하다. 1990년 중반부터 본격적으로 입국하기 시작한 탈북민의 수는 현재 약 3만여 명에 이른다. 정부에서는 그간 이들의 성공적인 정착을 위해 사회경제적으로 다양한 지원책을 펼쳐 왔다. 이들은 '미리 온 통일'이기 때문이다.

그럼에도 불구하고 탈북민 대다수는 아직도 사회에 적응하는 데 많은 어려움을 겪고 있다. 언어나 가치관, 사고방식 등의 사회문화적 차이로 인한 심리 적응의 곤란을 겪는 것이다. 특히 일부 탈북민에 대해 우리 사회에 유포된 왜곡되거나 과장된 인식들도 대다수의 선량한 탈북민을 힘들게 하는 요소이다. 2015년 북한이탈주민 실태조사에서 탈북민들의 월평균 임금이 147만 1000원으로 다른 국민들(223만 1000원)의 66% 수준에 불과한 것으로 나타나 탈북민은 경제적으로도 어려운 여건에 처해 있음을 알 수 있다.

따라서 이제 탈북민 지원 정책은 역차별과 형평성 논란을 해소하기 위해 '대상 특수적' 접근 방식이 아닌 보편적 기준(실업, 질병 등)에 의한 일반 복지서비스의 수혜 체계로 편입시킬 필요가 있다. 또한 법적 보호 기간이 경과한 경우에도 남한 주민과 동일한 조건에서 지원이 이루어지도록 해 어느 정도 정착한 후에도 계속 '탈북민'으로 분류되어 주변화되는 것을 방지해야 할 것이다.

또한 사회통합적 차원에서 탈북민들이 우리 사회에 제대로 정착해 살 수 있도록 하는 정책적 배려가 요구된다. 우선 정착지원금과 주거 지원 등 물적 토대를 강화함과 동시에 국민으로서의 소속감과 유대의식을 공유할 수 있도록 자유민주주의와 시장경제원리 같은 우리 사회의 가치와 작동 원리에 대한 이해를 증진시키는 노력도 절실하다. 예를 들어 탈북민을 대상으로 남한 주민의 사고방식과 행동 양식, 조직 문화 등을 학습할 수 있는 기회를 확대해야 한다. 아울러 북한이탈주민에 대한 긍정적인 인식을 확산하는 노력도 병행해야 한다. 이를 위해 탈북민과 다른 국민 간의 관계망 형성을 위한 다양한 지역 기반의 프로그램을 개발하고, 서로 간 담론의 장을 확대해 나갈 필요가 있다.

네 번째 과제는 우리 실정에 맞는 사회통합을 위한 인문적 접근 방법을 마련하는 것이다.

요즘 학계 일각에서는 사회통합을 위해 중산층을 적극 육성하는 것을 중요한 과제로 제기한다. 중산층이 늘어나면 사회통합 수준도 높아질까? 대개 중산층이 두터운 나라에서는 사회통합 수준이 높고 국민의 행복감 또한 높은 경향을 보인다. 그런데 문제는 행복감을 구성하는 요인과 중산층에 대한 개념을 어떻게 규정하느냐에 따라 대책의 적실성이 달라질 수 있다는 점이다. 특히 중산층과 행복감, 나아가 사회통합이 어느 정도 긴밀한 내적 상관성을 갖고 있느냐에 대한 숙고가 필요하다. 중산층의 개념 자체가 접근하는 관점에 따라 매우 다양해질 수 있기 때문이다.

예컨대 경제학적 관점으로 보면 OECD는 중위가구소득의 50~150%에 해당하는 가구를 중산층으로 분류한다. 사회학적 관점에서 중산층은 특정 교육 수준을 달성하고 특정 수준의 사회적 지위를 가진 직장에 다니며 특정한 가치와 태도를 지닌 사람으로 규정되기도 한다(Coleman & Rainwater, 1978). 또 주관적 인식에 의해 중산층을 식별하기도 한다. 사람들이 스스로 느끼는 계층의식을 바탕으로 중산층을 파악하는 방식이다.

그런데 이는 상당히 잘 사는데도 스스로 중산층이 아니라고 생각하는 경우가 적지 않다는 데 문제가 있다.

따라서 중산층의 개념에서 경제학적 관점만을 지나치게 중시하기보다 교육 수준과 직업, 주류 가치의 공유와 문화생활의 정도 등 다면적 모습으로 파악할 필요가 있다. 특히 사회통합과 연관하여 해석하고자 할 때에 더욱 그러하다.

우리나라 국민들은 급속한 경제성장을 거치면서 배금주의와 개인주의의 경향이 두드러졌다. 특히 전통적 가치관은 해체되었지만 이를 대체할 근대국가 시민으로서의 가치관은 제대로 체득하고 내면화하지 못했다. 이런 사정들이 사회통합의 기초를 부실하게 만드는 요소이다.

우리나라의 경우 경제적 관점 못지 않게 사회심리적 관점으로 중산층을 정의할 필요가 더욱 중요하게 대두되는 이유이기도 하다. 경제적 위치에 따른 중산층의 자기 인식 못지않게 사회문화적 측면에서의 성숙한 시민 덕목을 갖춘 중산층의 존재 여부는 사회통합에 깊은 영향을 주기 때문이다.

물론 중산층을 경제학적 관점에 국한하여 이해한다면 소득 격차 완화 같은 대증적 정책이 사회통합에 기여할 것으로 추정할 수 있겠다. 하지만 사회학적 관점에서 특정한 가치와 태도를 가진 중산층을 중요하게 식별하게 될 때 사회통합을 위한 과제로는 또 다른 차원의 대책이 요구된다. 이를테면 자유에 따른 책임감, 자족(自足)의 인생관과 같은 속인적(屬人的), 비경제적 요소들을 촉진하고 함양하는 사회 정책과 교육문화 정책도 격차 완화를 위한 경제 정책과 복지 정책 못지않게 중요해지는 것이다.

사회 갈등 역시 경제적 요인에서뿐만 아니라 비경제적 요인에 의해 촉발되거나 완화될 수 있기 때문이다. 따라서 앞으로 국민 행복을 증진하기 위한 사회통합 정책은 경제학적 관점뿐만 아니라 사회문화적, 비경제적 관점 그리고 인문학적 관점에서 다양하게 사회문제를 진단하고 처방하기 위한 대책이 되어야 한다.

특히 사회 갈등의 근인(根因)에 개인이 있다는 점을 간과해서는 안 된다. 한국 사회의 잠재적 갈등 소지는 다른 나라에 비해 적은 편이지만 사회통합 증진을 위한 갈등 해소 시스템이 취약하다는 의견들도 있다. 따라서 갈등 해소를 위해서는 사회제도적 영역 못지않게 개인과 가정에서의 역할과 기능이 함께 고려돼야 한다. 사회제도적 측면에만 집중할 경우 갈등 관리의 책무를 국가에 과도하게 전가하는 형국이 되기 때문이다.

더구나 사회 갈등의 진원을 들여다보면 개개인의 지나친 경쟁심에서 비롯된 시샘과 질투의 국민 정서, 그리고 과도한 평등의식에 상당 부분 뿌리를 두고 있음을 확인하게 된다. 이런 영역에서 발원하는 사회 갈등을 치유하기 위한 국가의 역할은 한정될 수밖에 없다. 오히려 개인의 성취를 인정하는 사회적 가치의 공유나 욕망 절제의 덕목 같은 개인적 해독제가 더 실효적일 수도 있는 것이다.

이런 영역의 갈등 관리는 민주주의의 만개, 정부 제도의 질 향상 또는 복지 지출의 증대만으로 대처하기에는 한계가 있기 때문이다. 따라서 사회 갈등을 효과적으로 해소 또는 완화하기 위한 정책 수립에서 사회제도적 측면과 개인적 차원을 종합적으로 고려할 필요가 있다. 특히 개인적 차원의 사회통합 정책으로서 공동체 일원으로서의 시민 덕목과 개인 인성을 함양하고 계발하기 위한 교육 정책의 혁신과 종교계의 역할이 더욱 긴요해진다.

지금까지 국민 행복을 증진하기 위한 사회통합 수준 제고 차원에서 정부가 추진하고 있거나 앞으로 검토하고 추진해야 할 과제들을 다양하게 제시해 보았다. 사실 이 과제들을 정책화하려면 하나하나 세밀하게 분석해 정책을 설계해야 할 것이다. 학계와 실무계의 깊은 관심과 후속 연구들이 절실히 요청되는 이유이다.

　끝으로 차기 정부에서 모든 정책을 국민 통합의 관점에서 설계하고 집행할 수 있도록 '(가칭)사회통합영향평가제도'를 운영하고 이를 실효적으로 관리하는 등 국민 통합 정책을 종합적이고 지속적으로 추진할 수 있도록 법률에 근거한 행정위원회 또는 독립 행정청 형태의 '국민 통합 기구를 신설할 것을 제안한다.*

....

*　박경귀, "국민 행복을 위한 사회통합의 과제", 〈보건복지포럼〉, 한국보건사회연구원(2017년 3월호, 통권 제245호), pp.2~8 재인용

박경귀 국민대통합위원회 기획단장
"국민 갈등해결의 답은 고전에서 찾아야"

국민대통합위원회 박경귀 국민대통합기획
단장은 우리 사회의 갈등을 해결하는데 대
중문화가 중요한 역할을 한다고 강조했다.
김도훈기자

대한민국은 지금 불화의 시대다. 아버지
와 아들이 불화하고, 남자와 여자가 불화
하고, 지역과 지역이 불화한다. 매일 불화
로 인한 사건사고들이 속출한다. 불화의
대한민국 국민들에게 '고전 권하는 공무
원'이 있다. 대통령 소속 국민대통합위원
회 박경귀(57) 국민통합기획단장이다. 압축
경제성장 과정에서 쌓인 갈등이 문제로 터
져 나오는 현 상황을 타개하려면 국민들의
성숙한 시민의식이 필요하다는 박 단장은
"지금 대한민국은 물질적으로는 선진국이

지만 시민의식은 아쉽다. 시민의식의 성숙을 위해서는 고전읽기가 무척 중요
하다. 특히 고대 그리스 문명을 읽어서 지혜를 배워야 한다"고 강조했다. 박
경귀 단장을 만나 고전읽기의 중요성과 현대를 살아가는 지혜를 들었다.

▎드라마 '태양의 후예'가 국민대통합에 큰 기여

대한민국 국민들의 갈등이 심각한 상태다.
이를 해소하기 위한 방법은 무얼까?

요즘 대한민국 국민들의 불화가 크다. 분열된 국민들을 통합하기 위해서는 문화의 역할이 크다고 생각한다. 국민통합을 이룰 수 있는 좋은 문화 콘텐츠들이 많이 나와야 한다. 예를 들면 얼마전 드라마 '태양의 후예'가 그 역할을 해냈다. 국가의 소중함이나 군인의 참모습, 재난을 당했을 때 인류애 발휘 등 굉장히 좋은 콘텐츠가 자연스럽게 담겨있었다. 예술이든 정책이든 인위적인 강요나 의도를 담으면 감동을 주지 못하는데 '태양의 후예'는 자연스럽게 녹여냈다. 문화콘텐츠에서 중요한 점이다. 이처럼 좋은 문화콘텐츠가 나오려면 국가는 좋은 문화가 성장할 수 있도록 환경을 만들어 줘야 한다. 좋은 콘텐츠가 생산 유통되기 위해 국가가 할일이 뭔가 찾는게 국가가 문화를 보이지 않는 곳에서 뒷받침하는 거라고 생각한다. 그게 국민통합과도 직결된다.

드라마와 국민통합이 밀접한 관련이 있다니 의외다

국민통합은 문화융성 속에서만 가능하다. 문화야말로 이념, 계층, 지역을 초월해 갈등을 녹여낸다. 문화의 공감을 통한 긍정적 가치의 공유가 국민통합의 아주 튼튼한 기초가 된다. 그런 의미에서 대중문화가 무척 중요한 영역이다. 대부분 정치 기사를 읽으면 분노하고 실망한다. 그곳에서는 희망을 찾기가 너무 힘들다. 권력을 추구하는 인간의 욕망이 첨예하게 부딪히는 곳이라 실망할 일이 계속 나타난다. 그러나 대중문화는 다르다. 많은 사람들이 쉽게 접할 수 있어 전파력이 크다. 또 국민에게 위로와 희망을 주는 역할을 한다.

올해 추진하고 있는 국민통합 사업은 어떤 것이 있나

국민대통합위원회는 국민들의 다양한 의견을 수렴한다. 국민통합은 경청에서 시작된다. 다양한 계층, 다양한 이해관계를 가진 사람들의 목소리를 듣는다. 종교지도자 간담회, 지역사회 지도자 간담회나 국민대토론회 등을 진행한다. 또 긍정적인 가치를 전파하는 사업도 적극 실시하는데 올해 역점을 둔 사업은 '엄마아빠 자서전 쓰기'다. 요즘 세대간 갈등이 심각하다. 부모세대와 자식세대가 소통이 안된다. 세대간 소통의 해결책을 가정에서 찾아야 한다고 생각한다. 가정의 소통을 위해 자녀들이 엄마아빠의 이야기를 듣고 자서전을 써보는 내용이다. 그 과정을 통해 세대간 소통이 이뤄진다고 본다. '생활 속 작은 영웅 발굴 사업'도 호응이 좋다. 우리 사회 곳곳에서 의로운 일을 하는 사람을 조명하고 있다. '화합과 상생포럼'도 만들었다. 이 포럼을 통해 이념·세대·지역갈등을 풀 수 있는 정책이나 담론을 발굴한다. 이런 것들이 하나하나 결실이 맺어지면 국민대통합이 되지 않을까?

▌고전은 동서고금을 초월한 인류 보편적 가치가 담겨있어 중요

(사)행복한 고전읽기 이사장으로 일하며
고전의 중요성을 설파하고 있다. 이유는?

우리 사회의 정신 수준이 성숙되려면 정부의 역할로는 한계가 있다. 민간 스스로 움직여야 한다. 그 단초가 고전이라고 봤다. 당대 베스트셀러는 수명이 짧지만 동서양 고전은 2000년 동안 베스트셀러. 시공을 초월해서 사랑받는 고전은 보편적 가치가 담겨있기에 사랑받는 거다. 우리 사회의 정신문화가 성숙하려면 인류의 보편적 가치를 섭취하고 내면화해야 한다. 고전읽기 운동이 국민들의 교양수준을 높이고 건강한 시민의식을 만들 수 있다.

2010년부터 '200권 고전읽기' 모임을 만들어 고전을 읽기 시작했다. 이후 2012년 사단법인을 만들고 고전 강좌를 만들어 국민들이 고전을 접할 수 있게 했다. 요즘 인문학 시대라고 하는데 가벼운 인문학이 판을 치는 것 같아 안타깝다. 인문학의 원천은 고전이다.

특히 고대 그리스 문명의 중요성을 강조하고 있다.

그리스 문명과 현대는
무슨 관계일까?

박경귀 국민대통합위원회 기획단장은 성숙한 시민의식을 위해서는 고전읽기가 중요하다고 강조했다. 김도훈기자

　고전 중에서도 고대 그리스 문명이 무척 중요하다. 문학, 건축, 조각 등 모든 장르의 전범(典範)이 되는 것이 고대 그리스 문명에서 다 쏟아져 나왔다. 그리스 문명은 미래의 삶을 설계하는데 중요한 답을 준다. 현대사회의 복잡한 위기와 난제를 이겨낼 수 있는 지혜가 담겨있다.

최근 '그리스, 인문의 향연'(도서출판 베가북스)을 출간했다.
어떤 내용을 담았나?

　'그리스 덕후'라는 얘기를 들을 정도로 고대 그리스에 빠졌다. 2013년부터 그리스 문명을 직접 답사하기 시작해 8차례 배낭여행을 통해 현장을 오갔다. 답사를 통해 직접 찍은 350여 장의 사진을 바탕으로 그리스 문명을 한 눈에 알아볼 수 있게 썼다. '한권으로 읽는 그리스 문명'이라고 할 수 있다. 한국출판문화산업진흥원 2016 우수콘텐츠에 선정됐다. 그리스 문명이 중요한 것은 그리스 문명의 근간인 민주주의와 자유정신이다. 기원전 5세기에 자유, 평등 개념이 나왔다. 이상적인 공동체로서의 도시국가가 만들어졌는데 이를 유지하기 위해 법치를 중요하게 여겼다. 누구나 법에 의해 평등하게 지배되도록 했다. 자유 못지않게 의무를 중요시했다. 군대에 가서 전사로 자신의 목숨을 내걸 수 있는 사람만이 투표권과 세금을 낼 권리를 받았다. 이 정신이 바로 그리스 문명의 황금기를 이끌었다. 책임과 의무를 다하는 시민정신은 현대인들이 반드시 되새겨볼 만한 가치다.

앞으로의 계획은?

　내년에는 '나의 그리스 문화 답사기'를 묶어서 책을 낼 예정이다. '나의 그리스 문화 답사기'를 총 10권 내는 게 목표다.

충청 오디세이, ⑪ 박경귀 국민대통합위 기획단장

"갈등 해소 국민통합이 이 시대 애국 … 상생 가치 실천해야"

시대적 소명이지만 제 아무리 정성을 쏟아 부어도 성과가 잘 나타나지 않는 국가적 의제가 있다. 바로 국민통합이다. 우리 사회는 망국병인 지역과 이념 이외에도 세대와 계층, 빈부로까지 대립 구도가 만들어지면서 또 다른 갈등이 분출되고 있는 게 현실이다. 박근혜 정부 들어 공존과 협력, 소통의 가치를 구현하자는 취지로 대통령 소속 국민대통합위원회를 만들어 운영 중이지만 여전히 갈 길은 멀어 보인다.

박경귀 국민대통합위 국민통합기획단장이 국가적 의제 '국민통합'에 대해 말하고 있다. 빈운용 기자

박경귀 국민대통합위 국민통합기획단장은 그 길에 대해 '구들장이 온돌을 덥혀 가듯'이라고 표현했다. 그만큼 지난한 작업이지만 슬기롭고 끈기 있게 추진한다면 성과를 거둘 수 있다는 말로 들렸다. 박 기획단장은 "국민통합은 여러 주체가 함께 할 때 효과를 낼 수 있다"며 갈등 치유와 해소에 있어 충청인의 역할을 강조했다.

▌대담=송신용 서울지사장

국민대통합위 기획단장으로 취임한지 1년이 돼 가는데, 소감과 성과는.

"국민통합은 어느 한 두 가지 정책으로 가시적 효과를 거두기 어렵다. 그런데 국민통합에 대한 우리 국민들의 기대 수준이 높아 늘 고민하고 있다. 국민통합은 시대적 소명이다. 따라서 여러 주체가 함께 할 때 실효적이다. 종교계와 시민사회, 지방자치단체, 중앙행정기관들이 각 기능과 역할의 범위 내에서 국민통합 과제를 발굴하고 협업으로 추진하고 있다. 그동안 국민대토론회를 통해 각계각층의 의견을 경청해왔고, 사회 갈등을 진단하고 이해당사자들에게 합리적인 해법을 조언하는 역할도 했다. 특히 나부터 작은 실천을 통해 세상을 바꾸고 사회갈등을 해소하자는 '작은 실천 큰 보람 운동'을 전개해 왔다. 대한민국 바로 알기를 비롯해 사회지도층 솔선하기, 안전·질서 세우기, 존중과 배려하기, 나눔과 봉사 실천하기 등 7대 실천 덕목을 선정 추진하고 있다. 이런 작은 노력들이 쌓이면 구들장이 온돌을 덥혀 가듯 서서히 성과가 나오리라 믿는다."

우리 사회는 지역과 이념, 세대, 계층, 빈부 같은 갈등요인이 너무 많다. 위원회 차원에서 어떻게 진단하고 있나.

"갈등요인이 많고 그 수준도 높은 게 사실이다. 압축 성장 과정에서 풀고 왔어야 할 갈등이 오랜 시간 누적되었다가 요즘 한꺼번에 분출되고 있는 상황이다. 최근에는 세계 경제의 장기 침체로 소득 격차와 일자리 문제가 심각해지면서 계층 간, 세대 간 갈등의 문제로 확대되고 있다. 특히 저출산, 고령화로 인구 구조가 빠르게 변하고 저성장이 고착되는 게 문제다.

지역갈등과 이념갈등은 정치권이 부추기는 경우가 많다. 계층과 세대의 화합과 상생을 위해서 우선 선별적 복지에 기초한 복지개혁 및 정규직과 비정규직의 격차 해소가 필요하다. 다양한 갈등에 대처하기 위해 '화합과 상생 포럼'을 만들어 각계 전문가가 여러 사회갈등을 진단하고 정책대안을 찾아가고 있다."

공존과 협력, 소통의 통합문화 정착을 위한 방안을 들려 달라.

"우리 사회가 빠르게 근대화 되면서 배려와 겸양의 전통적 가치가 퇴조하고 자기주장이 너무 강한 사회가 됐다. 국민통합을 위해 공존과 소통이 절실하다. 우선 78개 시민단체가 참여하는 '국민통합 시민사회협의회'와 긴밀한 파트너십을 갖고 국민통합 시책을 함께 추진하고 있다. 또 7대 종단 지도자 간담회와 협의체를 통해 종교계와 소통하며 사회갈등 치유를 위해 협력하고 있다.

아울러 매년 10곳의 지자체와 지역간담회를 열어 지역사회의 현안과 국민여론을 청취하고 정부정책에 반영하도록 노력하고 있다. 올해 세대 간 소통 증진을 위한 특색사업으로 '내가 쓰는 아빠 엄마 이야기' 공모전을 추진한다. 자녀와 부모가 세대 차이를 극복하고 서로 이해하고 소통하는 계기가 되리라 생각한다. 또 가정에서 사회로 확산되면 세대갈등 완화에 도움이 되지 않을까."

국민적 통합가치를 만들고 실천하는 것도 급한데 이에 대한 견해는.

"중요한 지적이다. 지난해 10월부터 사회 각계전문가들이 참여하는 '통합가치포럼'을 운영하면서 국민통합의 가치를 발굴하고 확산하기 위해 노력해왔다. 올해 상반기에는 '가족과 소통의 가치'를 주제로 가족 및 사회구성원 간의 공유가치에 대해 논의했다. 하반기에는 사회적 규범이 되는 통합가치를 발굴하는데 집중할 예정이다. 이미 도출된 통합가치의 담론은 언론을 매개로 국민들에게 전파하고 있다.

또한 많은 국민이 직접 토론에 참여하는 '국민대토론회'를 통해서도 국민이 공유할 통합가치를 도출하고 있다. 2014년에는 국민대통합을 위한 '미래가치', 2015년에는 '공공의식'을 주제로 네 차례 진행했다. 지난해 11월 천안독립기념관에서 종합토론회를 한 바 있다. 올해는 '세대상생'을 주제로 통합가치와 실천 대안들을 모색할 예정이다."

신공항 사태에서 보듯 사회갈등을 예방하고 조정 기능을 활성화해야 한다는 목소리가 높은데.

"국민대통합위가 자문기구이다 보니 갈등현안 조정을 위한 직접적인 집행권한은 없다. 다만 우리 위원회는 갈등관리와 조정의 전문가 풀을 확보하고 있다. 갈등 당사자들의 요구가 있을 때 추천해드리고, 이분들이 갈등을 완화하고 해소하는 데 필요한 조언을 하도록 하고 있다.

또 갈등해결 우수사례를 발굴하고 전파해 갈등을 미연에 방지하는데도 힘쓰고 있다. 사실 신공항과 같은 정부의 국책사업들은 전문가의 과학적 분석과 대안에 따라야 한다고 생각한다. 그런데 정치권이 과도하게 개입해 문제를 심각하게 만드는 경우가 많다. 정부와 지자체, 정치권이 협력하지 않으면 사회갈등을 해소하기 어렵다. 어려운 환경이지만 대통합위는 사회갈등 해소와 국민통합을 위한 가교 역할에 최선을 다하겠다."

국민들의 관심과 참여가 중요할 것 같다. 그런 측면에서 '생활 속 작은 영웅'이 관심인데 충청권 인물 중 소개할 만한 일화가 있나.

"'생활 속 작은 영웅'은 이웃과의 나눔, 배려 등 누구나 할 수 있는 실천 가능한 미덕을 수행한 분들을 발굴하는 사업이다. 국민들의 호응이 높아 올해는 100여 명으로 확대할 예정이다. 지난해 충청권에서 두 명의 '작은 영웅'이 선정됐다. 노래 봉사활동으로 모금한 돈으로 2012년부터 소년소녀가장에 매월 50만 원씩 기부하고, 근육병 어린이 환자에게도 지속적으로 기부하고 있는 대전 서구의 황철균씨가 그 주인공이다.

그리고 학습에 어려움을 겪는 친구들을 위한 멘토-멘티 활동과 연탄배달 등 봉사활동을 꾸준히 해온 대전 봉명중학교 양태빈 학생이 있다. 앞으로도 충청권에서 자랑스러운 작은 영웅들이 많이 나오길 소망한다."

통합을 위해 충청인들의 역할이 큰데 당부의 말이 있다면.

"충청지방은 예로부터 충절의 고장이다. 국난에 처했을 때 나라를 구하기 위해 분연히 일어난 조헌 장군 같은 의병이 많았고, 일제의 압제에서 자주 독립을 외친 유관순 열사, 윤봉길 의사와 같은 의로운 분들의 활약도 많았다. 선조들의 충절의 정신을 계승해야 한다.

그런데 시대가 많이 변했다. 대한민국은 세계 역사에 유래가 없는 고속 성장을 했다가 저성장시대로 접어들면서 갖가지 갈등을 겪고 있다. 이제 애국의 방식도 달라져야 한다. 갈등을 치유하고 해소해 국민통합에 일조하는 것이야말로 진정한 애국의 길이 아닐까. 나와 지역 이익만 살피기보다 나보다 더 어려운 처지의 사람과 지역, 집단을 배려하는 공존과 상생의 가치를 실천하는 사람들이 이 시대의 진정한 영웅이 아닐까. 저는 충청인들이 바로 그 주역이 되어 주시리라 믿는다."

▎박경귀 기획단장은 …

충남 아산 출신의 박경귀 국민통합기획단장은 원만한 성품과 폭 넓은 활동을 바탕으로 다진 인적 네트워크와 풍부한 정책 식견을 토대 삼아 국민통합 업무를 매끄럽게 추진해왔다는 평이다.

인하대에서 행정학 박사학위를 받았고, 2002년부터 13년 동안 한국정책평가연구원장으로 재직했다. 정부 각 부처와 지자체 및 공공기관의 전략 수립과 정책 개발에서부터 성과관리와 평가 업무까지 두루

박경귀 국민통합 기획단장(가운데)이 소외 계층을 대상으로 무료 급식 봉사활동을 하고 있다. 사진= 국민대통합위원회 제공

수행해왔다. 국무총리실 정부업무평가 전문위원과 서울시 투자출연기관 경영평가단장 같은 이력에서 보듯 정책전문가로 손꼽힌다.

그리스 문명과 이순신 리더십을 주제로 사법연수원과 금융연수원 등에서 인문학 특강을 해온 유명 강사이기도 하다. 특히 2012년부터 '행복한 고전읽기' 이사장으로 봉사하며 고전을 가까이 하는 사회를 만드는 일에 매진해왔다.

책벌레였던 소년 경귀는 아산 음봉중 재학 중 당시 문교부가 주최하는 논술대회에 충남대표로 참가하면서 고전에 본격적으로 천착한다. 오늘날의 인문학 운동은 그 때 얻은 가치를 사회에 돌려주자는 취지에서 비롯됐다. 동서양 고전을 특강하고 토론하는 '해피 클래식 고전 아카데미'를 31차례 개최했고, 2014년부터 격월로 공개강좌를 이어가고 있다.

지난 6년 동안 유럽여행 12차례, 그리스 문명답사 여행을 8차례 다녀왔다. '감추고 싶은 중국의 비밀'과 '11인 지성들의 대한민국 진단' 등 저서가 있고, '그리스, 인문의 향연' 출간을 앞두고 있다.

박 단장은 "국민통합은 정부의 정책만으로 달성되기 어렵다"며 "다원화된 사회에서 빚어지는 갈등의 심층을 들여다보면 개개인의 과다한 욕망에서 비롯된 측면도 적지 않다"고 지적했다.

자기가 속한 집단과 지역의 행복과 이익을 극대화하려다 보면 상생하고 공존해야 할 공동체의 가치와 갈등을 빚을 수밖에 없다는 것이다. 그러면서 "사회갈등은 개개인의 내면의 욕망에서부터 시작된다. 동양고전에서 절제와 효의 덕목을 배우고, 서양고전에서 자유와 권리를 향유하기 위해 책임과 의무를 다하는 시민정신을 배울 수 있다"고 말했다.

특히 "사회갈등 완화를 위해선 가정에서 자라나는 세대들에게 남의 탓, 사회 탓, 국가 탓을 하기보다 자기 책임과 독립심, 절제와 관용, 배려의 가치를 가르쳐야 한다"며 "여기에 고전읽기가 큰 도움이 된다. 국민의식이 변하지 않으면 국민통합의 수준을 높이기 어렵다"고 밝혔다. 지난 4년 동안 고전 강좌를 열고 국민들에게 고전의 지혜를 전파하는 일을 해온 배경이다.

박경귀 기획단장에게 듣는
그리스 문명에서 배우는 '국민통합의 길'

이번에 새로 내신 신간 내용을 간단히 소개해 주세요.

네, 이번에 《그리스, 인문의 향연》을 출간했습니다. 그동안 그리스 신화나 비극 관련한 책들은 꽤 많이 출간되었습니다. 개별 고전의 번역 작품들도 많았고요. 그런데 그리스 문명의 다채로운 성취를 한 눈에 볼 수 있는 책은 시중에 없었습니다. 그래서 그리스 문명을 종합적으로 파악할 수 있도록 그리스 문명의 태동과 변천은 물론, 역사와 신화, 문화 예술, 건축, 사회 제도, 그리고 그리스 문명을 탐닉한 후세의 천재들의 이야기까지 담았습니다. 이 책은 대중들이 그리스 문명의 성취와 흐름을 쉽게 종합적으로 파악하는 길라잡이 역할을 할 겁니다. '어제의 문명으로 살아있는 미래를 만나다'라는 이 책의 부제도 그런 희망을 담은 것입니다.

그리스 문명에 관심을 갖게 되신 계기와 그간의 집필과정을 말씀해 주세요.

2010년부터 동서양의 고전읽기 운동을 벌였고, 2012년에 비영리 공익단체인 '사단법인 행복한 고전읽기'를 만들고 지금까지 이사장을 맡아 봉사해

통통기자 주 : 이 책은 모두 6부, 38개 장으로 구성되었다. 제1부 동방에서 싹튼 문명의 씨앗, 제2부 그리스 문명의 진수, 제3부 그리스 세계를 바꾼 전쟁들, 제4부 그리스의 자연과학과 철학, 제5부 그리스 문명에 관한 오해와 진실, 제6부 그리스 문명의 예찬자들
《그리스, 인문의 향연》 박경귀 지음. 베가북스, 488쪽, 3만8000원

오고 있습니다. 국민들에게 고전읽기를 권장하고 4년 동안 언론에 고전 평론을 연재하다 보니 자연스럽게 고전작품들이 쏟아져 나왔던 고대 그리스 문명에 주목하게 되었죠. 세계의 여러 문명이 많지만 그리스 문명처럼 당대의 문명적 성취들이 현대까지 막대한 영향을 미친 경우는 희귀합니다. 고대 그리스 철학과 과학, 제 학문 분야에서의 연구 성과들은 2천년 이상 서양문명의 원천이자 근간이 되었죠.

현재 우리나라가 채택하고 있는 민주주의와 법률 체계, 사회제도, 우리가 누리고 있는 기술문명은 모두 동양이 근대화하면서 서양문명으로부터 받아들인 것입니다. 19세기 중반에 일본은 명치유신을 하면서, 또 중국은 양무운동을 하면서 서양문물을 수용했죠. 우리는 이들 주변국을 통해 서양문명을 접할 수 있었습니다.

이런 까닭에 지금 우리 문명의 근원을 거슬러 올라가면 전혀 관련이 없을 것 같았던 2500여 년 전의 고대 그리스 문명의 유산들과 만나게 됩니다. 지금 우리가 누리는 현대 문명의 뿌리를 만나는 셈이죠. 그래서 먼 과거에 있었던 그리스 문명을 새롭게 주목해 봐야 합니다. 우리 문명이 나아가야 할 방향에 대한 통찰을 얻을 수 있기 때문입니다.

저는 이렇게 고대 그리스 문명이 중요하다고 보았기 때문에 그리스 문명을 총체적으로 조명하고 싶었던 겁니다. 그래서 6년 동안 틈틈이 집필했고, 작년에 집중적으로 정리하면서 올해 출간할 수 있었습니다.

그리스 문명의 특징을 요약해 주세요.
특히 통합의 관점에서 주목해야 할 내용은 무엇인가요?

그리스 문명의 특징을 가장 잘 드러낸 국가는 아테네였습니다. 기원전 6세기에서 4세기까지 아테네의 정치, 사회, 문화적 특징들이 그리스 문명의 핵심 요소들을 상당부분 대변합니다. 그 가운데 특히 '아테네의 황금시대'라 일컫는 기원전 5세기 중엽의 50년 동안을 주목해 봐야 합니

다. 그때 아테네가 가장 빛나던 시기였죠. 당시 민주주의가 태동했고, 철학, 문학, 공예, 건축 등 여러 분야에서 최고의 걸작들이 쏟아져 나왔습니다.

그리스 문명의 특징은 여러 가지가 있지만, 우선 그리스인들은 사유 관념에서 탁월한 독창성을 보여주었습니다. 인간의 이성과 합리성을 무엇보다도 중시했습니다. 이런 바탕에서 자유롭고 평등한 인간에게 투표권을 부여해 '추첨 민주주의'를 만들어 냅니다. 그리스인들은 그 누구보다도 자유의 소중함을 숭상했고, 자유에 따르는 책임을 기꺼이 수용하는 가치관을 공유했습니다.

그런 공동의 가치가 사회를 통합시켰고, 개인의 이익에 앞서 공동체의 발전과 이익을 우선하는 폴리스의 관념을 만들어냈습니다. 이런 공동체의 가치가 충만했을 때 비로소 아테네는 황금기를 누릴 수 있었던 겁니다. 민주주의의 갈등을 겪고 있는 우리가 배워야 할 대목이 바로 이런 것들입니다.

그리스 문명은 우리 시대의 대통합에 어떤 메시지를 주나요?

아테네의 황금기에 나타났던 자유에 따른 책임과 의무를 다하는 시민 덕목을 우리는 배워야 한다고 생각합니다. 그리스 문명이 만개하고 퇴조했던

제6부 공정이 국민통합이다

역사 속에서 우리는 시사점을 찾아야 합니다. 아테네는 시민 덕성이 사회에 충일할 때 황금기를 누렸고, 선동정치가 판치고 지나친 개인주의로 흘렀을 때 쇠락했습니다.

아테네는 민주주의로 흥하고 민주주의로 망한 역설적 교훈을 후세에 남겼습니다. 지금 우리 사회는 어떤가요? 진지한 성찰이 필요합니다. 다른 사람을 배려하고 이해하기보다 나와 가족, 특정한 이해관계로 뭉친 집단의 이익만을 추구하는 경향이 만연해지고 있습니다. 이런 풍조가 사회를 분열시키고 갈등을 증폭시킵니다. 이런 상황이 계속되면 사회는 발전은커녕 퇴보합니다. 고대 그리스의 역사가 생생하게 보여주었지 않습니까?

고대 그리스 청년들은 누구보다도 도전정신과 모험정신이 충만했습니다. 그리스의 자연환경은 매우 척박했습니다. 전 국토가 돌투성이 험준한 산악지대로 이루어져 있었습니다. 그리스가 통일된 국가를 만들지 못하고 여기 저기 고립된 지역별로 도시국가를 만든 것도 그 때문이었죠. 농사지을 땅이 절대적으로 부족했고 지하자원도 태부족이었습니다. 이런 열악한 생활 조건을 극복하기 위해 그들은 지중해로 나아갔고, 해양 진출을 통해 지중해 연안 사방으로 식민지를 개척했습니다. 식량과 자원을 확보하고 도시와 일자리를 만들었던 것이죠. 이 과정에서 그리스에는 숱한 영웅들이 탄생했던 것입니다.

지금 우리는 세계적인 경기침체와 저성장 시대를 맞아 고통을 겪고 있습니다. 이럴 때일수록 고대 그리스 청년들이 용기 있게 미지의 세계로 도전해 나갔듯이 우리 청년들도 새로운 영역을 개척해 나가는 데 주저하지 말아야 한다고 생각합니다.

대통합위 기획단장으로서 특별히 하시고 싶은 말씀은?

그리스 문명은 현대 문명의 원천입니다. 그들이 만든 제도와 문화가 르네상스를 거쳐 동양에도 전파되어 오늘의 우리에게까지 이르렀습니다. 그들이 만들었던 문명적 성취들이 보편성을 띠고 있었기 때문에 생명력을 갖고 있습니다. 근대화의 역사가 짧은 우리는 아직도 민주주의를 제대로 내면화하지 못하고 있습니다. 그래서 민주주의를 탄생시켰던 고대 그리스인들의 성취와 좌절을 살펴보는 것이 필요합니다.

저는 인문적 사유와 문화가 사회 갈등을 치유하는데 큰 역할을 할 수 있다고 생각합니다. 그래서 인문의 원천을 만들어 내었던 고대 그리스인들의 지혜를 배워야 합니다. 그들이 찬란한 문명을 이룩하고도 로마에게 복속당하고 말았던 역사를 살펴야 합니다. 그러기 위해 우선 그리스 현인들의 고뇌와 성찰의 산출물이 담긴 고전을 탐독할 필요가 있습니다. 고전을 통해 인문적 소양과 성찰의 지혜를 배운 성숙한 시민들이 많아진다면 국민통합의 수준도 높아지리라고 생각합니다. 국민통합의 정책도 중요하지만 국민들의 의식 수준의 제고가 뒤따라야 정책도 효과를 거둘 수 있다고 보기 때문입니다.

저는 이런 점을 유념해서 앞으로 국민통합의 정책을 기획하고 집행하는데 있어 인문학적 관점이 자연스럽게 투영되도록 노력할 생각입니다. 또 국민들이 개인의 자유와 공동체의 이익을 조화롭게 추구하는 긍정적 가치관을 공유하도록 권장하는 담론을 만들겠습니다. 특히 자유의 향유를 위해 자신의 희생을 기꺼이 감수하는 책임의식을 수반한 그리스인의 자유정신 같은 덕목들을 현대적으로 계승해서 국민통합의 가치로 자리 잡도록 노력하겠습니다.

박경귀 국민통합기획단장
"상대 배려·다양성 존중이 국민대통합의 기본"

"고도의 압축 성장·남북분단 문제로 누적된 사회갈등 한 번에 분출돼"
"계층갈등 심각…부의 재분배로 빈부격차 줄여야"

"공존·상생을 위해서는 역지사지(易地思之)와 구동존이(求同存異)의 자세가 필요하다. 다양성을 존중하면서도 같은 점을 추구하고 공동체 의식을 높여가는 것이 국민 대통합의 핵심이다."

박경귀 국민대통합위원회 국민통합기획단장은 20일 아시아투데이와의 인터뷰에서 "2013년 7월 대통령 소속 자문기구로 국민대통합위가 출범했지만 3년이 지난 지금 한국 사회에는 여전히 많은 갈등이 상존한다"며 국민, 시민단체, 지방자치단체, 중앙부처가 각자 자신의 위치에서 대통합을 위한 '작은 실천'을 펼쳐야 한다고 당부했다.

지난해 10월 국민대통합위원회가 전국 성인남녀 2000명을 대상으로 설문 조사한 결과 국민은 계층갈등(75%), 노사갈등(68.9%), 이념갈등(67.7%), 지역갈등(55.9%), 세대갈등(50.1%), 다문화갈등(46.8%), 환경갈등(43.5%), 남녀갈등(34.4%) 등을 심각하게 받아들이고 있었다.

박 단장은 "통합의 기본은 상대를 배려하는 것"이라며 "상대방의 입장에서 생각하고 다양성을 존중하면서도 같은 점을 추구하는 공동체 의식을 높여야 한다"고 강조했다.

국민 대통합이란 어떤 상태를 말하는가?

"통합의 기본은 상대를 배려하는 것이다. 지난해 국민대토론회 참여자들은 국민 대통합을 위한 미래가치로 상생→공정→신뢰 등을 꼽았다. 대부분의 국민은 공존과 상생을 국민 대통합의 기본이 되는 가치로 공감하고 있다. 공존과 상생을 위해서는 역지사지(易地思之)와 구동존이(求同存異)의 자세가 필요하다. 상대방의 처지에서 생각하고, 다양성을 존중하면서도 같은 점을 추구하고 공동체 의식을 높여가는 것이다. 또한 입으로만 통합하자고 하는 게 아니라 행동으로 보여주는 것이 중요하다."

한국 사회에서 상생·통합이 되지 않는 가장 큰 원인은 무엇인가?

"복잡하고 다원화된 현대 민주사회에서 갈등이 존재하는 것은 당연하고 경제·사회 발전과 함께 더욱 증가·다양화되는 양상을 보이기도 한다. 다만 한국은 세계 어느 나라에서도 그 유례를 찾을 수 없는 고도의 압축성장과 민주화, 남북분단이라는 몇 가지 특수한 상황을 갖고 있다. 그 과정에서 시기별로 풀어야 할 갈등이 오랜 시간 누적되어 오다가 근래 10~20년 사이에 한꺼번에 분출되면서 더욱 사회갈등이 심각해진 것으로 생각한다."

2010년부터 '계층갈등'은 매년 가장 심각한 갈등으로 조사되고 있다.

"현재 한국 사회의 빈부 격차 심화는 사회 안정에 큰 저해요인이 되고 있다. 특히 문제는 빈부 격차가 교육·문화·복지 격차로 확대되면서 '개천에서 용 난다'는 희망의 사다리가 사라지고 있는 것으로 생각한다. 상대적 박탈감을 줄여나가면서 소득과 부의 재분배 체계를 지속해서 개선하는 등 공존과 상생의 기반을 강화해 나가야 한다. 중산층이 약화하고 계층 간 위화감이 심화하면 사회안전망 자체가 붕괴할 수 있다. 위원회도 '국민 대통합 종합계획'을 마련하면서 중점 과제 중 하나로 '계층 격차 완화'를 제시했다."

일자리와 복지를 둘러싸고 세대 간 갈등도 커지고 있다.

"임금피크제 등으로 인한 기업의 지출 절약분을 청년층 고용과 정년 연장 등으로 갈 수 있는 기업의 적극적인 노력이 매우 필요하다. 한계에 도달한 고용을 대체할 수 있는 새로운 일자리도 많이 만들어져야 할 것이다. 청년층과 중장년층, 노인층은 같은 시대를 살고 있지만 복지의 수혜와 재정 부담에 대한 이해관계는 아

박경귀 국민대통합위원회 국민통합 기획단장은 20일 아시아투데이와의 인터뷰에서 "공존·상생을 위해서는 역지사지(易地思之)와 구동존이(求同存異)의 자세가 필요하다"고 강조했다. / 사진 = 허고운 기자

주 다르다. 더 우선적인 배려를 받아야 하는 계층을 위해 서로 양보할 수 있고, 한정된 재정을 지혜롭게 활용하는 방안을 논의할 수 있는 여건이 마련돼야 한다."

상생과 통합을 위해 위원회는 어떤 일을 하나

"국민 대통합 종합계획 수립, 정책과제 점검 등 국민통합 정책기반을 닦아왔다. 또 국민 참여 공모전을 통한 갈등유발 법령·제도 개선 및 갈등관리 역량 강화 등 사회갈등 예방·조정 역할을 한다. 또한 국민대토론회, 지역간담회, 지역 간 교류협력사업 추진 등을 통해 소통과 통합에 대한 공감대 확산에도 노력하고 있다. 특히 국민대토론회는 국민 스스로가 선정한 논의 의제를 가지고 학습과 토론을 거쳐 합의점에 도달하는 숙의(熟議) 토론 방식으로 국민 중심의 상향식 토론이라 할 수 있다."

[인터뷰] 박경귀 국민통합기획단장 "상대 배려 · 다양성 존중이 국민대통합의 기본"

앞으로는 어떤 활동에 중점을 둘 것인가?

"위원회는 출범 이후 지난 3년 동안 종합계획 수립, 정책과제 점검, 갈등유발 법령 개선 등 국민통합 정책을 추진하기 위한 기반을 다져왔다. 1기에서는 '국민 대통합 종합계획'을 수립했으며 2기부터는 국민대토론회 등을 통해 실천 방안을 마련해 추진해 왔다. 앞으로는 그동안 닦아온 기반을 바탕으로 주요 정책과제의 선택과 집중을 통해 국민과 함께 국민통합을 실천하고, 관계부처, 지자체,

박경귀 국민대통합위원회 국민통합기획단장 (사진= 박경귀 단장 페이스북)

시민사회단체 등과 함께 국민이 체감하는 국민통합의 성과를 창출해 나가도록 노력할 것이다."

박경귀

"금수저 흙수저론, 패배주의 부채질하는 측면 있어"

국민대통합위원회 박경귀 국민통합기획단장,
PBC 평화방송 라디오 〈열린 세상 오늘! 윤재선입니다〉

[주요 발언]

"국민 통합은 대한민국을 긍정하는 가치를 공유하는 것부터 시작"
"흙수저 금수저는 이분법적인 말, 패배주의 더 부채질하기도"
"종교의 근본정신인 사랑과 자비, 국민 통합의 정신과 맞닿아 있다"
"고전을 통해 얻은 새로운 지혜와 통찰로 오늘날 난제 해결할 수 있다"
"세대간 갈등을 극복하는 모델을 만들어내는 시금석, 지금이다"
"욕망을 절제하는 지족의 생활윤리, 개인과 국민 행복 만드는 중요한 가치"

[발언전문]

지난해 우리 사회에서 가장 유행한 신조어가 있다면 아마도 "금수저 흙수저"가 아니었나 싶습니다. 부모의 재산에 따라서 자녀의 경제적 지위가 결정된다는 이른바 수저 계급론. 그만큼 우리 사회의 경제적 불평등과 양극화 문제가 심각하다는 것인데요. 한편으로는 우리 사회의 통합과 화합이 절실하다는 반증이기도 할 겁니다.

매주 토요일에 전해드리는 〈PBC 초대석〉. 오늘 이 시간에는 국민의 화합과 통합을 위해서 힘쓰고 있는 대통령 직속기관이죠. 국민대통합위원회 박경귀 국민통합기획단장 연결해서 말씀 나눠보겠습니다.

▷ 박 단장님, 안녕하십니까?

▶ 네, 안녕하세요.

▷ 지난해 9월에 민간공개모집 통해서 국민통합기획단장에 임명되셨다고 들었습니다. 취임 6개월을 맞게 되는데 국민통합을 위해서 일해보시니까 어떠시던가요?

▶ 국민 통합의 과업이 정말 정책 영역이 넓고 모호해서 정말 어떤 시책을 발굴해서 추진해야 될 지 굉장히 힘든 과업이라고 생각합니다. 특히 우리 사회처럼 압축 성장을 한 사회는 여러 가지 갈등 요인들도 많고 복잡다기합니다. 또 우리 사회가 얼마나 역동적입니까?

그만큼 이제 국민 통합을 하기 위한 그런 일들이 험하다 할 수 있는데, 어쨌든 이렇게 힘든 일이기 때문에 저희가 멈추지 않고 계속 가야 하지 않나 생각합니다. 국민 통합은 시대적 소명이라고 생각합니다.

▷ 지난 6개월 동안에 가장 중점을 두고 추진한 부분이 있다면 뭐고, 또 개인적으로 성과를 꼽는다면 어떤 게 있을까요?

▶ 저는 국민 통합은 대한민국을 긍정하는 가치를 공유하는 데서부터 시작한다 이렇게 믿고 있습니다. 또 국민의 마음을 인위적으로 하나로 만드는 일은 불가능한 일이지 않겠습니까? 그래서 어떻게 하면 국민들이 대한민국의 긍정가치를 공유하는 그런 국민들이 많아질수록 국민 통합 수준은 높아진다고 보기 때문에요. 국민들이 공감할 수 있는 우리 시대의 어떤 통합 가치를 도출해서 그런 것들을 공공의 가치로 삼아서 정책들을 설계하고 집행해나가는데 역점을 두고 있습니다.

특히 국민들의 다양한 의견을 수렴하는 국민대토론회를 개최하고 또 '작은 실천 큰 보람 운동' 같은 시민사회나 종교단체들과 함께 할 수 있는 그런 민·관 협조체제를 만드는 성과를 나름대로 거뒀다고 생각합니다.

제6부 공정이 국민통합이다

▷ 통합을 위해서 해야 될 분야도 상당히 넓고 광범위하다 이런 말씀을 하셨는데….

▶ 네, 그렇습니다.

▷ 일부에서는 그래서 그런지 사회갈등이 갈수록 심해지는데 정작 국민대통합위원회가 잘 보이지 않는다. 이런 지적, 비판도 하는데 이 부분에 대해선 어떻게 받아들이세요?

▶ 저희도 겸허하게 저희들이 하는 일을 돌아보고 있고요. 그런데 저희 대통합의 업무는 다른 부처의 집행기관 업무와 좀 달라서 대통령 자문기구입니다. 그러다 보니까 정부 수립 이래 오랫동안 축적된 업무를 갖고 있는 부처들처럼 국민들에게 익숙하게 다가갈 수 없는 그런 측면이 많지 않나 생각이 듭니다.

특히 국민 통합에 대한 관심을 갖는 국민이 아니라면 우리 위원회가 하는 일들을 좀 보시기가 어려운 측면도 있다고 생각합니다. 국민들의 애정이 필요하고요. 또 시민단체, 그 다음에 기업과 종교단체가 함께 일을 해나가면 국민들이 좀 더 국민 통합의 일에 관심을 갖고 알게 되고 또 그 중요성을 인정하면서 저희들의 일에 대해서 성원을 보내주시지 않을까 생각합니다.

▷ 지난해부터 유행을 하기 시작한 이른바 금수저 흙수저 계급론이요. 사회 전반으로 급속히 확산되고 있는 양상인데, 단장님께서는 실제로 금수저와 흙수저가 나뉜다고 보십니까?

▶ 네, 요즘 일자리가 너무나 부족해지고 사회 진출이 어렵다 보니까 청년들이 자립하는 시간도 오래 걸리는 이런 시대가 됐습니다. 이렇게 힘든 시대를 자조적으로 원망하는 그런 마음이 생길 수밖에 없는 것이죠. 그래서 수저론이 나온 것 같습니다.

이런 현상은 비단 우리나라뿐만 아니라 오랫동안 세계 경제가 침체하면서 세계적으로 나타나는 보편적인 현상이 아닌가 생각합니다. 안타까운 일이죠.

그런데 다른 나라에 비교한다면 그래도 우리나라는 아주 비관적으로 볼 시점은 아닌가 하는 생각이 듭니다. 사실 우리 선배 세대들은 지금보다 더 어려운 시기를 이겨내지 않았습니까? 그래서 어쨌든 우리 사회가 급속한 경제성장 과정에서 빈부격차가 나타나서 요즘에 이런 자조적인 그런 말들이 나오고 있지 않나 생각합니다.

▷ 그런데 흙수저가 열심히 노력을 하면 금수저가 될 수 있어야 이게 그래도 공정한 사회라고 평가할 수 있을 텐데, 앞서 세계적이고 보편적인 현상이라는 말씀을 하셨지만 우리 사회 좀 어디서부터 어떤 점이 문제가 돼서 이런 현상이 나타났다고 보십니까?

▶ 저는 사회에서 또 언론에서 흙수저니 금수저니 하는 이분법적인 말이 아니겠습니까? 이런 것들을 강조하는 것이 과연 바람직한 것인가 하는 의문을 가질 때도 있습니다.

특히 이런 말들이 포함하고 있는 사회심리적 요인을 살펴볼 필요가 있는데요. 어쩌면 수저론은 어떻게 하면 자신의 처지를 긍정적으로 이겨낸다라는 그런 메시지보다는 패배주의를 어쩌면 더 부채질하는 측면도 일부 있다고 생각합니다. 또 우리 사회가 경제성장을 하면서 스스로 배금주의나 출세주의를 지향하는 그런 면을 키워온 측면도 있기 때문에 우리 사회의 이런 모순된 심리가 복합적으로 작용하고 있지 않나 생각이 듭니다. 그래서 저는 금수저 흙수저론이 중요한 것이 아니라, 사실은 인생관의 정립부터 저는 필요하다고 봅니다. 개인의 건강한 인생관을 통해서 우선 삶의 자세가 정립되기 때문에 특히 인생은 선택의 연속 아니겠습니까? 이런 아무리 어려운 시대가 있었어도 다 극복하는 용기와 그 다음에 도전이 필요하다고 생각하고요.

다만 우리 사회에서 이런 자조적인 말들을 불식시키려면 우리 개인 간의 관계나 또는 기업, 또는 국가체제 속에서 우선 공정한 기회를 제공하는 문화, 배려와 상생의 문화가 정착이 된다면 이런 부분이 조금씩 해소되지 않을까 생각합니다.

▷ 최근에 보니까 일부 초, 중, 고 교사들이 가정환경조사라는 명목으로 학생들에게 부모의 직업을 물어서 논란이 된 적이 있는데요. 일부 교사는 부모의 학력과 직장 이름까지 요구했다고 하는데요. 국민대통합위원회 차원에서 이런 부분에 대해서 시정 권고라든가 어떤 조치가 있어야 하지 않겠습니까?

▶ 네, 참 안타까운 일입니다. 최근 아동학대 사건이나 집단 따돌림, 학교 폭력이 늘어나고 있지 않습니까? 이런 것들을 예방하기 위해서 학교에서 학생들의 생활지도를 충실히 하고자 하는 과정에서 이런 부적절한 사례가 발생한 게 아닌가 생각됩니다.

그런데 아무리 목적이 선하더라도 선생님들의 열정이 지나쳐서 감수성이 예민한 학생들의 마음을 힘들게 하는 이런 일은 있어서는 안 된다고 생각합니다. 이런 일은 아마 교육청에서 곧바로 시정하리라고 보고요. 필요하다면 우리 위원회에서 학생지도 활동이 국민 통합을 저해하지 않는 그런 방식으로 이뤄지도록 권고하겠습니다.

▷ 국민대통합위원회가 운영하고 있는 〈화합과 상생 포럼〉에서 혹시 금수저 흙수저 논란을 타파할 수 있는 좋은 방안이나 대책들, 논의된 게 있습니까?

▶ 네, 최근에 우리 사회 어려운 현실을 저희가 냉정하게 인식하고 있습니다. 그래서 〈화합과 상생 포럼〉을 발족했고요. 계층, 세대, 이념, 지역갈등 등 갈등 유형별로 심층의 그런 원인을 진단하고 이런 것들을 극복할 수 있는 방법을 도출하는 담론의 장으로 활용할 계획입니다.

특히 저희가 아주 학제적으로 여러 분야의 전문가들을 모셨습니다. 그래서 계층 간 화합이나 세대 간 화합을 위한 그런 실효적인 방안을 마련하는데 지혜를 모아갈 생각입니다.

특히 국가의 정책이나 지원만으로는 이런 계층 갈등을 해소하기 어렵다고 생각합니다. 그래서 사회 지도층부터 솔선수범하는 그런 문화를 만들어가려고 합니다.

▷ 사실 화합, 통합이 가장 필요한 분야 가운데 하나가 바로 정치권이 아닌가 싶고요. 지금 총선을 앞두고 공천을 둘러싼 계파 갈등, 또 법안 통과를 둘러싼 여야 갈등이 갈수록 더 격화되고 있는데요. 이를 지켜보는 국민의 마음도 편치 않고요. 국민대통합위원회가 물론 직접 나설 수 없는 일이겠지만, 그래도 좀 정치인들에게 이런 분야는 갈등을 키우지 말고 화합하는 방안으로 나가줬으면 하는 바람이 있을 것 같아요. 단장님께서도….

▶ 네, 사실 우리 사회에 갈등을 야기하는 요인은 상당히 많이 있습니다. 하지만 이제 정치권이 우리 국민들의 질타를 받는 부분도 많다고 생각이 됩니다.

작년에 우리가 국민의식 조사를 한번 해본 적이 있습니다. 사회갈등 요인의 중요한 것이 뭐냐라고 물었을 때 정치 갈등을 많은 국민들이 제일 우선적으로 뽑았습니다. 그런 것을 볼 때 우리 정치권이 국민들에게 희망을 주는 그런 정치를 해주셔야 된다고 생각하고요. 앞으로 20대 국회가 구성되면 아마 국민들의 기대에 부응하는 그런 노력들이 있지 않을까 기대하고 있습니다.

▷ 앞서 '작은 실천 큰 보람 운동' 말씀하셨지 않습니까? 국민 통합을 위해서는 종교계의 역할도 중요하지 않은가 싶은데 실제로 위원회 차원에서 종교계와의 소통에 상당히 신경을 쓰고 계시죠?

▶ 네, 그렇습니다. 종교계야말로 국민 통합에 가장 중요한 역할을 한다고 볼 수 있습니다. 그래서 우리 위원회에 이미 민간위촉위원으로 종교계 대표님들이 참여하고 있습니다.

제6부 공정이 국민통합이다

천주교를 대표해서 박신언 몬시뇰이 참여하고 있고요. 불교, 기독교, 원불교 대표님들도 국민통합 정책을 자문하는 일에 직접 참여하고 계십니다. 또 종교의 근본정신이 사랑, 자비, 화합과 상생 아니겠습니까? 곧바로 국민 통합의 정신과 맞닿아 있다고 생각합니다.

특히 우리 국민 대다수가 종교를 믿고 계시기 때문에 갈등과 다툼을 지양하고 화합과 상생하는데 있어서 종교계의 역할이 굉장히 크다고 생각합니다. 특히 천주교 같은 경우에는 우리 근대화나 산업화 과정에서 우리 사회의 빛과 소금의 역할을 해오지 않았습니까? 앞으로도 이런 종교계가 생명존중이나 이웃사랑 이런 것들을 앞서서 실천해주신다면 국민통합을 선도하는 그런 역할을 해내시리라 생각합니다.

▷ 국민대통합위원회가 국민의 화합을 위해서 해마다 '생활 속 작은 영웅'을 선정하고 있다고 들었는데요. 벌써 수십 명의 작은 영웅들이 나왔다고 하던데, 작은 영웅이라는 게 어떤 분들이고 가장 기억에 남는 분들이 있다면 어떤 분들입니까?

▶ 우리가 쉽게 볼 수 없는 숨은 곳에서 이웃을 돕는다든지 또는 사랑을 베풀고 나눔을 실천하는 그런 분들을 발굴해서 선양을 하고 있습니다. 작년에 24명의 '생활 속 작은 영웅'을 발굴해서 선양을 한 적이 있는데요. 여러분들이 한 분 한 분 우리 사회에 소금과 같은 그런 분들이었습니다.

굳이 하나를 꼽는다면 작년 8월에 DMZ 지뢰도발 사건이 있었을 때 전역을 연기하면서 맞서 싸우겠다라는 그런 결의를 보여줬던 장병들이 우리 시대 작은 영웅이 아니었나 생각이 됩니다.

▷ 그렇군요. 그리고 단장님 개인적으로 고전에 무척 관심이 많다고 제가 들었습니다.

▶ 그렇습니다. (웃음)

▷ 여러 언론에 고전에 관한 글을 고정적으로 기고하고 계시던데요. 혹시 고전에 관심을 갖게 된 특별한 계기가 있으셨습니까?

▶ 네, 1970년대 초에 초중고 학생들에게 고전을 읽히는 그런 프로그램이 있었습니다. 아주 좋은 프로그램인데 자유교양대회라는 게 있었죠. 일종의 고전평론대회였습니다. 그래서 제가 고전학습반에서 고전을 읽는 그런 활동을 했었고요. 그게 제가 평생 고전에 지금 천착하게 된 그런 계기가 됐지 않나 생각됩니다.

사실 수천 년 축적된 현인들의 지혜가 고전 속에 담겨 있지 않겠습니까? 오늘날 너무나 힘든 여러 가지 난제들이 있기 때문에 이럴수록 저희는 고전을 통해서 어떤 새로운 지혜와 통찰을 얻어내야 한다고 생각합니다.

▷ 고전을 대하는 게 상당히 좀 어려워하시는 분들도 있고요. 이게 무슨 실생활에 도움이 되겠냐, 문제 해결에 도움이 되겠냐, 이렇게 생각하시는 분들도 있는데 단장님께서 생각하시는 고전의 매력, 가치라면 어떤 겁니까?

▶ 지금 고전들은 사실은 전 세계에 시대를 넘나들면서 많은 분들에게 읽힌 책 아니겠습니까? 반짝 베스트셀러가 아니죠. 수천 년 베스트셀러였다는 것인데 그렇다면 그만한 매력이 있는 거죠.

그러니까 시공을 초월해서 지금 울림을 줄 수 있는 지혜가 담겨 있다는 얘기입니다. 그래서 이렇게 우리가 해법을 찾기 힘든 그런 시대일수록 아주 기본으로 돌아가서 현인들이 고민했던 그런 지혜를 살펴볼 수 있는, 그런 계기를 만들어주는 게 바로 고전이라고 생각이 됩니다.

▷ 혹시 고전 가운데 통합이나 화합을 강조한 책들이 있다면 어떤 겁니까?

▶ 굉장히 많기 때문에 딱 꼬집을 수는 없지만….

▷ 많습니까?

▶ 네, 굉장히 많습니다. 예를 들면 헤로도토스가 쓴 《역사》라든가 특히 투키디데스가 쓴 《펠로폰네소스 전쟁사》 이런 곳에 보면, 그리스가 부흥하고 또 퇴조하는 과정에서 국민 통합과 화합을 통해서 아주 발전을 이루

기도 하고, 국민 분열을 통해서 시대가 저물게 되는 그런 현상을 많이 볼 수 있게 됩니다. 특히 국민 통합과 관련해서는 기원전 6세기 초에 솔론의 개혁이 아주 주목할 만합니다.

▷ 솔론이요?

▶ 네, 그렇습니다. 그때 가난한 자와 부자 간에 계층갈등이 아주 최고조에 이르렀거든요. 기원전 6세기 초인데요. 그 때 솔론이 부자와 가난한 자의 계층 간 갈등을 완화할 수 있는 아주 중용적인 정책을 많이 썼습니다. 그 토대가 있었기 때문에 5세기에 아테네가 부흥기를 맞이할 수 있었다 생각이 됩니다. 지금 우리 사회처럼 세대갈등, 계층갈등이 심할 때 바로 이런 지혜를 살펴볼 필요가 있지 않나 생각합니다.

▷ 혹시 지금 말씀하신 우리의 갈등이 참 다양하지 않습니까? 다층적이고요. 지금 보면 청년세대, 또 노장년층간의 세대 갈등도 상당히 심각한 수준인 것 같은데 이런 세대 간의 갈등이 예전에도 과거에도 있었겠지만 요즘으로 봐서 해법이라는 게 없을까요? 어떻게 같이 화합하고 상생할 수 방안이요.

▶ 네, 세대갈등은 사실 어느 시대에나 다 있었는데요. 최근 아마 그게 더 심각한 현상으로 드러난 게 고령화가 되면서 그런 현상이 더 심각해진 것 같습니다. 예전에는 세대가 일찍 끝났습니다. 60대 정도면 세대가 바뀌어서 세대교체 주기가 한 30년에 불과했는데 세대교체 주기가 굉장히 늘어났습니다.

▷ 요즘 뭐 100세 시대가 되다 보니까….

▶ 그렇습니다. 그렇다 보니까 의학발전에 따른 사회의 모든 제도와 문화가 뒤따라가지 못하고 있는 그런 형국이라고 볼 수 있겠습니다. 지금 이런 어려운 시기는 기성세대도 청년세대를 이해해야 되고, 청년세대 역시 기성세대를 인정하는 이런 것에서부터 출발해야 한다고 생각합니다. 아마

지금 세대 간 갈등을 극복하는 모델을 만들어내는 시금석이 되는 그런 시대가 지금 시대가 아닌가 생각합니다.

▷ 서로 이해를 하고 대화를 많이 해야만 오해도 불식될 것 같고요.

▶ 그렇습니다.

▷ 국민대통합위원회에서 국민 각자 한 사람, 한 사람의 마음가짐과 의식이 중요하지 않겠습니까? 화합과 상생 통합이라는 게 국민대통합위원회만이 하는 역할만이 아닐 텐데요. 청취자 여러분들에게 국민 화합과 통합을 위한 국민대통합위의 계획, 다짐 말씀이 있다면 해주시면요?

▶ 작은 소망이라면 우리 사회의 결속과 응집력을 높여나가기 위해서 우선 우리 삶의 터전인 대한민국을 긍정적으로 바라보는 그런 시각부터 시작하는 게 어떨까 합니다. 여러 가지 절망과 좌절을 주는 그런 요소들도 많지만 긍정적 시각으로 모든 것들을 극복해왔고 우리 국민의 저력으로 충분히 지금의 어려운 시기를 이겨낼 수 있으리라 생각합니다. 그래서 국민 개개인이 타인들을 배려하고 다양성을 존중하고 다른 분들을 포용하고 상생하는 그런 문화를 만들어갈 필요가 있다고 생각이 되고요.

특히 중요한 게 사회 지도층들의 솔선수범이 가장 중요하다고 생각합니다. 그게 바로 국민들 간의 상대적 박탈감을 만들지 않게 하는 요인이죠. 특히 욕망을 절제하는 그런 자족의 생활윤리라고 할까요? 이런 생활윤리를 정립하는 것도 개인의 행복이나 국민 행복을 만드는 중요한 가치가 아닐까 생각이 됩니다. 이런 바탕이 되어 있을 때 국민통합을 위한 범정부적인 정책을 추진해도 실효를 거둘 수 있지 않을까 생각합니다.

▷ 〈PBC 초대석〉 오늘은 대통령 소속 국민대통합위원회 박경귀 국민통합기획단장과 말씀 나눠봤습니다. 단장님, 오늘 나와 주셔서 감사드립니다.

▶ 네, 감사합니다.